Wie verzweifelt müssen Menschen sein, um ihre Heimat, ihre Familien, ihre Kinder zu verlassen? Um sich auf eine Odyssee zu begeben, deren Ausgang ungewiss ist? Um sich, wenn sie tatsächlich das kalte, unwirtliche Europa erreichen, als sogenannte illegale Einwanderer verstecken zu müssen oder als Zwangsprostituierte ausgebeutet zu werden?

Klaus Brinkbäumer ist auf der zentralen Route der Flüchtlinge quer durch sieben afrikanische Staaten gereist. Er erzählt die Geschichte seines Begleiters John Ampan aus Ghana, der damals fünf Jahre bis Europa brauchte, weil er deportiert, in der Wüste ausgesetzt und ins Gefängnis gesteckt wurde; er erzählt von Jane Aimufua aus Benin-City, die ihre drei Kinder zurückließ, um in Europa Geld für sie zu verdienen; und er erzählt von all den Menschen, denen er unterwegs begegnet ist, auf den Lastwagen, in der Sahara und in den Bergen, in den Kellern von Agadez, in den Gassen von Tanger.

»Der Traum vom Leben« ist ein großes Buch über Afrika, über die Träume von Menschen, ein Buch auch über Europa und die Realität unserer Politik.

Klaus Brinkbäumer (Jg. 1967) schreibt seit 1993 für den Spiegel. Für seine Reportagen aus Krisengebieten wurde er mehrfach ausgezeichnet, zuletzt 2007 mit dem Egon-Erwin-Kisch-Preis. Brinkbäumer ist Co-Autor der Bestseller »11. September. Geschichte eines Terrorangriffs« und »Die letzte Reise. Der Fall Christoph Columbus«.

Unsere Adresse im Internet: www.fischerverlage.de

Klaus Brinkbäumer

DER TRAUM VOM LEBEN
Eine afrikanische Odyssee

Fischer Taschenbuch Verlag

Ungekürzte Ausgabe
Veröffentlicht im Fischer Taschenbuch Verlag,
einem Unternehmen der S. Fischer Verlag GmbH,
Frankfurt am Main, Juli 2008

© S. Fischer Verlag GmbH, Frankfurt am Main 2006
Alle Rechte vorbehalten
Karte: BITmap, Mannheim
Fotos: Markus Matzel
Satz: H & G Herstellung, Hamburg
Druck und Bindung: CPI – Clausen & Bosse, Leck
Printed in Germany
ISBN 978-3-596-17086-9

INHALT

Für Cora

Die Ruhe des Exils und die gewünschte Sicherheit lassen sich niemals ganz erreichen. Das Heimatland verlässt den Körper nicht bis zum letzten Moment, dem Moment des Todes.

Mourid Barghouti

Sie hatten auf ihre Vergangenheit und auf ihre Geschichte verzichtet, sie hatten alles aufgegeben für den Versuch, hier ein Leben zu leben, das zu leben man ihnen in ihrer Heimat nicht das Recht zugesprochen hatte, und sie standen vor dem Unerbittlichen.

Georges Perec, Wir sind die Neue Welt

SPANIEN

— John Ampans ursprüngliche Reiseroute
  (bis zur algerischen Grenze) und Strecke
  der hier beschriebenen Reise, auf der
  heute die meisten Flüchtlinge unterwegs sind.

— John Ampans damalige Reiseroute nach seiner
  Deportation aus Algerien.

Tanger
Ceuta (ES)
Tetouan
Rabat

MAROKKO

ALGERIEN

Kanarische
Inseln (ES)

SAHARA

Dakhla

MAURETANIEN

MALI

Nouakchott

Timbuktu

SENEGAL
Dakar

Banjul
GAMBIA

Bamako

BURKINA
FASO

Niamey

Bissau

GUINEA-
BISSAU

Ouagadougou

GUINEA

Conakry

Yamous-
soukro

GHANA

TOGO

BENIN

Freetown

SIERRA LEONE

Cotonou

Monrovia

ELFENBEIN-
KÜSTE

Accra

LIBERIA

Lomé

500 km

Cape Coast

ATLANTIK

Golf von Guinea

1. HEIMAT I

God made Africa first, while He still
had imagination and courage.
Alexandra Fuller, Scribbling the Cat

Reisen gibt es, die den Reisenden verändern und zu einem anderen Menschen machen. Vielleicht wäre er hinterher, nach seiner Reise, gerne wieder wie vorher, aber es geht nicht. Jener Zustand ist verloren, und der Mensch, der er war, existiert nicht mehr, weil seine Welt durch seine Reise eine andere geworden ist. Das kann der Reiz des Reisens sein, und es ist das Risiko des Reisenden, es ist das Risiko eines Afrikaners, der nach Europa kommt.

John Ekow Ampan hat Afrika seine Heimat genannt in den Jahren seiner Reise. Dann verlor er seine Sicherheit. Seine Freunde. Seine Bräuche, seine Sprache, sein Wetter, seine Lieder und sein Lachen. Er hat sich dort, wohin ihn die Reise führte, eingereiht, hat zu leben gelernt, wie die Europäer leben. Er zieht sich an wie ein Europäer und arbeitet wie einer; er kauft die Fernseher der Europäer und ihre Waschmaschinen, sogar ihr Gemüse, das ihm so lange nicht schmeckte, weil er es ernten musste in ihren Treibhäusern, und er hat eine Freundin, die dort zu Hause ist, dort in Europa, doch er ist es nicht.

Er wollte sein wie sie in all den Jahren. Er wollte Europäer werden.

»Ich werde nie einer«, sagt er.

Und wo ist er heute zu Hause?

Begibt er sich auf den Rückweg, eine Reise in umgekehrter Richtung, jene Reise nach Afrika, die er nicht bezahlen konnte

11

in den ersten Jahren, die sein Körper nicht mehr schaffte, die er später dann fürchtete, weil zu viel Zeit vergangen war, dann versteht er, dass er ein Zuhause auch in Afrika nicht mehr hat.

John Ekow Ampan, 46 Jahre alt, hat kurz geschorene Haare und auf der linken Wange eine Narbe, halbmondförmig, es ist eine Art Brandzeichen; mit diesem Schnitt kennzeichnen die Fante ihre Kinder. Und John trägt ein grünes T-Shirt über der Narbe auf seinem Bauch, graue Levi's, eine blaue Schirmmütze und Kopfhörer, er hat Geschenke dabei, einen DVD-Spieler, viele, viele Plastiktüten.

Es ist ein Montag im Herbst, als John Ampans zweite Reise beginnt. Am Rhein-Main-Flughafen, Gate A 55, treffen wir uns: Markus Matzel, Fotograf aus Witten im Ruhrgebiet, John Ampan und ich; zu dritt wollen wir reisen, zunächst nach Ghana, wo John seine Familie wieder sehen will, zum ersten Mal nach 14 Jahren, dann durch Togo und Benin nach Nigeria, weiter nach Norden, auf Johns Spuren, durch Niger, die Sahara, durch Algerien und Marokko bis nach Andalusien.

Und auf den Spuren derer wollen wir reisen, die alles zurücklassen, um nach Europa zu kommen. Die glauben, das Paradies zu finden, Sicherheit und Wohlstand, wenn sie die Heimat verlassen, die sie als Hölle erleben, die Armut und die Kriege. Wir wollen Johns Reise von damals rekonstruieren und sehen, wie die Flüchtlinge von heute reisen und wie sie überleben, und wir wollen ihre Geschichten hören; was sie hinter sich haben, warum sie gegangen sind, wohin sie gehen möchten und wovon sie träumen. Wir wollen sehen, wie sie reisen, und wir wollen ein wenig von dem, was sie erleben, spüren und erfahren.

»Don't ever do this to me again«, sagt John, es ist seine Art der Begrüßung. John ist aus Malaga angereist, musste in Frankfurt übernachten, im »Sheraton« am Flughafen. Er fuhr mit der S-Bahn in die Stadt, suchte ein afrikanisches Restaurant und fand »McDonald's«, wollte sich vom deutschen Fernsehen ablenken lassen und fand den Bürgerkrieg der Elfenbeinküste, und heute Morgen blickte er dann auf sein Ticket, beim Einchecken, und sah den Preis, deutlich über 1000 Euro, Business-Class, anders geht es bei Lufthansa nicht, wenn man keinen Rückflug bucht. »Bist du wahnsinnig? Was hätte ich mit diesem Geld machen können«, sagt John, »das hättest du sparen müssen.«

Aber dann grinst er und sagt: »Damals, als es in die andere Richtung ging, habe ich über vier Jahre gebraucht, zu Fuß, ohne Rechte. Und heute fliege ich Business-Class nach Hause, wie ein Präsident, und es dauert 8 Stunden.«

John, wie wird es dir gehen in Accra? Wie wird das sein, wenn du deine Frau, deine Kinder wieder siehst nach all den Jahren?

»Du kennst uns Afrikaner doch«, sagt er, »wir werden tanzen, uns in den Armen liegen. Es wird Gekreische geben, Tränen, Geschenke. Keine Ahnung, wie viele Menschen zum Flughafen kommen werden, aber einige werden es sein. Es wird ein Fest, ein riesiges, gewaltiges Fest werden.«

Ein Mann sitzt im Flugzeug nach Afrika, ein Mann auf dem Rückweg, ein Mann, der für den Hinweg mehr als vier Jahre brauchte.

Vier Jahre für die Reise nach Europa, auf den Kontinent, den der Mann für das Paradies hielt wie alle Afrikaner, die er kannte.

Europa, das war: der Kontinent der lächelnden Menschen, der satten Menschen, der träumenden Menschen, der arbeitenden und liebenden, der klugen und der glücklichen Menschen.

Der Mann sitzt in der mittleren Reihe, Platz 10 D, er blättert durch deutsche Zeitungen.

In »Bild« verfasst der Kolumnist Franz Josef Wagner einen Brief an Joschka Fischer, der zum fünften Mal geheiratet hat. Wagner schreibt: »Und dann kommt die sechste, und dann kommt die siebte – und dann stirbt er, der Mann, der die Liebe suchte.«

Deutsche Wichtigkeiten, zum letzten Mal für Wochen.

Und hinten, Reihe 46, sitzt ein Nigerianer zwischen drei deutschen Grenzschützern; Tagesgeschäft, eine ganz normale Abschiebung, wie immer auf Afrika-Flügen. Der Erwischte und Hinausgeworfene hört Musik über Kopfhörer, Fragen sind verboten, »kein Kommentar«, sagen die Grenzschützer.

Es müssen bizarre Kontraste sein für den Mann auf Platz 10 D, der damals vor Ceuta im Staub lag und auf den richtigen Moment lauerte, um über den Zaun zu steigen; dessen Problem mit Behörden darin bestand, dass die Behörden alle Rechte hatten und er keine, ein Problem, das dazu führen konnte, dass sie ihn zurückschicken würden nach Süden, zurückbringen in die Sahara, einsperren oder sogar töten – und der nun, heute, mit einem Stempel im Pass und Bordkarte eingestiegen ist und Champagner trinkt und Rotwein; und dessen einziges Problem mit Behörden ein Nein des Kapitäns und nach Rücksprache ein Nein der Pressestelle der Deutschen Lufthansa sind, die es tatsächlich untersagen, dass der Mann aus Afrika vor laufender Videokamera erzählt, was er damals fühlte. »Ist das die deutsche Art? Dass ich nicht selbst entscheiden kann, ob ich auf eine Frage antworten möchte?«, fragt der Mann aus Afrika, und längst haben wir Basel und Korsika überquert, fliegen wir über Tamanrasset hinweg, Metropole der Schleuser inmitten der großen Wüste. Wo er damals feststeckte, vor 14 Jahren.

Was erwartest du, John?

»Ich bin aufgeregt. Ich freue mich. Meine jüngste Tochter ist 14 Jahre alt, ich habe sie nie gesehen, zuletzt hat sie sich immer geweigert, mir Fotos zu schicken. ›Daddy‹, sagt sie immer, ›wenn du mich sehen willst, musst du kommen.‹ Und sie haben es nicht geglaubt, dass ich wirklich kommen würde. Zum ersten Mal. Nach 14 Jahren. In ein paar Stunden wird mein Leben anders sein«, das alles sagt der Mann aus Afrika, und es klingt wie ein Satz, ohne Luftholen und ohne Komma.

Nächstes Jahr werde sein Sohn auf die Universität gehen, sagt er, von dem Geld aus Europa.

Seine spanischen Freunde hätten ihn gebeten, nach dieser Reise zurückzukehren nach Europa und nicht in Afrika zu bleiben.

Er sagt, dass er natürlich zurückkehren werde nach Europa, aber künftig gerne alle paar Monate pendeln würde, wenn er genug Geld hätte.

Er sagt, er wünsche noch ein Glas Rotwein, den spanischen. Und Gans mit Knödeln.

»Was heißt ›Thank you‹ auf Deutsch«, fragt der Mann. Dann sagt er »Danke«.

Etwa 60 000 Migranten nimmt Deutschland pro Jahr offiziell auf. »Europa, mit seinen niedrigen Geburtenraten, braucht ihre Arbeit«, sagt Brunson McKinley, Generaldirektor der »International Organization for Migration« in Genf. »Legale Routen zu schaffen und Integration zu erleichtern, das wäre der Weg«, meint Jonathan Stevenson vom Internationalen Institut für Strategische Studien in London. Wollte die Bundesrepublik das Verhältnis von Rentnern zu Arbeitenden, den so genannten Altenquotienten, auf lange Sicht konstant halten, müsste sie Jahr für Jahr 200 000 Einwanderer ins Land lassen.

Das ist weit weg von der Wirklichkeit.

Die, die jetzt aufbrechen in Westafrika, gehen verzweifelt, hoffend, träumend, und die wenigsten von ihnen schaffen es je nach Europa. Die, die es nicht schaffen, landen in Gefängnissen oder Lagern, werden krank oder sterben, scheitern, weil sie kein Geld mehr haben oder verraten werden, weil sie Pech haben oder weil sich die politische Lage geändert hat, ohne dass sie es mitbekommen konnten, da sie sich gerade durch die Wüste schleppten. Oder sie sind schon beinahe angekommen, müssen nach rund 5000 Kilometern über Land nur noch diese 14 Kilometer durchs Mittelmeer überwinden, und dann sinkt ihr Schlauchboot. Und niemand erfährt, dass sie jemals unterwegs waren. »Da vollzieht sich ein Exodus, den weder die Gefahren der Reise, noch Gesetze, Regierungen oder Küstenwachen stoppen können«, schreibt »Newsweek«, »Nordafrika ist nicht einfach das Problem Europas, es ist das Problem der kommenden Jahrzehnte. Es wirft einen Schatten über die Zukunft Europas.«

»Abschiebungen und all die Nachrichten von gesunkenen Booten werden nichts ändern«, sagt John Ampan, »die Leute werden aufbrechen, immer weiter, immer mehr. Sie haben nur das eine, kurze afrikanische Leben, und sie wissen nicht, was sie in Europa erwartet. Sie sehen fern, aber was für ein Europa sehen sie da? Ein leuchtendes, freundliches, eines, das auf sie wartet. Und sie hören die Geschichten derer, die es geschafft haben, Lügengeschichten, Angebergeschichten. Und dann gehen sie, denn viele sehen nur diese eine Chance.«

Gestern erst hat John seine Frau angerufen und ihr gesagt, dass er nach Hause käme. »Nein«, sagte Vida (gesprochen: Weidah), »spiel nicht mit uns, und versprich nicht so etwas. Ich sage den Kindern nichts, ich will nicht, dass sie ihre Zeit vergeuden mit dieser Scheißhoffnung auf ihren Vater, der doch nie kommt.« Immer wieder hatte John seine Rückkehr angekündigt, aber die Papiere ließen die Reise nicht zu, oder das Geld fehlte, oder er war krank, oder oder oder. Seine jüngste Tochter Alice ist immer schweigsamer geworden am Telefon – wenn Abstand zu groß wird, gehen Worte aus.

Einmal pro Woche telefonieren, eine Minute lang vielleicht, E-Mails, 200 Euro im Monat von Europa nach Accra: ein afrikanisches Familienleben.

Will man diese Flucht verstehen, kann man keinen besseren Begleiter finden als John Ampan. Er hat das alles erlebt. Seit zehn Jahren lebt er in Algeciras in Andalusien und betreut dort jene, die aus Marokko herüberkommen. Er ist bereit, die Reise ein zweites Mal zu machen, spricht neun afrikanische Sprachen, Englisch, Spanisch und Französisch, und er wird, das hoffen wir, Türen öffnen, die weißen Journalisten ohne einen wie ihn verschlossen blieben. Die Türen zu Schleusern und Schleppern, die Türen in die Welt der afrikanischen Flüchtlinge.

Und nun landet John in Accra, um 18.12 Uhr an einem Montag im Herbst heimgekehrt nach 14 Jahren.

Seine Tochter Alice kennt den Vater, der in Europa lebt, nur aus Briefen und vom Telefon, und sie weiß, dass sie zur Schule gehen kann, weil er Geld nach Ghana schickt, Monat für Monat. Gesehen hat sie ihren Vater nie, nie hat sie ihn berührt, nie geküsst, nie mit ihm gespielt.

Und dann steht er am Zoll und soll dafür zahlen, das Land betreten zu dürfen, das seine Heimat war, 50 Dollar, warum? Weil es so ist in Westafrika, ich zahle, du zahlst, kein Gefallen, keine Dienstleistung ohne Schmiergeld, keine Aufhebung einer Blockade ohne Geld, kein Verzicht auf Gepäckkontrollen ohne Geld, John kennt es und hasst es trotzdem. »Das ist mein Land«, sagt er, »warum wollt ihr Geld von mir in meinem Land?«

Die Frau hinter der Glasscheibe lächelt. Der weiße Reporter und der weiße Fotograf dürfen passieren, und John steht da und schimpft. »Dir fehlt ein Exit-Stempel in deinem Pass, wann hast du Ghana verlassen? Du kannst dir einen Anwalt nehmen, das dauert dann eine Woche, oder du zahlst jetzt und hier, und wir regeln das, und du kannst gehen«, sagt sie. Und er zahlt. Und die Zöllnerin gibt ihm ihre Telefonnummer, sie wird auf seinen Anruf warten, sagt sie, denn er gefalle ihr sehr. John geht zum Gepäckband, nimmt seine Tasche, er lächelt nicht, er geht jetzt zum Ausgang. »Germany 2006, wir kommen«, steht auf einem Werbeposter, es meint Ghanas Fußball-Nationalmannschaft, die herzlich willkommen sein wird in Europa.

Man spürt eine Wand, wenn man durch die Glastür des Flughafens von Accra tritt, eine Wand aus Hitze und Schwüle, eine Schwere und die Feuchtigkeit der Tropen.

Der ehemaligen Heimat all derer, die durchkamen nach Europa. Wie John. Oder wie Joy, die Frau, mit der für mich die afrikanische Reise begann.

Ein Beispiel: Joy

Hätte sie es auch versucht, wenn sie geahnt hätte, was passieren würde? Wenn sie das Meer bei Nacht und das Schlauchboot gekannt hätte, wenn sie gewusst hätte, dass 50 Menschen in dem Ding sitzen oder stehen würden, wenn man ihr erzählt hätte, was die Bugwelle eines dieser monströsen Tanker mit einem Schlauchboot macht und dass deshalb ständig, eigentlich jedes Mal, irgendwer über Bord geht und ertrinkt?

»Natürlich hätte ich es versucht«, sagte Joy, »wenn man zu Hause lebendig begraben ist, riskiert man ja nichts, nicht mal mehr das Leben.«

Joy Ofoni, 23 Jahre alt, eine schmale Frau mit Zahnlücke und kurzen Haaren, geboren in Kano im Norden Nigerias, sechstes Kind eines Priesters ohne Gehalt, war allein auf der Suche nach Deutschland, als wir sie in Algeciras trafen. »Die Deutschen sind nett, in Deutschland gibt es Arbeit«, sagte sie und guckte auf diesen Schwarzweißfernseher mit der schiefen Zimmerantenne und dem absurd schlechten Bild, Schatten im Schneegestöber.

Joy Ofoni hatte es geschafft nach Europa, ins Paradies, sie war eine Siegerin nach langem Kampf, aber sie war das, was die Behörden »illegal« nennen, ein Mensch mit falschen Papieren. Darum versteckte sie sich seit zwei Monaten in einem abgedunkelten Zimmer am Stadtrand von Algeciras und wartete. Worauf? »Kannst du mich nicht nach Deutschland bringen? Kann nicht irgendetwas passieren?« Dann zog sie ihre rote Jacke zu, weil es kalt war im Paradies, und starrte wieder auf den Fernseher.

Es gibt in Andalusien Tausende wie Joy, und es gibt drüben in Nordafrika Zehntausende, die das Gleiche planen wie sie, und diese Menschen sind der Grund dafür, dass die spanische Regierung und die deutsche Regierung und die Migrations-Experten der EU von »Illegalen« sprechen, von einer »Flut«, einer »Lawine«, sie sind der Grund dafür, dass all die aggressiven Wörter fallen, welche die Angst der Spanier, der Deutschen, der Europäer vor den Fremden schüren und ihren Hass.

Europa hat die Grenzen abgeschafft, im Innern. Nach außen zieht Europa Mauern hoch. Europa macht das vor allem an der Küste Andalusiens: Dort stehen inzwischen Wachtürme und Zäune, dort patrouilliert die Guardia Civil mit Nachtsichtgeräten an den Stränden und auf der Nationalstraße 340. Es sieht dort aus wie im Krisengebiet. Europa verteidigt sich. Beamte wie José Manuel Rebello Gómez, Hauptmann der Guardia Civil, fahren die Todesstreifen ab und sind sehr stolz, weil die Anlage so wunderbar funktioniert und schon so lange keiner mehr durchgeschlüpft ist. Aber zugleich ist einer wie Gómez durchaus realistisch. »Wenn ich ehrlich bin«, sagte er, »weiß ich natürlich, dass die Flüchtlinge anderswo Schlupflöcher finden.«

»Sie finden ihren Weg, notfalls irgendwann mit Gewalt. Die Afrikaner, die sich auf den Weg machen, das sind die jungen und die starken«, sagte Encarna Márquez, Sprecherin von Algeciras Acoge, der Hilfsorganisation.

»Nichts hält einen Hungernden davon ab, sich etwas zu essen zu suchen«, das sagte Joy. Europas Abwehrkampf lässt vor allem die Fluchtversuche immer irrwitziger werden: Er verlängert die Routen mancher Flüchtlinge bis nach Gran Canaria oder Fuerteventura und treibt andere dazu, im Hafen von Tanger in die Getriebetunnel von Lastwagen zu kriechen.

Und viele Afrikaner versuchen es immer noch an der Straße

von Gibraltar, weil sie hier das Paradies schon von Afrika aus sehen können. Sie sehen die Lichter von Tarifa und Algeciras, und wenn die Nacht klar ist, steuern sie die Neonreklamen der Strandbars wie Leuchttürme an. Das Problem ist, dass der *Estrecho*, die Meerenge von Gibraltar, an der schmalsten Stelle zwar nur 14,2 Kilometer breit ist, aber überall mörderisch. Weil sich hier Mittelmeer und Atlantik treffen, sind Winde und Strömungen gewaltig. Weil hier 90 Tanker am Tag hindurchfahren und jede Menge Passagierschiffe, gibt es Nacht für Nacht Kollisionen. Denn weil die Flüchtlinge immer ohne Licht unterwegs sind, bemerkt sie kein Steuermann, und weil ihre Boote aus Gummi und Plastik sind, erfasst sie kein Radar, und niemand weiß, wie viele Tote es deshalb gibt.

»60 Leichen im vergangenen Jahr«, das sagte Alférez Alonso von der Guardia Civil. Hässliche, aufgedunsene, angefressene Körper sind das, und manchmal werden sie sogar im feinen Marbella angeschwemmt, meistens aber an der Playa de los Lances, dem 4600 Meter langen Mekka der Wassersportler, und dort müssen die Kite-Surfer dann Slalom fahren zwischen Leichen.

»60 Leichen waren es in einem Jahr an der spanischen Küste, aber die in Marokko und die vielen hundert, die im Meer verschwinden, zählt keiner«, das sagten die Leute von Algeciras Acoge, Hilfsorganisation für die so genannten Illegalen, und darum nennen sie den *Estrecho* das größte Massengrab der Welt. 2000 Migranten sterben hier jedes Jahr, schätzt das Internationale Zentrum für Migrationspolitikentwicklung in Wien.

Menschen wie Joy sind in einem Alter, in dem niemand sterben sollte, einem Alter, in dem man leben will.

»Beim ersten Versuch waren wir über 50 Leute im Schlauchboot. Als die Wellen kamen, verschwand Loveth, meine Freundin. Einfach weg, kein Schrei, nichts zu sehen, nur schwarzes Wasser«, sagte Joy Ofoni. Anderthalb Jahre lang waren sie gemeinsam unterwegs gewesen, Joy und Loveth, zwei Mädchen auf ihrer Tour durch Afrika.

Für jeden Migranten und für jede Migrantin kommt irgendwann der Moment, in dem sie fühlen, dass der Ort, an dem sie geboren und aufgewachsen sind, nicht mehr ihr Zuhause ist. Joy war 18, damals in Nigeria, als sie beschloss zu gehen. Sechs Jahre Schule hatte sie hinter sich, oder was man so Schule nannte in einem Dorf, in dem selbst der Lehrer nicht lesen konnte. Es habe viele Tote gegeben in diesem Dorf, sagte Joy, mal sei ihr Stamm überlegen gewesen, dann wieder ein anderer, und nie gab es eine Perspektive. »Glaubt tatsächlich irgendjemand in Europa, dass auch nur ein Afrikaner seinen Kontinent verlassen würde, wenn er nicht müsste?«, fragte Joy und pustete Luft durch ihre Zahnlücke. Dann: »Glaubst du, dass ich in Deutschland vielleicht bei einer Bank arbeiten kann?«

Für Joys Reise legten die Familie und die Freunde der Familie zusammen, was sie hatten; sie alle warten seitdem auf Schecks aus dem Paradies. Joys Reise führte zunächst zu Fuß, per Bus und per Anhalter über die so genannte Marlboro-Route, die Strecke der Zigarettenschmuggler, nach Niger und weiter nach Algerien. Kamele brachten Joy durch die Sahara, und natürlich gab es unterwegs viele Männer, die gefährlich waren. Es gab Polizisten, die Flüchtlinge in Lager brachten oder zurück an die Grenze. Führer, die den Weg durch die Wüste kannten oder zu kennen vorgaben. Diebe. Vergewaltiger. Menschenhändler, die Mädchen zwar zu einem Flug nach Europa verhelfen konnten, aber nur in Europas Bordelle. Joys Geld half, aber die 4000 Dollar waren schnell weg. Sie erreichte Maghnia in Algerien, und von dort musste sie laufen, bis sie im November 2001 in Tanger in Marokko ankam.

Tanger war auch damals schon die Börse der Flüchtlinge. Feucht und faul roch es in den engen Winkeln der Medina, zwischen all diesen Läden und Bars, vor denen die Männer kifften und Minztee tranken und warteten. Sie hatten nur ein Thema: Europa. Jeder kannte einen, der einen kannte, der wusste, welcher Kapitän das nächste Schlauchboot hinübersteuern wollte. Übermorgen, morgen, heute Nacht.

Diese Männer verlangten 1000 Dollar für einen Platz auf dem Gummirand und 1500 Dollar für einen Platz in der Mitte, wo man nur selten ins Wasser fällt, nur dann, wenn ein Riff den Boden aufschlitzt. Auch Schwimmwesten für 250 Dollar waren im Angebot und Pauschalreisen, im Hänger eines Lastwagens und dann per Fähre, für 4000 Dollar. Leute wie Collins aus Nigeria waren die Broker dieser Börse; Collins wollte selbst nach Europa, aber er hing schon seit zwei Jahren in Tanger fest, weil er von den Provisionen auch nicht schlecht lebte. »Manche zahlen viermal, bis sie endlich auf einem Boot sind«, sagte Joy.

Sie wohnte drei Monate lang im Hotel »Monaco«, einer jener Pensionen mit schmierigem Eingang, in denen der Rezeptionist der König ist. Der Rezeptionist kann den Mund halten, das wäre gut; er kann sich umhören, das wäre besser; er kann von der Polizei bezahlt sein, dann ist wieder Razzia morgens um vier, und die Flüchtlinge, die immer in Jeans und Schuhen schlafen, springen zu Dutzenden aus den Fenstern.

Es war Februar, als Joy das Geld erhielt, auf das sie gewartet hatte; ihre Tante Princess, die es vor Jahren nach Spanien geschafft hatte und in Algeciras als Kellnerin arbeitete, hatte es geschickt. Joy bezahlte ihren Broker und hatte Glück. Glaubte sie. Ein Kleinlaster brachte sie nach Osten, an den Stadtrand von Ceuta, und da waren es nur noch 14 Kilometer bis zum Paradies.

Joys erste Überfahrt begann in der Nacht vom 10. auf den 11. Februar 2002. Der Sturm kam so plötzlich, wie Stürme in der Straße von Gibraltar immer kommen. Die 50 Passagiere schaufelten das Wasser mit den Händen über Bord und sahen die Tanker erst, als sie ein paar Meter vor ihnen waren. Loveth versank im Meer, zwei andere fielen hinterher, und der Skipper wendete und fuhr zurück nach Marokko.

Joy schlief dann in den Bergen vor Ceuta und weinte und wartete. Ihre zweite Überfahrt begann am 21. Februar. Diesmal waren nur 32 Leute an Bord, aber zwei Ahnungslose standen am Motor. 45 Minuten würde es dauern, sagten sie, aber da sie neu im Geschäft waren, hatten sie nicht genügend Sprit dabei. 18 Stunden lang trieben sie in der Meerenge, und dann sahen sie das Boot der Guardia Civil.

Was für die Flüchtlinge das Spiel des Lebens ist, die letzte und einzige Chance, das ist für die Guardia Civil längst Routine: Mit ihren Nachtsichtgeräten können Alférez Alonso und seine Jungs beobachten, wie die Boote drüben an der Küste von Ceuta ablegen; sie können zählen, wie viele Menschen einsteigen; sie können sogar die Vergewaltigungen beobachten, die es an Bord gibt, immer wieder. Joy, nass und durchgefroren, wurde von Polizisten aus dem Schlauchboot gezogen und landete da, wo alle landen: in den Containern der Cruz Roja, des Roten Kreuzes, im Hafen von Tarifa, wo Männer wie Luis Hidalgo, einstiger Besitzer einer Hafenkneipe und nun ehrenamtlich guter Mensch von Tarifa, zwischen Bergen von Matratzen und Schuhen und Kekspackungen auf neue Afrikaner warten.

»Sie kommen jeden Tag«, sagte Hidalgo und zeigte auf die Klippen, wo die Reste jener Boote hingen, die draußen auf den Riffen zerstückelt worden waren. Am Tag nach Allerheiligen 1988, am 2. November, kamen zum ersten Mal Tote: 23 Leichen wurden an den Strand gespült, es war der Anfang.

Und wenn die Boote kommen, ist es so wie in jener Nacht am Strand von Paloma: Ein paar Anwohner brachten Tee und Decken. Die Taucher suchten die Toten; vier zogen sie an Land, und wie immer wurden sie für ein paar Wochen gelagert und dann eingeäschert und in Urnen per Fähre nach Marokko zurückgebracht. Die Marokkaner und die Nigerianer rannten in die Büsche, weil sie schon Stunden später abgeschoben würden (die EU müht sich um Verträge mit möglichst vielen Staaten Afrikas, Verträge sollen es sein, welche die sofortige Rückführung von Migranten ohne weitere Prüfung legalisieren, und mit Ghana oder Nigeria hat sie solche Abkommen längst erreicht). Die anderen Flüchtlinge, mit deren Heimatstaaten die spanische Regierung noch keine Abkommen geschlossen hat, warteten auf die Polizisten oder riefen sie sogar an, weil sie nicht abgeschoben werden können, jedenfalls nicht sofort; sie erhalten Papiere für 40 Tage, und das reicht zum Verschwinden in der Schattenwelt europäischer Großstädte. Das reicht, um nach Frankreich oder Deutschland oder in die Niederlande zu kommen, weil es von Tarifa an im Grunde keine Grenzen mehr gibt.

Das Ganze ist deshalb ein bizarres Katz-und-Maus-Spiel, weil Andalusien die Ausländer eigentlich braucht: Ohne Migranten, die keine Fragen stellen, wäre die Produktion von Obst und Gemüse in der Region von Almeria, wären die drei Ernten pro Jahr unter den insgesamt 35 000 Hektar Plastikplane nicht zu schaffen. Aber Europa lässt keine Wahl: Menschen wie Joy sind Feinde, die Nummern haben und keine Geschichte. »Wir haben Befehle«, sagte Alférez Alonso.

Joy, aus Kano im Norden Nigerias, hatte dann aber doch so etwas wie Glück. Ihre Tante Princess machte sie mit den Leuten von Algeciras Acoge bekannt. In deren Haus, auf das irgendjemand »Inmigración No!« gesprüht hatte, traf sie den Ghanaer John Ampan. Der lebte in Algeciras und betreute jene, die gerade ankamen. Er brachte Joy unter, besorgte ihr einen Anwalt, war ihr Pizzabote, und sonntags holte er sie ab und fuhr sie zur Kirche. Aber auch John Ampan und der Anwalt konnten nichts daran ändern, dass Joy seit zwei Monaten in ihrer roten Jacke in diesem Keller am Stadtrand von Algeciras sitzen musste, zwischen Kisten und Müll, mit einer Matratze und diesem erbärmlichen Fernseher. Menschen wie Joy sind nicht versichert, von niemandem beschützt, hoffentlich werden sie niemals krank. Sie sind Menschen im Schatten unseres Kontinents, Menschen, die offiziell nicht existieren. Denn ginge Joy vor die Tür, würde sie geschnappt, und dann säße sie Stunden später im Flugzeug nach Lagos.

»Joy« heißt Genuss oder Freude. Joy sah vom Paradies, was ihr Fernseher hergab. Als auch noch die Schatten verschwanden, trat sie gegen den Bildschirm.

Als wir Joys Geschichte recherchierten, die Geschichte derer, die durch die Meerenge von Gibraltar nach Europa kommen oder es jedenfalls versuchen, trafen der Fotograf Markus Matzel und ich John Ampan zum ersten Mal. Das war im Frühjahr 2002. John fuhr damals durch die Küstenstadt Algeciras und beriet Migranten, sagte ihnen, wie sie in den Befragungen reagieren müssten, um Zeit zu gewinnen, sprach mit Anwälten, verschaffte Quartiere, Handtücher, Brot, und jeden Samstag gab er ein Fest, dann kochte er für seine Leute.

John übersetzte für mich. Joy traute ihm, und irgendwann traute sie mir; John war die Brücke. In den Monaten danach diskutierten Markus und ich die Idee, die Geschichte der afrikanischen Odyssee von Anfang an zu erzählen. Die ganze lange Strecke selbst zu reisen, zu versuchen, die Schleuser und die Verstecke der Migranten zu finden; wir wollten versuchen zu verstehen, was da wirklich geschieht.

Markus Matzel, im März 1967 in Schwelm geboren, ist einer dieser wenigen Fotografen, mit denen Reporter gerne losfahren: Er bereitet sich vor, plant die Reisen mit, sucht selbst nach Fahrern, Hilfsorganisationen, Gesprächspartnern. Er interessiert sich für die Gegenden, in die er fährt, ist mutig und vorsichtig und hat Humor. Markus trägt die blonden Haare stoppelig-stehend und die Jeans unten umgeschlagen, um den linken Unterarm bindet er sich ein Tuch. So sieht er immer aus, im Irak, in

Afrika, im »Spiegel«-Hochhaus. Markus wuchs in Sprockhövel im Ruhrgebiet auf, ist gelernter Zerspahnungsmechaniker, Fachbereich Drehautomatentechnik. Im Jugendzentrum gab es eine Dunkelkammer, seine ersten Bilder druckten die »Wuppertaler Nachrichten«. Mit einem gelben Passat Kombi fuhr Markus nach Zagreb, um seinen ersten Krieg zu fotografieren. Die »Tageszeitung« druckte seine Bilder. Dann heuerte er bei »Das Fotoarchiv« an, neben »Ostkreuz« die beste deutsche Agentur für Reportagefotografie.

Wir hielten Kontakt zu John, der uns über die Bewegungen der Migranten informierte, über ihre Routen und Ziele und über die Lage an der Meerenge von Gibraltar. Zunächst planten Markus und ich, Migranten aus Westafrika zu begleiten, von ihrem Dorf bis zum Ziel, aber als wir uns ansahen, was es schon gab zu diesem Thema, einen Film hier und eine Reportage dort, bekamen wir das Gefühl, dass solche Projekte, so gut gemeint und gründlich recherchiert sie auch sein mögen, letztlich immer ein Stück weit verlogen sind, weil sie verlogen sein müssen: In dem Moment, da weiße Journalisten zu den Migranten stoßen, um deren Geschichte zu drehen oder aufzuschreiben, ist es nicht mehr deren Geschichte. Die Journalisten verändern sie. Sie verändern, wie die Migranten behandelt werden von Schleppern und Polizei, sie verändern die Preise, sie verändern die Wirklichkeit durch bloße Anwesenheit und natürlich durch ihre Hautfarbe, und es gibt nichts, was sie dagegen tun könnten. Ein schwarzer Flüchtling, den weiße Journalisten begleiten, wird eben dadurch zum Luxusflüchtling.

Die Rekonstruktion einer Flucht, das sei ehrlicher, das könnte funktionieren, folgerten wir. Und während einer solchen Rekonstruktion würden wir immer wieder, überall auf der Strecke, jene treffen, die heute unterwegs sind, punktuell, wir würden sie befragen und beobachten und ein Stück weit begleiten. Diese Eindrücke würden uns ein realistisches Bild vermitteln, und die unterschiedlichen Ebenen müssten gemeinsam der Wirklichkeit der Migranten nahe kommen.

Das war die Idee.

John hatte uns in vielen Gesprächen von seiner Reise erzählt. Darum fragten wir ihn, ob er uns begleiten wolle.

»Das soll eine Frage sein?«, sagte er, »heißt das, ich komme nach Hause?«

Natürlich, aber es heißt auch, dass du ein zweites Mal gehen wirst.

Das war der Beginn.

Wir beantragten Visa, knüpften Kontakt zu Organisationen, die uns helfen konnten in Afrika, versuchten, zuverlässige Fahrer zu finden, als der Sturm des 29. September losbrach.

»Der Sturm des 29.«, das ist in der Welt der Flüchtlinge inzwischen beinahe so etwas wie der 11. September in der restlichen oder westlichen Welt. Es ist ein Symbol, eine Chiffre geworden: Am 29. September 2005 rannten etwa 700 afrikanische Flüchtlinge gegen die Zäune von Ceuta an. Tausende waren es in den Wochen zuvor auch in Melilla gewesen; mindestens 14 starben, viele erreichten das Paradies, viele verletzten sich dort oben im Stacheldraht.

Der Sturm auf die vorderste Front Europas hatte etwas Mittelalterliches: Mit Stöcken stießen spanische Polizisten die Flüchtenden zurück auf die andere Seite. Es waren Bilder einer seltsamen Schlacht. Die Besitzenden wehrten sich gegen die Besitzlosen, gegen all die, die sich keinen Fernseher und kein Auto leisten können. Es war wie ein Krieg der Reichen gegen die, die aus dem Dunkeln kamen, wie ein kollektiver Ausbruch der Angst und des Ekels vor der Armut. Es waren nicht die Bilder, die das liberale, das geeinte Europa von sich sehen wollte.

Denn die Gegner waren Menschen, die ihre Familien, Stämme, Dörfer verlassen hatten, um in dieses Paradies zu kommen, für das sie Europa immer noch halten. In den Wäldern Marokkos, vor den spanischen Exklaven Ceuta und Melilla, leben diese Flüchtlinge unter Planen in Lagern. Manchmal sind es 100 Menschen, die sich hier zusammenschließen, manchmal sind es 500. Oder sie graben sich Löcher in die Erde, verkriechen sich dort und freuen sich, wenn der Winter kommt, denn dann gibt es keine Moskitos mehr – und dann freuen sie sich, wenn der Sommer kommt, denn dann haben die eisigen Regennächte ein Ende. Sie wählen Anführer, wählen Nachtwächter, Köche, Putzdienste, das Camp im Wald ist ein bisschen Heimat für sie und vor allem Nachrichtenbörse. Bis zum 29. September 2005 war es so gewesen, dass sich dort draußen Teams formten, fünf bis acht Menschen, und diese Teams bauten sich Leitern und versuchten es gemeinsam.

Man floh in Kleingruppen; »Unit« oder »Family«, so nennen Werber Gruppen von fünf bis acht Leuten. Wenige Kilometer vor Europa hatte sich nun diese Solidar- und Arbeitsgemeinschaft der Rechtlosen geformt. Aus Kamerun stammten einige von ihnen, aus Mali andere, und viele waren Nigerianer.

Warum am 29. September? Und warum so?

Der Zeitpunkt hatte zwei Gründe: Panik und Aufstachelung. Es habe, das erzählen die, die durchkamen, Männer gegeben, die durch die Lager in den Wäldern streunten und dort herumflüsterten: »Es sind gute Tage zum Fliehen, wagt es jetzt!« Gerüchte funktionieren immer in Flüchtlingslagern, wo so wenig gewiss ist. Marokkaner sollen diese Flüsterer gewesen sein, denen es in Wahrheit darum gegangen sein soll, Druck zu erzeugen wegen der neuen Verhandlungen, die im Herbst 2005 in Madrid geführt wurden. Es ging dort um heikle Fragen: Was kann Marokko künftig tun, um Europa vor Afrika zu schützen? Und was zahlt Europa dafür?

Die Panik entstand, da die, die in den Wäldern hausten, Späher losschickten, die das Grenzgebiet erkunden sollten – und die Späher meldeten, dass die Zäune erneut erhöht würden. Soldaten und Bauarbeiter schweißten auf spanischer Seite neue Pfosten auf alte Pfosten, dann kam der Stacheldraht, der Wunden in Finger und Füße reißt, und am Ende würde Europas Schutzwall sechs Meter hoch sein. Wer jetzt noch wartete, das war die Botschaft der Späher, der würde seine Chancen verspielen. Und darum rannten diese Menschen, die nach all den Jahren ihr Ziel endlich sehen konnten. Vier Mal versuchte es Abdul Loum, 30, der aus Guinea stammt, drüben in Melilla, »und dies war mein dritter Versuch in Ceuta«, sagte er, und jetzt war er drin.

Loum war ein Sieger wie Joy Ofoni, und er erzählte, dass sie auf ihren Reisen natürlich in die Hände von Schleusern geraten seien, der Sturm auf die Mauern jedoch sei nicht organisiert gewesen; es habe sich herumgesprochen und sei irgendwann zur Idee geworden: Wenn einer dem anderen hilft, wenn alle zusammen mit vielen Leitern anrücken, hat jeder bessere Aussichten.

Und so passierte, was immer passiert: eine Kettenreaktion. Die Ersten kamen durch, die Erfolgsmeldungen kamen zurück in die Wälder, sofort machten sich die nächsten auf den Weg. Gegen Ende der Woche des 29. September löste die marokkanische Polizei einige Lager auf und karrte die Flüchtlinge weit weg in die Wüste. Und Spanien begann wieder einmal mit Abschiebungen, das Innenministerium kündigte eine neue Welle der Härte an.

Das war keine gute Nachricht für Joy Ofoni, und es war keine gute Nachricht für Jane Aimufua.

Einige Wochen vor Beginn unserer Reise fuhren wir mit John durch Algeciras und trafen auf die Nigerianerin Jane Aimufua.

Jane verkaufte Parkscheine an den Stränden von Algeciras; sie erzählte uns, dass ihr Mann Peter gerade in Abschiebehaft saß. Jane ist eine kraftvolle lachende Frau, rötlich-schwarz hatte sie ihr Haar gefärbt, und ihr Oberkörper wippte vor und zurück, während sie sprach. Sie hatte eines dieser Probleme, an denen Flüchtlinge in Europa scheitern: In 19 Tagen würde ihr Mann, der Vater ihrer Kinder, ausgeflogen werden, sie brauchte deshalb ein polizeiliches Führungszeugnis aus Benin City, aber das war in diesen 19 Tagen nur mit Bestechung und den richtigen Kontakten zu bekommen.

Sie brauchte 200 Euro. Wir gaben sie ihr. Es war selbstverständlich – und wie grotesk, dass an diesen zwei Geldscheinen Existenzen hingen, Lebenswege, an diesen Scheinen hing die Zukunft einer Familie.

Und dann saß Jane Aimufua auf einem weißen Gartenstuhl in einem spanischen Reihenhaus und erzählte von ihrer Entscheidung.

*

Jane Aimufua, 37, Benin City, Nigeria: *Es gibt nichts Schwigeres für Eltern. Was sollte schwieriger sein als der Augenblick, wenn du deinen Kindern sagen musst: »Seid jetzt ganz stark, wir werden lange getrennt sein.« Aber wir kamen nicht mehr voran in Benin City, deshalb wollte mein Mann gehen, und ich musste doch sein, wo mein Mann ist. Peter sagte zu mir, ich könne auch bei den Kindern bleiben und mir einen anderen Mann suchen, er würde es verstehen. Aber mein Platz ist doch neben ihm.*

Peter war schon einmal acht Jahre lang in Spanien gewesen. Er war 1992 gegangen, als ich gerade zum dritten Mal schwanger war; ich wollte es nicht, aber er sagte zu mir: »So, wie ich dich liebe, werde ich dich niemals vergessen«, und da ließ ich ihn gehen. Er ging, um Arbeit zu finden und uns Geld zu schicken, drei Jahre hat er damals gebraucht. Zunächst kaufte er sich ein Visum für Deutschland und flog von Lagos nach Frankfurt, aber aus Deutschland wurde er abgeschoben, weil das Visum falsch war. Darum startete er erneut. In Mauretanien kochte er Suppe und erzählte den Leuten dort, die Suppe ließe Pickel verschwinden; er log, um sich das Geld für die Reise zu verdienen. Er arbeitete auf Baustellen, es dauerte drei Jahre, bis er endlich genug Geld hatte, um weiterzugehen. Auf dem Schiff nach Las Palmas wurde er entdeckt, sie verhafteten ihn, sperrten ihn ein für ein Jahr und deportierten ihn in die Westsahara. Er musste zu Fuß gehen, hatte nichts zu trinken, schrieb sein Testament. Aber Peter schaffte es nach Marokko und von Tanger mit einem Fischerboot hinüber nach Algeciras, und als er in Spanien ankam, ging alles gut: Er arbeitete als Bauarbeiter, als Putzmann, er pflückte Obst. Er mochte Europa. Doch 1999 starb sein Vater, und Peter ertrug es nicht, so weit weg zu sein, darum kam er zurück. Er wusste schon, dass er die gleiche, schreckliche Reise noch einmal machen müsste, aber das war ihm die Heimkehr wert.

Versteht ihr eigentlich, wie sehr wir Afrika vermissen, wenn wir bei euch in Europa sind? Versteht ihr, was das bedeutet, dass wir diese Reise trotzdem wagen?

Kenneth, unser Größter, verstand uns. Die beiden Kleinen weinten. Ich auch.

Wir fuhren mit Autos und Lastwagen nach Lagos, dann nach Kaduna, mit einem Landrover nach Zinder, nach Agadez, und in der Wüste brach der Motor zusammen. Fünf Tage mussten wir warten, mit wenig Wasser, dann hatten sie den Wagen repariert. Weiter dann nach Tamanrasset, nachts auf den Straßen und tagsüber abseits in den Bergen. Und nach Algier, 16 Leute auf dem Dach eines Landrover, in vier Viererreihen saßen wir; unser Koffer fiel hinunter, ich hatte zwei Jeans, eine Jacke, ein paar Shirts darin, Peter auch, und nun hatten wir nichts mehr, weil sie nicht anhielten. Drei Wochen lang warteten wir in einem Zelt im Wald, und zu Fuß, in der Nacht, überquerten wir dann die Grenze nach Marokko. Elf Leute waren wir, drei wurden erwischt. Es war hart, aber es ging alles gut, nur in Rabat hatten wir kein Geld mehr. Wir mussten ein Jahr in Rabat bleiben, wo wir Osasa bekamen, und drei Jahre in Tanger, in der Pension »Agadez«, und unsere beiden Kleinen kamen dort zur Welt: Osasa ist jetzt 4 Jahre alt, Osawese ist 3, und Blessing ist 2.

Das ist eine afrikanische Familie in dieser Zeit: drei Kinder hier, drei Kinder dort, und die Geschwister haben sich noch nie gesehen. Wir sind nicht die Einzigen, die diese Entscheidung treffen mussten, das müsst ihr wissen.

Wir warteten auf Geld, das uns unsere Angehörigen schickten, und als es kam, war es nicht genug. Ich musste mit den Kindern allein an Bord des Schlauchbootes gehen, für Peter reichte das Geld nicht. 28 Leute waren wir in dem Boot, es war Nacht, es war kalt, und ich hielt meine drei Kinder, dachte an die anderen drei und an meinen Mann, und alle im Boot wussten: Es kann sein, dass wir gleich sterben. Das weiß jeder, der in diese Boote steigt, das ist eine realistische Möglichkeit. Wir sahen die Tanker, schöpften das Wasser mit Bechern aus dem Boot. Was wir besaßen, hatte ich in eine Plastiktüte gestopft, weißes Klebeband drumherum, und meine Kinder klammerten sich an mich und weinten.

Aber wir kamen an. Die Soldaten warteten schon auf uns, aber weil ich drei kleine Kinder hatte, durfte ich bleiben. Ich danke Gott, und Europa danke ich für dieses Mitgefühl. Ich bete, dass auch Peter bleiben darf. Er fuhr einige Tage nach uns über das Meer, aber sein Boot wurde weit abgetrieben, bis nach Almeria, 36 Stunden lang war er auf dem Wasser unterwegs, und als die Marine kam, zog der Kapitän einen Taucheranzug an und ging von Bord. In Almeria verhafteten sie Peter und sperrten ihn ein, und jetzt drohen sie mit seiner Abschiebung.

Wenn du nach dieser Reise Europa endlich erreichst und dann deportiert wirst, das ist so, als wenn ein Soldat nach einem langen Krieg nach Hause kommt und in seiner Haustür auf eine Mine tritt.

*

So wurde es Ende Oktober, es war ein Sonntag, als es Ernst wurde.

Selten habe ich so früh gepackt, 24 Stunden vor Abflug. Drei Hosen, fünf Hemden, einen Pullover, eine Regenjacke, zwei Paar Schuhe, sieben T-Shirts, sieben Unterhosen und sieben Paar Socken nehme ich mit. Und fünf Notizbücher, ein paar Päckchen Kugelschreiber, Ryszard Kapuścińskis »Afrikanisches Fieber«, das mich vor Jahren neugierig machte auf Afrika, Sachbücher, Romane, den iPod, geladen mit Hörspielen und Musik. Und Digitalkamera, Mehrfachstecker, Adapter, Mobiltelefon, Satellitentelefon, Straßenkarten, Mütze, Sonnenbrille, Malariatabletten, Sonnencreme. Ich bin gegen alles geimpft, wogegen man geimpft sein sollte: Hepatitis, Cholera, Tollwut, Diphtherie.

Dann kontrollierte ich die Ausrüstung, stellte das Moskitonetz in meinem Hamburger Wohnzimmer auf, testete die Taschenlampe, die man wie ein Bergarbeiter an der Stirn tragen kann, um auch dort lesen und schreiben zu können, wo es kein elektrisches Licht und ab 18 Uhr nur Dunkelheit gibt. Das Satellitentelefon funktionierte, nur ein Ladegerät fehlte, und darum fuhr ich in die »Spiegel«-Redaktion, holte das Ladegerät, Textmarker, Batterien, parkte das Auto in der Tiefgarage, lief durch die Speicherstadt, am Hafen entlang zurück nach St. Pauli – Sonnenuntergang um 16 Uhr, gestern wurde in Deutschland die Zeit umgestellt.

Meine Tochter, elf Jahre alt, wollte alles wissen, was ich ihr erzählen konnte über Afrika, diesen »rauhen und sanften, brutalen und feinfühligen, niederschmetternden und beglückenden Erdteil«, wie Bartholomäus Grill geschrieben hat.

Ich erzählte ihr von Abel, SOS-Patenkind in Äthiopien. Von John, der über vier Jahre lang unterwegs war, von Jane, die ihre drei Kinder in Nigeria zurückließ und nach Europa kam, um Geld zu verdienen, damit diese drei Kinder in Afrika zur Schule gehen können. Und ich las ihr Zahlen vor.

910 Millionen Menschen leben in Afrika, das sind 14 Prozent der Weltbevölkerung. 1,2 Milliarden werden es in 14 Jahren sein, nirgendwo sonst auf der Welt wächst die Bevölkerung schneller. Die meisten Afrikaner leben in Nigeria: ungefähr 140 Millionen. Lagos, rund 15 Millionen Einwohner, ist die größte afrikanische Stadt nach Kairo. 19 von 53 afrikanischen Staaten kann man demokratisch nennen.

71 Prozent der Afrikaner sind jünger als 25 Jahre. Afrikaner sind die optimistischsten Menschen der Welt: Auf die Frage, ob 2006 besser werde als 2005, antworteten 57 Prozent mit »Ja«. 410 Millionen Afrikaner sind Christen, 358 Millionen sind Muslime. Es gibt über 2000 afrikanische Sprachen. 45,7 Prozent der schwarzen Afrikaner leben von weniger als einem Dollar pro Tag. Das reichste Land des Kontinents ist Mauritius, die ärmsten sind Burundi, Malawi, Sierra Leone, Burkina Faso, Somalia und Niger. Afrika verfügt über mehr als 50 Prozent des Goldes der Erde, hat mehr als 90 Prozent des weltweit entdeckten Kobalts, 40 Prozent des Platins, 70 Prozent des Kakaos und 60 Prozent des Kaffees. Doch von den 40 Staaten, die der Internationale Währungsfonds als »hochverschuldete arme Länder« bezeichnet, sind 31 afrikanisch. Von 1000 Kindern sterben in den Ländern südlich der Sahara 102 vor ihrem ersten Geburtstag. Die durchschnittliche Lebenserwartung in diesen Ländern beträgt 46 Jahre. Die häufigste Todesursache ist Aids, über 30 Millionen Afrikaner haben Aids oder sind HIV-positiv. Südlich der Sahara sind 30 Millionen Schusswaffen in Umlauf.

Über 17 Millionen Afrikaner sind auf der Flucht.

Und einer ist nun zurückgekehrt. Mit Lufthansa, in der Business-Class. Ans Fenster setzte er sich, als das Flugzeug durch die Wolken tauchte, hinabsank, als der Dschungel Westafrikas näher kam und dann braune Erde, Haus neben Haus, unsortiert, anders als die Schachbrettmuster europäischer Städte. John wollte nicht mehr reden im Landeanflug. Er blickte hinaus, nahm die Brille ab, rieb sich die Augen, setzte die Brille auf, blickte hinaus.

Er landete. Er stritt mit der Frau vom Zoll.

Und jetzt schiebt er einen Gepäckwagen durch die Tür, heiß weht der Wind seiner Stadt, der Wind von Accra, der Hauptstadt Ghanas.

»Finally«, sagt John nur, ganz leise sagt er das: »endlich.«

Accra, Ghana, Start

Sie stehen voreinander und können nichts sagen. Auf der einen Seite eines Metallzauns steht John, nach 14 Jahren zurück in Ghana, auf der anderen Seite steht Vida, Johns Frau, die Haare hochgesteckt, eine Matrone in gelbem Kleid, im Dekolleté ein Handtuch gegen den Schweiß, und Vida lacht.

Alice steht da, die Vierzehnjährige, die auf die Junior Secondary School geht; Alice hat kurze Haare, trägt ein knappes Shirt mit schmalem Träger nur auf einer Seite. Und Ohrhörer. Sie nimmt die Ohrhörer nicht heraus.

Glenn steht neben Alice, Glenn ist 18 Jahre alt und Fußballer; er ist der Einzige aus der Nachbarschaft, der es tatsächlich bis in den Verein geschafft hat, sie nennen ihn »Pelé«, nach Abédi Pelé, dem ghanaischen Helden, auf dessen Positionen im offensiven Mittelfeld Glenn am liebsten spielt. Glenn geht auf die Keta Business School, er trägt knielange Jeans und T-Shirt und lächelt vorsichtig, er schweigt und bewegt sich nicht.

Und Eva steht hinter dem Gitter, 21 Jahre alt, bauchfrei und in engen Jeans, sie streckt die Arme in die Höhe, als müsste sie die Wirbelsäule dehnen, aber es sieht aus wie eine Pose: Sieh her, Daddy, wie schön ich bin.

Fast fünf Jahre lang war John damals unterwegs, mit Bussen und Lastwagen und zu Fuß und in Booten, er saß im Gefängnis, wurde aufgegriffen und zurückgebracht, er sah Menschen sterben, neben denen er am Tag zuvor noch auf irgendeiner Ladefläche gesessen hatte, er strandete in der Sahara, weil die Fahrer flohen, er landete in Gefängnissen, fing wieder von vorne an. 14 Jahre lang war er fort.

Und nun steht er vor seiner Familie.

Er weint. Er schweigt.

Und Vida streckt die Hand aus, und John streckt die Hand aus, und dann lassen beide ihre Hände sinken.

Alle wirken überfordert und überwältigt, sie können mit diesem Moment nicht umgehen, und wie auch? Wer kennt diesen Moment nicht, wenn man zurückkehrt von einer Reise und alles zugleich haben will: Gespräche, Ruhe, Leidenschaft, Zärtlichkeit, wenn die Erwartungen so groß sind und alles zusammenbricht durch ein Wort oder eine Geste, weil die, die geblieben sind, natürlich weitergelebt haben ohne den Heimkehrenden und deshalb gerade an irgendeinem Ort stehen, aber nicht am gleichen wie er.

Wie soll es gehen nach 14 Jahren?

Und er: Längst hat er gelernt, mit der Erinnerung an die Familie zu leben, gelernt, dass die Erinnerung genügen muss.

Sie stehen voreinander. Die Frau und die drei Kinder stehen vor dem Gitter, sie lächeln scheu, jetzt streckt die Kleinste den Arm und lässt ihn sinken, und John schiebt den Gepäckwagen und geht auf sie zu. Sie stehen da, schweigen, er umarmt seine Frau, diese Fremde, und die Kinder erkennen ihn nicht, wer ist der Mann?

»Daddy?«, sagt Alice.

14 Jahre sind zu lang für jede Familie. Die fünf Ampans sagen nichts, sie berühren sich nicht, dann reden sie über Gepäck, wer fährt in welchem Auto, wo sind die Taxis, es ist alles zu viel. Und

dann fallen sie sich doch noch in die Arme, alle weinen jetzt, nur Alice nicht, die Jüngste.

»Ich habe ihn als Erste erkannt«, sagt sie.

Die Familie, Johns Familie, lebt 35 Kilometer vor Accra in der Hafenstadt Tema, am Golf von Guinea, Community 5 heißt ihr Viertel. 100 000 Menschen leben in Tema, und die Stadt erlebt einen Aufschwung: Wegen der ständigen Krisen des Nachbarlandes Elfenbeinküste wurde Tema der wichtigste Hafen der einstigen Goldküste; es ist nicht einfach, ihn instand zu halten, weil starke Brandung und Unterströmungen immer wieder Sand in den Hafen spülen, doch für mehrere hundert Millionen Dollar wurden die Becken ausgebaggert, Kais verlängert, Lagerhallen gebaut.

Sandig aber sind die Straßen der Stadt, denn Tema ist auch eine Stadt der Bauruinen. Oder des langsamen Bauens, so kann man es auch sehen. Die Leute kaufen Grundstücke, wenn sie Geld haben, sie legen die Fundamente, wenn sie wieder Geld haben, so geht es voran, Jahr für Jahr, hoffentlich. Die Häuser sind zweckmäßig, flach, höchstens zweistöckig, sie sind beige, nicht verschnörkelt und nicht schön.

Es riecht hier, kräftig und verlockend riecht es, modernd und fruchtig, es riecht nach gegrilltem Fleisch und gerösteter Cassava, dem letzten Gewitter, schwitzenden Menschen, den Blüten der Blumen.

Es ist quirlig hier, die Menschen führen ein öffentliches Leben, immer auf den sandigen Straßen. Fußwege, Radwege haben sie nicht, und Ziegen und Schafe, Kühe und Autos, Radfahrer und Fußgänger bewegen sich durcheinander.

Johns Familie hat hier ein kleines Steinhaus, vorne führt Vida eine Straßenbar, gelb die Wände, weiß die Decke, der Boden nackter Beton. Eine Waschmaschine wollte John seiner Frau schenken, aber das fand sie übertrieben, die Töchter waschen wunderbar mit der Hand. Weiße Plastikstühle haben sie hier, und wenn die Plastikstühle gebrochen sind, stellen sie mehrere ineinander, dann kann man wieder sitzen. Einen tragbaren Gas- kocher mit zwei Platten gibt es, zwei Wäscheleinen ziehen sich diagonal durch den Raum, und es gibt zwei Plastikschüsseln, in denen Vida und die Töchter die Gläser spülen. Fließendes Was- ser haben sie und den Ghetto-Blaster vorne am Eingang, der die Gäste lockt; der Ghetto-Blaster war Johns erstes Geschenk aus Europa. Vida verkauft »Star«-Bier und Apetechi in dieser Bar, den ghanaischen Gin, warm und stark, ein Killerdrink für jene Typen, die irgendwann aufgehört haben, von Europa zu träu- men. Und Kondome verkauft sie, in einem Bonbonglas neben der Kasse. »Hast du mit den Kindern Sexualerziehung ge- macht?«, fragte John einmal am Telefon, und Vida musste la- chen und sagte: »Ich bin Kondomhändlerin und erwachsen, mein Lieber, keine Sorge.«

Oben teilt sich die Familie drei kleine Zimmer; Vidas Nichte Peace gehört noch zur Familie, seit ihre Mutter, Vidas Schwes- ter, starb; und Kofi, Vidas Bruder, gehört dazu, der manchmal hier schläft und manchmal nicht, er kommt und geht.

Sie leben gut, relativ gut, die Kinder gehen zur Schule oder, wie Eva, die Älteste, aufs College, und dafür sorgt Johns Geld. 200 Euro im Monat aus Europa. Es hat sich also gelohnt, sagt John, die Reise hat sich gelohnt.

Wenigstens das.

»Ich bin sehr stolz auf meine Frau«, sagt er, »sie hat so viel Kraft, sie macht das gut.«

Vida macht, was all die Frauen in all den Krisenregionen ma- chen: Sie bewältigt die Not, indem sie den Alltag in den Griff bekommt. So oder ähnlich ist es ja oft: In den Flüchtlingslagern Afrikas sitzen die Männer unter den Bäumen und beraten die großen Lösungen, und die Frauen waschen und kochen, rich- ten eine Schule ein und halten das Zelt sauber. In den Städten zieht einer wie John los, um nach Europa zu kommen, und eine wie Vida steht um 5.30 Uhr auf, um »Coco«, das ghanaische Porridge, zu machen, und dann weckt sie die Kinder wegen der Schule, um 8 Uhr öffnet sie ihre Bar, und um 23 Uhr schließt sie.

Wir sitzen zusammen beim Bier, und John macht es schwierig und immer schwieriger, denn er kündigt vor allen Gästen an, dass er gleich, im Bett, 14 Jahre kompensieren müsse, dass seine Frau sich also schon freuen könne. Vida lacht. Die Ärmste.

Die Ärmsten.

Doch nach dem zweiten Tag nähern sie sich an, gewöhnen sich aneinander, lachen, auch darüber, dass sie nun unterschiedliche Namen haben: Eigentlich heißen sie ja »Ampah«, aber weil ein spanischer Beamter mit den Buchstaben schlampte und aus dem »h« ein »n« machte, heißt John seit Jahren anders, er heißt »Ampan«.

Bezahlt hat für seine Flucht damals vor allem die Schwiegermutter Fidelia, denn der gehört das Haus, und nachdem John sich auf den Weg gemacht und sie drei Jahre lang nichts von ihm gehört hatten, ließ die Schwiegermutter ihre Tochter Vida und die drei Kinder allein in ihrem Haus leben und zog selbst in ein Slum vor der Stadt. Dodowa heißt das Dorf, in dem Fidelia Duho eine gelb gestrichene Hütte im Schlamm hat, ohne Strom, zwei Zimmer, ein mageres Huhn vor der Tür, die Toilette ist ein Bretterverschlag draußen vor der Tür, eine Latrine für alle, ausgehoben von den Nachbarn und bewohnt von Ratten.

John ist ziemlich verstört, als er das sieht, er weint.

»Hey, Sohn«, sagt seine Schwiegermutter, sie halten sich schweigend.

Die Familie sitzt beim Essen, und Fidelia erzählt, dass sie ihren Schwiegersohn verdammt habe, damals, als sie so lange nichts von ihm hörten, aber jetzt sagt sie nur: »Guter Mann, du bist ein guter Mann.« Und sie glaubt ihm, dass er krank war, sie streichelt die senkrechte Narbe auf seinem Bauch.

Auf dem Tisch stehen zwei Schalen mit einer scharfen Suppe: Garnelen und Hühnerstücke schwimmen darin, Zwiebeln, Tomaten und Pfeffer, außerdem geräucherter Fisch und ein bisschen Kuhhaut, vom Nacken. »Okru« heißt die Suppe, ein Festmahl. Und neben den Schüsseln liegen Kugeln aus Mais und Cassava, die »Banku« heißen; alle tunken Stücke von den Kugeln in die Suppe, alle essen mit den Fingern, und die Frauen, die dazu kommen, heißen Patience und Hope, Innocent und Luck. Und John verspricht, von nun an jedes Jahr nach Hause zu kommen und Geld zu sparen für ein Grundstück, für ein neues Haus; 2000 Euro braucht man für ein Grundstück in Ghana, 6000 Euro für ein Haus, er verspricht, seiner Familie ein neues Haus zu bauen und die Schwiegermutter in das alte zurückkehren zu lassen, jenes Haus, in dem sie geboren wurde.

Freundlich sind die Fragen an mich, wie immer: Wie geht es dir, woher kommst du, wodurch haben wir die Ehre verdient, deine Gastgeber zu sein, hast du gut geschlafen, wie geht es deiner Frau, deinen Kindern, deinen Eltern?

Zwei Stunden lang sitzen wir im Kreis und essen und lachen und berichten, aber nachdem Markus und ich ein wenig von unserer Reise erzählt haben, verschwinden wir langsam aus dem Geschehen. Es findet sich hier eine Familie wieder, und wir gehören nicht dazu. Wir verstehen ihre Sprache nicht, ihre Blicke nicht, ihre Gesten nicht. Wir kennen ihre Vergangenheit nicht, durchschauen ihre Geheimnisse nicht, begreifen ihre Beziehungen nicht. Wir sind nur Zeugen, wir sind Fremde, und nichts kann das ändern.

Aber auch seine Kinder stehen John noch immer eher sprachlos gegenüber. Verlegen. Sie fragen wenig. Glenn, 18 Jahre alt, Fußballer bei Harbour City, schweigt und läuft ständig weg; wenn sein Vater unten sitzt, muss Glenn nach oben, irgendetwas holen, und bleibt lange fort. Am Telefon reden die beiden seit Jahren über Europa: Glenn will seinem Vater folgen, und der rät jedes Mal ab. »Es ist nicht so, wie du denkst, studiere erst, versuche, ein Visum zu bekommen«, rät John, und Glenn sitzt dann in Tema und glaubt ihm nicht und fragt jedes Mal: »Und warum bleibst du dann dort und kommst nicht nach Hause?« Und jetzt sehen sie sich in die Augen und finden kaum Worte.

Als wir zusammen Geld wechseln gehen, genügt eine Frage. Wie geht es dir, Glenn, wie geht es dir mit deinem Vater?

Und Glenn sagt: »Ich bin froh und traurig. Konfus. Ich will sein Geld nicht, ich brauche keine Klamotten und keinen DVD-Spieler, was soll das alles, ich habe in all den Jahren einfach nur meinen Vater vermisst. Jetzt ist er da und tut, als würde er hierher gehören, als seien wir seine Familie, aber nein, das hat einfach zu lange gedauert, ich habe ihm nichts zu sagen. Wovon soll ich ihm erzählen, dieser Mann in unserem Haus gehört nicht zu uns.«

Damit fängt es schon an, wem gehört das Haus? »Kommt morgen um eins zu meinem Haus«, sagt John.

»Unser Haus, Dad«, sagt Eva sofort.

»Euer Haus«, sagt John.

Dann sieht er seine Tochter an, wie Väter ihre Töchter ansehen, zärtlich und stolz. »Ich habe sie so lange auf dem Arm gehalten. Bis sie vier Jahre alt war«, sagt er.

»Sechs. Ich war sechs, Dad, als du fortgingst.«

»Sechs also.«

»Von da an liebten mich andere Menschen besser«, sagt Eva.

＊

Eva Ampah, 21, Tema, Ghana: *Ich erinnere mich daran, wie mein Vater mich mit sich trug, wenn er aus dem Haus ging. Das ist die schönste Erinnerung. Ich erinnere mich nicht mehr an den Tag, als er ging, nur noch daran, dass ich irgendwann begriff, dass er fort war. Ich fragte meine Mutter nach den Gründen, aber sie*

sagte immer nur: Später, wenn du größer bist, wirst du alles verste-
hen. Mein Vater hat oft angerufen, und mal habe ich ihm mehr
von meinem Leben erzählt und mal weniger. Ich habe viele Jahre
lang auf ihn gewartet, und dann habe ich den Glauben daran ver-
loren, dass er zurückkommen würde. Manchmal dauert etwas ein-
fach zu lang, manchmal verschwinden darum die wichtigsten
Menschen aus deinem Leben.

Heute verstehe ich nicht unbedingt meinen Vater, aber jeden,
der nach Europa geht, denn hier in Ghana ist es schwer, etwas aus
deinem Leben zu machen – ich studiere Englisch, ich möchte in die
Filmindustrie oder in die Medienwelt, aber wisst ihr Europäer, wie
schwer das hier ist? Ich werde dennoch nicht gehen, nicht ohne
Visum. Ich habe ein Zuhause. Mein Zuhause ist hier.

*

Drei Jahre lang kam keine Nachricht, dann alle paar Monate
eine Meldung, aus Niger, aus Mauretanien, und hin und wieder kam ein Anruf, aber es gab noch keine Mobiltelefone und
kein Festnetz in der Community 5 von Tema, es gab nur dieses
eine öffentliche Telefon, und dort verpassten sie sich meistens;
rief John an, war Vida nicht da, wartete sie, kam er nicht
durch.

Die Kinder fragten, wo der Vater sei, und die Mutter sagte, er
sei auf Reisen und komme zurück. Irgendwann fragten sie, ob
ihr Vater einer dieser Männer sei, die ihre Familien allein lassen,
und sie sagte, nein, im Gegenteil, was er tut, tut er für uns.

Glenn sagte: »Mama, Papa kommt nicht zurück, und du
weißt es.«

»Mein Sohn, du wirst sehen«, sagte sie.

Vida, konntest du John verstehen?

»Nein, damals nicht. Ich wusste, ich würde ihn sehr lange
nicht sehen. Ich hatte Angst, aber er diskutierte das nicht mit

mir, er war so fokussiert, er wollte sich nicht davon abbringen lassen.«

Und mehr als zehn Jahre später, kannst du John heute verstehen?

Vida schweigt, dreht ihren Armreif, »Yes« steht auf ihren Badeschlappen, aber sie schweigt, und John sagt: »Es geht ihr gut, sie ist glücklich.« Vida sagt, dass die Schule für jedes Kind 100 000 Cedi im Monat koste, etwa 9 Euro; alle drei Monate müsse gezahlt werden, und wenn die Eltern das Geld nicht haben, fliegt das Kind von der Schule, sofort. Knapp 2,2 Millionen Cedi sind die 200 Euro wert, die John jeden Monat schickt, das reicht.

Und Vida sagt: »Familien, die niemanden in Europa haben, schaffen das nicht. Heute verstehe ich ihn.«

Cape Coast, Ghana

Wir sind zu spät aufgebrochen, wir akklimatisieren uns noch. 8 Uhr Frühstück, 9 Uhr Abfahrt, das ist zu spät, wenn man drei Stunden fahren muss, zwischen Schlaglöchern hindurch, alle 20 Kilometer von Polizisten gestoppt, die nichts wollen, nur ein bisschen Geld, oder von Kindern, die auf die Straße oder die Sandpiste rennen, und von Lastwagen, die von der Gegenfahrbahn auf unsere herüberschwenken, um zu überholen, obwohl der Fahrer uns sehen muss in unserem rot-gelben Toyota Corolla. Wir müssen unseren Rhythmus umstellen: In Afrika richten sich die Leute mehr als in Europa nach dem Tageslicht, da künstliches Licht hier seltener und kostbarer ist. Das Leben beginnt und endet mit der Dämmerung, morgens um sieben beziehungsweise abends um sechs.

Wir fahren nach Westen, die Küste entlang. An der Straße stehen Tische, auf den Tischen liegen Mobiltelefone, und dahinter sitzen zwei Jungs. »Mobile to Mobile«, das ist ihr Werbespruch, auf Pappen geschrieben. Man kann an diesen Tischen telefonieren, die Jungs vermieten die Telefone, es ist eine blühende Branche.

Wir sehen den Konkomba-Markt; Feigen, Mangos, Granatäpfel, Bananen und Ananas verkaufen sie hier und Kleidung aus Europa, Altkleider, die wieder in den Handel kommen. Wir sehen den »Wind Star Night Club«: ein Brett als Tresen, und zwei Sofas am Straßenrand. »Ich erkenne nichts wieder«, sagt John, »meine Heimat ist mir fremd.« Unser Ziel ist Cape Coast, eines der 37 ehemaligen Sklavenforts an der Küste Ghanas.

Grün und hügelig ist diese Küste. Die gelben Hütten haben flache Dächer. Musik hören wir von überall, Ska und Reggae. Ziegen laufen zwischen den Hütten herum.

1492 entdeckte Christoph Columbus Amerika, ab 1499 erschlossen Spanier, Portugiesen, später auch Briten Latein- und Nordamerika. Die Ureinwohner starben im Kampf und durch Krankheit, die Eroberer brauchten Arbeitskräfte. 1518 fuhr das erste Sklavenschiff aus Afrika, aus Guinea, hinüber in die Neue Welt. Cape Coast Castle, eine Festung aus weißem Stein, wurde 1664 von den Briten auf die Klippen über dem Atlantik gebaut, das heißt: Die Briten peitschten, die Afrikaner bauten. Die Macht über Ghana wechselte zu Beginn der Kolonialzeit oft: Schweden, Dänen, Niederländer und Briten waren hier, die Briten setzten sich durch.

Und sie entdeckten schnell, wie sie reich werden konnten. Ein Handelsdreieck zwischen Europa, der Neuen Welt und Afrika zogen sie auf; nach Afrika importierten sie Rum für die Häuptlinge und Glasperlen und Spiegel fürs Volk, und aus Afrika exportierten die Herrenmenschen Gold und Untermenschen. Ungefähr 29 Millionen Afrikaner verschleppten die Sklavenjäger; wie viele bei der Jagd, beim Transport, durch Mord und Selbstmord starben, weiß so genau niemand, noch einmal 29 Millionen könnten es gewesen sein in vier Jahrhunderten – die Europäer warfen die Rebellen ins Meer, die Kranken, die Schwangeren, die Vergewaltigten, die Unwilligen, dieses ganze nutzlose Menschenfleisch warfen sie über Bord in den Atlantik. Und Frauen wie Saartjie Baartman, vom Kap der Guten Hoffnung verschleppt, mussten in Europa in Käfigen hocken oder nackt vor gierigen Männern tanzen. »Hottentotten-Venus« wurde Saartjie Baartman genannt, laut Arzt gleichsam eine Äffin mit Menstruationsbeschwerden, Wesen zwischen Mensch und Tier.

Offiziell dauerte die Kolonialzeit etwas mehr als ein halbes Jahrhundert: von der »Berliner Kongokonferenz«, 1884/1885, auf der die 10 000 Königreiche und Stämme und Föderationen des afrikanischen Kontinents zu 40 Kolonien vermengt wurden, bis zur Befreiung ab 1960. Aber das täuscht, denn mit dem ersten Schiff ging es los: Die Weißen hielten sich von Beginn an für stärker, edler, reiner, sie waren vom einzig wahren Gott gesandt, und sie hielten sich darum selbstverständlich für berechtigt, diese Wilden zu bekehren, zu berauben, zu töten, je nachdem, was gerade sinnvoll erschien.

Erst kamen die Feuerwaffen, dann die Missionierung durch Muslime und Christen, dann kam die Sklaverei. 400 Jahre umfasste das Zeitalter des organisierten Menschenraubs – wie viele Jahrhunderte braucht ein Kontinent, um so etwas zu überwinden?

Um diese 400 Jahre zu verarbeiten und auszugleichen, um sich aufzuschwingen zu einem Kontinent der Kraft und der Kreativität?

Zu diesem Teil der Geschichte des Kontinents gehört, dass die Täter zwar Europäer waren – doch Afrikaner halfen ihnen. Die Stämme Westafrikas bekämpften sich, und die Häuptlinge der Sieger verkauften die Krieger der Verlierer an die Weißen, und manchmal, wenn es nicht genügend Verlierer und zu wenige Kriegsgefangene gab, dann verkauften die Häuptlinge auch ihre eigenen Leute; sie schickten Soldaten los, welche die Dörfer stürmten und aus jeder Hütte einen Sohn oder eine Tochter herausholten, für den Sklavenmarkt bestimmt und für die Mehrung des Reichtums des Häuptlings. Für viele Sklaven gab es viele Waffen, mit denen man mehr Sklaven fangen konnte.

Die Geschichte der Sklaverei ist ein Kern der afrikanischen Geschichte, und sie hat mit der Geschichte der afrikanischen Odyssee zu tun. Es geht heute um einen Kontinent, der einstmals für seine Landwirtschaft dringend mehr Menschen, also ein Bevölkerungswachstum gebraucht hätte, jedoch ausgerechnet in dieser Zeit entvölkert und beraubt wurde, während Europa und Amerika sich entwickelten, Erfindungen machten, sich bildeten – aufgebaut auf einem Fundament, das durch Sklaven, also durch Afrikaner, gelegt worden war. Im 19. Jahrhundert, als sich zuerst in Europa und dann in Amerika das Zeitalter der Industrie entfaltete, fiel Afrika weit zurück. Noch viel später dann, als in den sechziger Jahren des 20. Jahrhunderts die Kolonien aufgegeben wurden, als Afrika endlich frei wurde, war dieses Afrika ein Kontinent beschädigter Menschen – Menschen mit einem Gefühl der Unterlegenheit und der Demut. Wole Soyinka schrieb: »Kulturelle und spirituelle Vergewaltigung – vervollständigen wir getrost den Katalog – haben unauslöschlich Spuren in der kollektiven Psyche und dem Identitätsempfinden der Völker hinterlassen.« Dieses ständige Verschwinden und Sterben von insgesamt rund 60 Millionen Menschen, die Furcht, diese Machtlosigkeit gegenüber Feuerwaffen und den eigenen Königen – so etwas prägt sich ein, so etwas verändert Stämme, Völker oder eben einen ganzen Kontinent. Das verändert das Selbstbild, und das verändert auch das Bild, das andere von einem Stamm, einem Volk, dem Kontinent haben.

Afrika? Rückständig und dumpf, gebückt und servil, abergläubisch und faul, schmutzig und primitiv – so wird dieser Kontinent oft genug gesehen. Und beschrieben. Und behandelt. Schon die Kolonialisierung begründeten die Kolonialherren ja mit der angeblichen Unfähigkeit Afrikas, sich selbst zu führen. Es ist deshalb nicht wirklich überraschend, dass dieser selbstzerstörerische Kontinent heute nicht mithalten kann im Zeitalter der Globalisierung und der Hochtechnologie – nach vier Jahrhunderten, in denen immer die anderen profitiert hatten, war er zerrissen und entwürdigt, als dieses Zeitalter begann. »Die Entwicklung der Unterentwicklung«, so nennt der Afrika-Korrespondent der »Zeit«, Bartholomäus Grill, diesen Zustand: »Die Integration in das globale System ist gescheitert … Der Erdteil liegt gleichsam im entwicklungshistorischen Niemandsland, seine alte Welt ist gestorben, die neue noch nicht geboren.«

Natürlich haben die afrikanischen Probleme von heute ebenso viel mit Korruption und Gewalt und der Unfähigkeit afrikanischer Eliten wie mit der Sklaverei von damals zu tun. Aber andere Gesellschaften waren auch nicht plötzlich zivil, bürgerlich, fortschrittlich – sie haben sich über die Jahrhunderte entwickelt. Heute haben sie eine Identität, ein Selbstbewusstsein, ein Gefühl für eigene Ideen und eigene Stärken. Afrika hat das alles nicht. Afrika ist fußlahm, weil es in Ketten am Boden lag, als die anderen schon an der Startlinie standen, um den Wettlauf in die Moderne zu beginnen.

Cape Coast war von 1700 bis 1877 Hauptstadt der Kolonie Goldküste; dann zog die Verwaltung weiter nach Accra. Und John steht nun im Kerker der Männer, im »Male Dungeon«, fünf mal zehn Meter, 200 Leute waren hier damals gefangen, ohne Licht, ohne Klo, ohne Essen. Hin und wieder kam ein Wärter herein und schleuderte eine Kelle Wasser über die Gefangenen. Es ist kalt hier unten und feucht, nackter Stein, sieben Meter hoch ist der Raum, und oben in der Wand ist ein Loch, dort saß der Wärter und sah auf die Sklaven hinab. Es ist klaustrophobisch eng hier und nicht schwer, sich vorzustellen, wie es stank, wie die Sklaven übereinander stiegen, aufeinander lagen, wie sie die Leichen stapelten, bevor sie in Ketten durch einen Tunnel und die Tür ohne Wiederkehr aufs Schiff und dort unter Deck geführt wurden. Und nebenan waren die Lagerräume für Gold, bewacht von 150 Soldaten, die leider schnell starben, an Malaria. Dann kamen neue Soldaten.

Und eine Tür weiter ist das Frauengefängnis; jene Frauen, die vom Kommandeur gewünscht wurden, ließen sich waschen von Einheimischen, wurden in Fesseln die Treppen hinaufgeführt und hinterher wieder ins Verlies geworfen.

Und eine Auktionshalle gibt es und ein Fenster, das zur nächsten Festung weist, Fort Williams; mit Spiegeln, mit Lichtzeichen kommunizierten die Briten.

Die Briten beendeten die Sklaverei 1807, offiziell, aber die Geschäfte gingen gut und darum noch ein wenig weiter, bis 1820. Schwarzmarkt eben.

John sagt, es sei heute das Gleiche wie früher. Ja klar, natürlich sei die Moderne humaner als das späte Mittelalter, aber es sei immer noch so, dass Europa bestimme und Afrika gehorche, dass Europa für sich sorge und Afrika keine Chance bleibe, und darum sei es eben nicht so, dass die Migranten von heute freiwillig gingen. »Wir müssen nach Europa fliehen, wenn wir leben wollen«, sagt John. Und auch heute gehen die Jungen und Starken, und wieder werde ein Kontinent ausgezehrt durch einen Exodus.

Ein paar Kilometer vom Schloss entfernt, in einem Dorf namens Intin, ist die Heimat der Familie Ampah, »B/01/2«, das ist die Adresse. Ein altes Haus steht dort, eine Seite gelb und eine Seite rot gestrichen, eine Treppe führt in den ersten Stock, wo es sechs Zimmer gibt, wo vor 30 Jahren Johns Urgroßvater starb; John stand damals vor seinem Bett, letzter Raum rechts, hinter einer lilafarbenen Tür lag der Sterbende. Ein Baum wuchs einst vor dem Haus, »money tree« nannten sie den

Baum, weil die Männer darunter saßen und spielten und über Geschäfte redeten.

30 Jahre ist es her, der Baum längst gefällt, doch Johns Onkel und seine Tante leben noch hier, Harry und Margaret. Margaret sagt Hallo, immerhin, doch niemand fragt, wie es in Europa ist, wie es John geht, wichtig ist den Leuten hier etwas anderes. Harry trägt Badeschlappen, kurze grüne Hose und ein weißes Unterhemd, er sagt: »Es ist gut, dass du gekommen bist. Ich möchte die Wände des Hauses renovieren und kann mir den Zement nicht leisten. Du verdienst doch europäisches Geld, es ist doch auch dein Haus.«

»Guten Morgen«, sagt John und zahlt, und er sieht die fünf Säcke Zement, die aufgerissen und brüchig vielleicht seit Jahren schon vor der Hauswand liegen.

Ghana, einstige britische Kolonie »Goldküste«, ist seit 1957 unabhängig, und alle vier Jahre wählen die Ghanaer ihren Präsidenten. Ghana ist 238 537 Quadratkilometer groß, halb so groß wie Frankreich. 21,1 Millionen Einwohner leben hier, sie sprechen Englisch, Akan, Ewe oder Gā. Die Inflationsrate lag 2003 bei 29 Prozent, rund 954 Millionen Dollar Entwicklungshilfe kamen ins Land, die Auslandsschulden betrugen 8 Milliarden Dollar. Ghana ist nach Südafrika der zweitgrößte Goldproduzent des Kontinents und leidet unter Erosionen und an all den anderen Folgen gedankenloser Abholzung seiner Wälder: Wassermangel, Dürre, all dem, was Menschen anrichten, die nicht weit genug nach vorne schauen.

In Ghana begann vor rund 60 Jahren der afrikanische Kampf um Unabhängigkeit. Französische und britische Kolonien unterschieden sich damals: Die Revolutionäre in den französischen Gebieten waren ziemlich zahm, sie strebten noch nicht nach Freiheit und einem vereinten Afrika, sie wollten nur erreichen, dass alle Einwohner der Kolonien Staatsbürger der

Grande Nation würden, und das lehnten die Herrscher in Paris selbstverständlich ab; die Kämpfer in den britischen Kolonien waren sehr viel ungeduldiger und radikaler. Sie bauten ihren Kampf auf den Schriften von Alexander Crumwell, W. E. B. Du-Bois und Marcus Garvey auf, die mit ihrer Losung »Afrika den Afrikanern« im Wesentlichen gemeint hatten, dass alle Schwarzen, egal wohin sie gebracht worden oder wo sie geboren waren, eine Rasse mit einer Kultur waren und dass dieser ganze, große Kontinent unabhängig und vereinigt sein müsse.

1947 kehrte dann ein junger Mann, sprachgewaltig und wagemutig, von seinem Studienaufenthalt in England nach Ghana zurück: Kwame Nkrumah. Er begann im kleinen Kreis, machte weiter auf Märkten, sammelte Studenten und Veteranen hinter sich, und schließlich, es war bei einer Demonstration im Landesinnern, rief er die beiden Worte, die wirkten wie ein brennendes Streichholz im Benzinkanister: »Unabhängigkeit jetzt!«

Zehn Jahre später war Ghana das erste freie Land Westafrikas, doch Ghana erlebte auch, wie so viele afrikanische Staaten, die Wandlung eines Revolutionärs zum Despoten. Kwame Nkrumah führte sein Land in die Freiheit, er beendete die Kolonialzeit, er war der erste Staatsmann des neuen Afrika; und dann? Dann wurde aus dem großen Führer ein Führer-Darsteller, einer, der sich bereicherte, der zusah, wie seine Angehörigen sich bereicherten, und kitschige kommunistische Predigten hielt. 1966 stürzten ihn Offiziere, Nkrumah floh und starb im Rumänien Nicolae Ceauşescus.

Heute geht manches voran in Ghana: Die Demokratisierung scheint gelungen, Präsident John Agyekum Kufuor öffnete sein Land der Weltwirtschaft, und die Welt erklärte Ghana deshalb zum Musterstaat. Die 350 Meter lange Hängebrücke im Kakum-Nationalpark, hoch über dem Regenwald, zieht die Touristen an; im »Kofi Annan International Peacekeeping Training

Center« werden die afrikanischen Blauhelme geschult. Ghana ist friedlich und vergleichsweise demokratisch, und deshalb ist Ghana mittlerweile ein Einwanderungsland. Die Opfer der Verfolgungen in Liberia und Sierra Leone und in diesen Monaten vor allem die aus der Elfenbeinküste kommen nach Ghana. »Rich. Dark. Deeply satisfying«, so wirbt die Brauerei Guinness in Ghana, und natürlich spielt der Slogan mit Stolz und Sehnsucht der Schwarzen.

Für die Menschen von der Weltbank ist Ghana »ein Magnet, eine Insel der Stabilität im Meer der Unsicherheiten«, so sagt es der Amerikaner Paul Mitchell, der immer wieder für ein paar Wochen aus Washington einfliegt, um die vielen Projekte zu überwachen. Und dann erzählt Mitchell von einem jungen Mann, der stets vier Tage zu Fuß unterwegs sei, von Accra nach Mali, dort Silber sucht, vier Tage zurückmarschiert und in Accra sein Silber an die Touristen verkauft – eine der vielen afrikanischen Ich-AGs, welche Weltbank-Menschen ganz glücklich machen.

Politologen sprechen, wenn sie von Afrika sprechen, gerne vom Kontinent der Paradoxien: Afrika bekomme pro Kopf mehr Entwicklungshilfe als jeder andere Kontinent und habe dennoch die meisten »absolut armen« Staaten der Welt – ein »Hilfeparadox«; Afrika verfüge über edelste Rohstoffe und sei dennoch überschuldet und verschwinde langsam aus dem Weltmarkt – ein »Rohstoffparadox«; Afrika sei ein Erdteil der Agrarländer mit vielen Möglichkeiten und trotzdem selbst in der Landwirtschaft derart unterentwickelt, dass es Lebensmittel importiere – ein »Landwirtschaftsparadox«. Paul Mitchell sagt, jenes Geld, welches Länder wie Ghana von der Weltbank bekommen, helfe beim Start der vielen kleinen Friseurläden und Cafés; »natürlich bauen die Menschen lieber hier etwas auf, als sich auf die Reise ins Unbekannte zu begeben. Sie müssen nur die Chance bekommen«.

Die Weltbank sitzt in Accra im Stadtteil Northridge in einem zweistöckigen weißen Bau, »Unser Traum ist eine Welt frei von Armut« steht auf den Postern hier. Gerade hat die Bank der Regierung von Ghana den dritten Kredit versprochen, 125 Millionen Dollar; er soll, so steht es im Vertrag, »Wachstum, Einkommen und Einstellungen« sichern, die Lebensbedingungen verbessern und natürlich die Demokratisierung stärken und auch das Vertrauen in die Regierung – der »hauptsächliche und ultimative Nutzen ist der menschliche Fortschritt«, das ist die Sprache der Weltbank und für Afrika ein großes Wort.

Mats Karlsson, Chef der Filiale der Bank der Welten in Accra, sitzt im zweiten Stock, Zimmer 210. Karlsson trägt eine runde Brille, ein orangefarbenes afrikanisches Hemd und die blonden Haare ziemlich lang. Er hat ein seltsam asymmetrisches Gesicht, die linke Wange zeichnen Falten, die rechte nicht. Mats Karlsson, 49, spricht sechs Sprachen, und er hat mal Philosophie studiert und Musik, er hat Kontrabass gespielt in Wien, Prag und am Ende bei den Philharmonikern in Stockholm, bevor er, das ist jetzt 20 Jahre her, in die Entwicklungspolitik ging. Chefökonom des schwedischen Außenministeriums war er, als Ingvar Carlsson und Willy Brandt Aufbauprogramme für Afrika in Gang brachten.

Dieser Mats Karlsson ist einer jener Menschen, die es bei der Welthandelsorganisation WTO, bei den Vereinten Nationen, bei Amnesty International oder eben bei der Weltbank gibt: Sie sprechen ziemlich viele Sprachen, und sie verwenden Kürzel, damit sie noch schneller noch mehr sagen können: »MMR« steht in dieser Welt für »maternal mortality rate«, die Quote der Müttersterblichkeit. Weltbank-Menschen arbeiten sich durch die Nächte, sie sind schnell und scharfsinnig und gebildet, und sie glauben an den Sinn dessen, was sie tun. Karlsson nennt das »global issues management«, er meint den Versuch, die Schicksalsfragen der Menschheit zu beantworten, Fragen, die um Armut und Menschenrechte, um Krisen und Migration, um Energie und die Atmosphäre, um Wald und Wasser kreisen. »Die großen Fragen sind technische Fragen, man muss Wirtschaft und Wissenschaft verstehen, um Antworten zu finden. Wir, die Menschheit, stehen ja an der Wand, es geht nicht weiter, entweder schaffen wir es bald, oder wir werden in einigen Jahrzehnten in einem Dreck leben, den wir uns heute noch nicht vorstellen können. Leider kann man zum Beispiel das Problem der Atmosphäre nicht lösen, ohne das Problem der Armut zu lösen, man kann europäische Fragen nicht lösen, ohne ihre Fragen zu lösen«, das sagt Mats Karlsson; »ihre«, das sind die Fragen aller Armen und vor allem die Fragen der Afrikaner.

Redet der Banker dann über Ghana, beginnt er zu schwärmen, weil es hier »ein qualitatives Commitment«, eine »Messbarkeit und Kontrolle« und einen »Kontrakt zwischen der Regierung, der ganzen Nation und den Gebern gibt«, und dieser Kontrakt sage vor allem eines: »Wenn sie das Gute tun, sind wir an ihrer Seite« – sind die Afrikaner also verlässlich, demokratisch und nicht mehr so korrupt, dann zahlt die Welt. Und dieser Kontrakt wirkt: 500 000 Ghanaer konnten in den letzten fünf Jahren aus der Armut geführt werden, 5 Prozent also über die Schwelle des Lebensstandards von einem Dollar pro Tag. Und die Wasserversorgung wird besser, die ersten Schuljahre sind inzwischen kostenlos, und seit drei Jahren wächst die Wirtschaft konstant um mehr als 5 Prozent. Ghana ist ein Land, das nicht von Apartheid, Kriegen oder HIV traumatisiert ist, »hier können Stammesstrukturen und moderne Entwicklungen zusammen wirken«, sagt Karlsson. Der Mann von der Bank hält acht afrikanische Länder für fähig, bald so etwas wie den Sprung in die Moderne zu schaffen – Ghana, Tansania, Uganda, Mosambik, Botswana, Senegal, Mali, Burkina Faso –, und »Ghana soll den anderen Beispiel sein«, sagt er. Selbst Emigration schade nicht oder jedenfalls nicht ausschließlich, sagt Karlsson, denn die drei Millionen Ghanaer, die in Amerika, Großbritannien oder Deutschland lebten, schickten inzwischen Millionen von Dollar zurück in die Heimat, und hier würden von diesem Geld Häuser und Straßen und Geschäfte gebaut.

»Modernität heißt natürlich auch in Afrika Pünktlichkeit und Fleiß, aber es heißt hier auch, dass europäischer Fortschritt mit Stammesstrukturen zusammenfließen und etwas Neues erschaffen kann«, sagt Karlsson.

Aber natürlich ist Mats Karlsson Partei in Ghana, und natürlich »liebt die Weltbank Erfolgsgeschichten, und manchmal übersieht sie darum Teile der wahren Geschichte«, das meint Edward S. Ayensu vom Council for Scientific and Industrial Research. Edward S. Ayensu hat jahrelang Erfolg und Effektivität der Weltbank-Projekte geprüft; er trägt einen grauen, weiten, afrikanischen Anzug und eine große Brille, vor Bildern von Elefanten wippt er auf seinem Stuhl: vor, zurück, Balance halten, vor, zurück. Die afrikanische Wahrheit sei sehr viel diffiziler als die Wahrheit der Weltbank, sagt Ayensu dann, komplizierter sei sie, denn zur Wahrheit gehörten einige absurde und gescheiterte Projekte, Bauern zum Beispiel, die nach dem Bau eines Staudamms zu Fischern erzogen werden sollten und sich weigerten, weil sie nicht schwimmen können. Und zur Wahrheit gehöre, dass die Weltbank immer noch zu viel Geld in die Hände von Männern schaufle, die das Geld dann doch wieder nur auf die Seite schafften. Über 45 Prozent der Ghanaer leben von weniger als einem Dollar am Tag, und all die Millionen, die auf Ghana niedergingen, würden versinken, prophezeit die »Financial Times«, da Ghana in einem Teufelskreis gefangen sei: »niedrige Einkommen, minimale Guthaben, kein Investment, geringe Produktivität und deshalb niedrige Einkommen«.

Im Jahr 2000 schloss die Berliner Stiftung Wissenschaft und Politik eine Studie über Afrikas Perspektiven ab. Eine wirkliche Armutsreduzierung, so das triste Fazit, werde es auch in 50 Jahren nicht geben; zwei der kleinsten Länder, die Touristen-Lieblinge Mauritius und Seychellen, wurden immerhin als »emerging countries« eingestuft; 13 Staaten, darunter Niger, Sierra Leone und Kongo, hätten wenige oder keine Chancen auf Entwicklung; acht Staaten, darunter Ghana, wurden als »potenzielle Reformländer« geführt.

Aber auch in Ghana geht noch immer eine Menge schief, und darum ist Ghana nach wie vor auch ein Auswanderungsland.

Ghana hat Rohstoffe, vor allem Gold und Kakao, aber weil sich die Herren, die über die Goldmine Ashanti Goldfields gebieten, keine neuen Maschinen mehr leisten konnten – ihr Kapital war plötzlich verschollen und unauffindbar –, fusionierte das Unternehmen mit AngloGold, einem Konkurrenten aus Südafrika, und seither bestimmen Südafrikaner über das ghanaische Gold, und viele Ghanaer wurden arbeitslos. Es gibt hier keine Krankenkasse, im letzten Jahr starben wieder 15 000 Kinder an Malaria; es gibt keine Versicherungen, und die Löhne sind mies, denn es gibt ja kaum Arbeit. Darum sitzen auch hier, wie überall in Afrika, junge Männer in den Vorstädten im Staub und wissen nicht, wohin mit ihrer Kraft. Lehrer verdienen im Monat 200 Euro, Bankangestellte 400, und die vielen, die an der Straße stehen und versuchen, Getränke zu verkaufen, verdienen zwei, drei Euro am Tag, wenn sie Glück haben.

Und wenn es mal einer schafft, etwas aufzubauen, ein kleines Computergeschäft oder einen Laden für Telefongespräche und Faxe, dann schafft es seine Familie mit ziemlicher Sicherheit, den Erfolgreichen wieder hinabzuziehen aufs Niveau des Kollektivs. Weil die Angehörigen neidisch sind. Weil sie teilhaben wollen am Triumph. »Die Familie kann dich tragen in unserer Gesellschaft, aber wenn einer etwas hat, dann wollen alle, dass er sich um sie kümmert, dann wollen sie seinen Erfolg, dann ist sein Geld bald weg, dann ist er bankrott.« Das sagt Albert Salia, 36, der für den Ghana Immigration Service Migranten betreut und befragt.

Das ist, was in Afrika aus Solidarität werden kann: Lethargie. Leistung lohnt sich? Hier nicht. Wenn die Löhne so niedrig sind wie hier und wenn die eigene Familie den Erfolg sabotiert, warum noch arbeiten? »Was bei euch Bürgergesellschaft heißt, haben wir nicht«, sagt Salia, »nichts in Westafrika ist auf Entwicklung und Fortschritt ausgerichtet.« Dann sagt er, dass in Ghana viele sehr gut ausgebildete Menschen die Universitäten und die Schulen verließen, »aber jeder Einzelne von ihnen ist unfassbar unterbezahlt. Sie gehen, weil die Gesellschaft ihnen nicht gerecht wird, aber ihr Weggang verletzt wiederum die Gesellschaft.« Albert Salia hat schräg nach außen stehende Schneidezähne und ein halb geschlossenes linkes Auge. »Ich bin zweifellos nicht sehr fotogen«, sagt er. Salia sitzt in der letzten Reihe im großen »Tingi Tingi«-Hörsaal der University of Ghana, weil er neben seiner Arbeit für die Behörde auch noch studiert.

Edward S. Ayensu sagt, dass aus Ghana drei Gruppen emigrierten: all die Ärzte und Krankenschwestern, Elektriker oder Ingenieure, die nach Studium oder Ausbildung gehen, um aus dem Gelernten endlich Geld zu machen, was zu jenem »brain drain« führt, dem Verlust der Besten, der Klügsten, den fast alle afrikanischen Gesellschaften beklagen; jene, die ein Auto, einen Fernseher, ein bisschen Glück durch Kommerz suchen; junge Leute, die es schaffen, in Europa zu studieren und nicht zurückkehren. Drei Millionen Ghanaer, 15 Prozent, leben in Übersee.

Wenn man auf der Suche ist nach den Gründen für die Massenflucht aus Afrika, wenn man wissen will, warum diese Menschen so viel riskieren, warum sie ihre Heimat und ihre Familien verlassen, dann landet man hier beim nüchternsten aller Motive. Es ist das Kalkül: Zu Hause ist das Leben schwer, in der Ferne müsste es leichter sein. Es ist ganz simpel, aber reicht diese Hoffnung nicht als Grund? »Globalisierung« heißt ja auch, dass in Afrika die Verlockungen der industrialisierten Welt ständig präsent sind: als importierte Konsumgüter oder als Verheißungen über Fernsehen und Internet. Da viele Afrikaner längst ahnen oder wissen, dass es für ihre Staaten illusorisch sein wird, jemals den Lebensstandard Westeuropas zu erreichen, ziehen sie die Konsequenz, sich auf den Weg nach Westeuropa zu machen. Ist das nicht menschlich? Migrationsforscher sagen, dass Auswanderung immer mit »Druck« und »Zug« und meistens mit einer Kombination aus beidem zu tun habe – die lausigen Bedingungen daheim drückten die Menschen fort, und die attraktiven Bedingungen in der Ferne zögen sie an. Aus diesen Gründen sind ja auch Deutsche, Iren, Italiener einst nach Amerika ausgewandert.

Muss Europa Leute wie Opoku Agyema also »Wirtschaftsflüchtlinge« nennen?

»Wir haben ein Leben, ein kurzes, und irgendwann muss man sich entscheiden, ob man etwas riskiert«, sagt Opoku Agyema; »man kann den Jackpot treffen, man kann verlieren. Ich wollte nicht auf der Stelle sitzen, bis ich sterbe, ich wollte es versuchen und habe verloren.« Opoku hat ein langes, schmales Gesicht, kleine braune Augen, und er spricht ein bisschen Deutsch. »Eins-und-swanzig« sagt er und »Freiseit«. Um dies zu lernen, dafür reichte die Zeit im Land seiner Sehnsucht. Er trägt seine Papiere bei sich, »Amtsgericht Aachen, Beschluss« steht da, Aktenzeichen »41 XIV 5125.D«, und dann: »Die Ausreise ist im Wege der Abschiebung zu vollziehen, da eine freiwillige Ausreise nicht gesichert ist. Zur Sicherung der Abschiebung ist der Betroffene in Haft zu nehmen.« John hat uns zu Opoku geführt, die Familien kennen sich. »Seine Geschichte ist die Geschichte von uns allen«, hat John gesagt. Und jetzt sitzt der Betroffene vor einem Bier in der Straßenbar »Karlsdorf« und erzählt seine Geschichte.

*

Opoku Agyema, 32, Accra, Ghana: *Ich habe keine Eltern, die für mich zahlen, und keine Freunde, die mir ein Visum besorgen können, und niemanden, der mir einen Job gibt. Ich habe drei Jahre lang studiert, Wirtschaft und Sozialwissenschaften. Ich habe einen Abschluss, aber um weiter zu studieren, brauche ich eine Bankauskunft, in der steht, dass ich das Geld für die Uni habe. Aber ich habe dieses Geld nicht. Das Einzige, was ich hatte, war eine Freundin in Aachen. Sie lud mich ein, ich bekam ein Touristenvisum, verbrachte ein paar Wochen in Aachen, und dann musste ich mich entscheiden: Riskiere ich es zu bleiben, oder fliege ich nach Hause?*

Was für eine Wahl. Was konnte schon passieren, das schlimmer wäre als Westafrika?

Ein Freund hatte den Pass für mich, einen echten britischen Pass auf den Namen Boahen Sudrah Jason Atta mit dem Foto eines schwarzen Mannes. Ich dachte, Schwarzer ist Schwarzer, uns kann in Deutschland sowieso kein Mensch unterscheiden. Wir fuhren dann mit dem Auto herum, suchten Arbeit, als uns zwei Polizisten anhielten. Wir hatten den Fehler gemacht, zu nahe an die niederländische Grenze heranzufahren, wir wussten gar nicht, dass da überhaupt eine Grenze ist. Sie glaubten mir nicht, dass ich Engländer sei. Sie brachten mich zur Polizeistation, ich musste mich ausziehen, sie nahmen Fingerabdrücke, sie waren okay, taten nur ihre Arbeit, glaube ich. Aber dann ging es los.

In Handschellen brachten sie mich am nächsten Morgen zum Gericht, in der Nähe der Josefskirche, der Richter redete fünf Minuten lang, es gab keine Dolmetscher, keinen Anwalt, dann verkündete er seine Entscheidung, und so wurde ich ein illegaler Mensch. Nach mir war übrigens einer dran, der sagte, sein Name sei »Bild Deutschland«. Ein ganz junger Kerl. Ich fand das komisch, aber der Richter nicht, der schrie und schrie.

Sie brachten mich nach Büren, ins Gefängnis, dort war ich drei Monate lang eingesperrt. Warum? Was ist mein Verbrechen, ich bin Student, habe noch nie in meinem Leben gestohlen, was ist illegal an mir?

Tischtennis durfte ich im Gefängnis spielen, und die Familie Mucks aus Aachen kam immer montags zur Bibelrunde, sie sind Zeugen Jehovas. Ansonsten heißt Gefängnis Warten und Abstumpfen und Entwürdigtwerden. Ich stellte einen Asylantrag – keine Chance, wenn du aus Ghana kommst. Am 20. August 2004 flog ich heim, von Düsseldorf nach Amsterdam und von Amsterdam nach Accra, mit KLM, allein, ich hatte unterschrieben, dass ich keinen Ärger machen würde. In Amsterdam habe ich kurz überlegt, ob ich weglaufen sollte, aber was wäre es für ein Leben geworden als Gejagter?

Es hätte auch gut gehen können; du spielst halt das Spiel des Lebens, das kannst du gewinnen oder verlieren. Andere werden nie von der Polizei angehalten, oder sie finden eine deutsche Frau und werden wieder legale Menschen. Ich werde es wieder versuchen, ich bewerbe mich um ein Stipendium in Skandinavien, aber es ist schwierig, und ich hatte nicht daran gedacht, dass es noch schwieriger wird, wenn in den Akten steht, dass du bereits einmal abgeschoben wurdest. Bis ich nach Skandinavien komme, arbeite ich bei meiner Tante. Wir pressen Ananas aus, machen Saft.

Ich habe nette Deutsche getroffen und furchtbare. Polizisten schrien mich an und bliesen mir Rauch ins Gesicht. Ein Taxifahrer, den ich nach dem Weg fragte, sagte, es sei ganz nah, er würde mich hinfahren, und dann fuhr er in Kreisen durch die Gegend, und am Ende wollte er 40 Euro. Ein alter Mann, der mich aus 20 Metern Entfernung sah, schrie »Nein, nein, nein« und rannte weg.

Manchmal denke ich, ihr Europäer seid so brutal und so dumm. Unser Problem ist euer Problem und ein Problem aller, es ist ein Problem der Menschheit. Aber ihr Europäer wollt eure schöne Welt genießen und euch um nichts kümmern; das geht bloß nicht mehr, weil anderswo Arbeit zu billig geworden ist und weil es zu viel Ar-

mut gibt. Die Welt ist außer Rand und Band, und ihr Europäer wollt Zeit gewinnen, so lange wie möglich euer Leben so bewahren, wie es ist.

Deutschland? Nie wieder.

Lass die Deutschen doch ihr verdammtes, schönes Land ganz allein für sich haben.

*

Szenen einer vereinigten Familie:

Vida und ihr Bruder Kofi machen Brotteig; er stampft im gleichmäßigen Takt mit einem Baumstamm in einen Topf, und immer wenn er den Stamm hebt, schiebt sie unten den Teig mit den Fingern in die Mitte.

John nennt seine Frau »Mother«. Das ist ein Zeichen von Respekt in Afrika. Anerkennung. Ihre Nachbarn nennen Vida »die Mutter von Eva« und »Mama von Glenn«.

Glenn hat ein Fußballspiel, und sein Vater hat versprochen zu kommen. Noch nie hat er Glenn spielen gesehen, sein Sohn wartet, John aber erscheint nicht, Glenn verliert 0:1. »Ich war schlecht«, sagt er, »ich hatte die ganze Zeit die Zuschauerplätze im Auge.« John stand im Stau.

Alice, die Jüngste, zeigt uns die obere Etage. Ein Wohnzimmer, sieben Quadratmeter vielleicht, gestopft voll, dann drei Schlafzimmer: die Wände aus Sperrholz, Nägel als Garderoben und Kalenderblätter als Bilder, aus Wellblech das Dach, die Kleidung in Koffern, es ist laut hier oben, eng und stickig. Niemand hat ein Zimmer für sich allein, sie teilen den Platz, nutzen jeden Winkel. Niemand hat Privatsphäre hier, niemand ein Refugium. Die Dusche ist ein Loch in der Decke.

Kofi, Johns Schwager, kommt heim, das linke Auge geschwollen. Er ist in eine Schlägerei geraten, gestern am Strand, ein junger Kerl traf ihn mit einem Baseballschläger.

Vida zeigt Fotos. Man sieht sie und die anderen Frauen der Adikanfo Eden Na Nnipa Society beim Tanz. Die Societies sind das ghanaische Sozialsystem und funktionieren so, dass jede Frau jeden Monat ein paar Cedis einzahlt, und die Gesellschaft hilft mit diesem Geld denen, die in Not geraten. Zwischen 100 und 500 Frauen bilden eine Gesellschaft, und Frauen, die es sich leisten können, sind Mitglied in mehreren Gesellschaften.

In dem Fotoalbum liegen Bilder von John, mit Schnauzbart damals und dünner, und da liegt die Todesanzeige von Jacob Ebenezer Ampah, geboren am 26. Dezember 1925. Mister Ampah, so steht es da, war zunächst Angestellter in einem Laden in Agoua Swedra, dann Manager bei Cinema Travels, einer Kinokette, »er kränkte niemanden« und »war ein echter Gentleman«. 15 Kinder trauerten, denn Johns Vater starb 2002, und John war nicht da.

Seine Mutter starb 2004, John war nicht da. Er zahlte nur die Beerdigung, 4000 Euro für all die tagelang essenden Verwandten. Er sieht das Heftchen zum ersten Mal, dreht sich weg, weint.

Die drei Kinder stehen früh am Morgen auf und kauen sofort auf ihren Stöcken. »Trapia« heißen diese harten Stäbe zum Beißen, »Sawi« die Fasern, die sie benutzen wie Zahnseide. Niemand hier leistet sich Zahnpasta oder Bürsten, niemand kann das bezahlen. Kinder, die morgens reden, bevor sie kauen und Kinder, die aus dem Mund riechen kriegen Schläge.

Bevor wir fahren, besucht John seinen Bruder. Er klopft, der Bruder öffnet, John steht da, der Bruder steht vor ihm und will die Tür schließen, weil er John nicht erkennt. »Bruder«, ruft John.

John besucht Mister Asare, einen der beiden Männer, bei denen er Schulden hat. Er drückt ihm das Geld in die Hand und eine Flasche Wein aus dem Flugzeug. Mister Asare ist ein kleiner, grauhaariger Mann in Jeans, T-Shirt und Badeschlappen, und er lacht. »Ich danke Gott, Bruder John«, sagt er, »es ist ein Wunder, dass du zurück bist.«

John muss seinen Kindern versprechen, dass er aufhört zu trinken. Vida hatte ihnen erzählt, dass ihr Vater nie Alkohol anrühre, und jetzt sehen sie ihn mit Bier in der Hand schon am Nachmittag. John habe sich verändert, sagt Vida, früher habe er vor dem Einschlafen und nach dem Aufwachen gebetet, jetzt nicht mehr, jetzt trinke er. »Warum?«, fragt Eva. »Um zu vergessen«, sagt er. »Das hilft nicht«, sagt seine Tochter, und er verspricht es.

Und dann fahren wir, es ist Samstagmorgen, 8 Uhr. Eva ist nicht gekommen, von den beiden Kleineren hat John sich gestern verabschiedet. Nur Vida steht da und sagt: »Habt eine sichere Reise.«

Immer wieder murmelt sie diesen einen Satz.

Die erste Geschichte seines Abschieds, die erste Geschichte seiner Flucht hat John bei unserem ersten Interview erzählt, er blieb lange bei dieser Version, und diese Geschichte ging so:

John und Vida lebten in Monrovia, er war Student, vorsichtig aktiv in politischen Bewegungen, Liberia war eine Zwei-Klassen-Gesellschaft. Auf der einen Seite waren die Nachkommen der amerikanischen Sklaven, die frei gelassen worden waren und den Staat gegründet hatten (daher der Name Liberia), auf der anderen die Nachkommen der Ureinwohner. John stand irgendwo dazwischen, weil er zum Stamm der Fante gehörte und sein Vater für Coca-Cola arbeitete. Staatschef Samuel Doe ließ damals alle Studenten foltern, die nur ein Flugblatt vom Boden aufhoben, der Bürgerkrieg in Liberia war einer der wüstesten, die es in Afrika jemals gab, und darum machten John und Vida sich auf den Weg nach Ghana, dorthin, wo die Wurzeln ihrer Familien waren. Sie verloren sich im Hafen von Accra, als John an Land ging und das Schiff ablegte mit Vida an Bord. Vida war damals schwanger, John suchte sie und fand sie nicht und fuhr dann weiter nach Nigeria, war eineinhalb Jahre lang in Lagos, weil er dort Arbeit fand. Und dann beschloss er, nach Europa zu gehen. Er fuhr zurück nach Ghana, sah seine Frau für eine Nacht, sah das Baby für ein paar Minuten, die anderen beiden Kinder sollten nichts von seinem Besuch mitbekommen. Und dann begann seine Reise.

Jeder, der sich mit Flüchtlingen beschäftigt, weiß, dass ihre Geschichten nicht stimmen müssen und manchmal nicht stimmen können. Wer aus Afrika flieht, verändert seine Biografie, weil veränderte Geschichten bessere Chancen versprechen als die ursprünglichen, die wahren; die beste Geschichte erntet Mitleid, die falsche führt in die Abschiebehaft. Das führt dazu, dass Polizei und Einwanderungsbehörden in Europa vor allem damit beschäftigt sind, Fangfragen zu stellen, um Lügen zu entdecken, und natürlich führt es dazu, dass Polizei und Behörden grundsätzlich erst einmal zweifeln und alles, was sie hören, in Frage stellen.

Die Flüchtlinge haben oft keine Wahl. Kommt einer aus Liberia, darf er bleiben, ist er Ghanaer, wird er abgeschoben, was also wird er erzählen?

Die liberianische Geschichte, die John uns zunächst erzählte, war die, die er vor vielen Jahren erzählen musste. Und neben dieser Geschichte entstand über Wochen und Monate langsam eine zweite; John erzählte mal eine Episode aus einem ghanaischen Dorf, dann erzählte er von einer Kirche in Accra, in die er als kleiner Junge gegangen war, und das alles ließ eine Kindheit in Liberia ziemlich seltsam erscheinen. Er erzählte diese Dinge ganz selbstverständlich, mir kamen Zweifel, und als ich ihn nach Lüge und Wahrheit fragte, sagte er nur: »Du weißt doch längst, wie es ist. Wenn man einmal eine falsche Geschichte erzählt, ist man darin gefangen, und so war es auch bei uns. Es war doch klar, dass ich dir nicht bei unserer ersten Begegnung die

Wahrheit erzählen konnte, aber eine falsche Geschichte später zu korrigieren, das ist schwer. Wir Afrikaner leben in einer Welt der Lügen, wir verlieren unsere Wahrheiten, weil wir nach der ersten Lüge immer darauf aufpassen müssen, wer was über uns weiß.«

Dies ist John Ampans wahre Geschichte. Man kann das meiste nachprüfen.

John Ekow Ampan, der damals noch John Ekow Ampah hieß, wurde in Monrovia in Liberia geboren. Sein Vater hatte dort zu arbeiten, aber nicht lange, und als John eineinhalb Jahre alt war, ging die Familie nach Ghana zurück, wo ihre Ursprünge waren.

John Ampan ist ein Cousin des Fußballprofis Samuel Osei Kuffour, genannt Sammy, der viele Jahre lang für Bayern München spielte, ehe er nach Rom wechselte. Johns Mutter und Sammy Kuffours Mutter sind Schwestern, beide stammen aus Kumasi, der alten Königsstadt der Ashanti in Zentralghana, 200 Kilometer von Accra entfernt. Im Haus mit der Nummer K. O. 61 wuchsen die Schwestern und später auch John und Sammy auf.

In der Nachbarschaft gab es einen Mann, den sie »Hamburger« nannten, weil er in Deutschland arbeitete. *In Deutschland ist es so kalt, dass du keinen Kühlschrank brauchst; du stellst dein Bier auf das Fensterbrett, und wenn du vom Klo kommst, ist es gefroren. Deutsche schlafen nie, sie arbeiten immer, sie haben nicht einmal Zeit für ihre Frauen.* Solche Geschichten erzählte Hamburger, der einen 230er-Mercedes fuhr, einen »Family Benz« mit einem Nummernschild mit blinkenden Lichtern und einer Hupe, die muhte wie eine Kuh. Jeden Morgen wusch Hamburger sein Auto, die Deutschen machen das so, sagte er. Und Hamburger erzählte, dass das Leben hart sei in Deutschland, er habe als Tellerwäscher und Küchenhilfe begonnen und nun drei Jobs zugleich, aber er sagte den Kindern auch, dass in

Deutschland jeder eine Chance habe, und dann brachte er den ersten Farbfernseher ins Dorf und einen Lederball für die Jungs.

So wurde Hamburger der, der sie alle infizierte mit seinen Geschichten von Europa, und vielleicht ist es ja so, dass jedes afrikanische Dorf seinen Hamburger hat. John jedenfalls vergaß Hamburgers Geschichten nie. Wenn man immer nur von einem anderen Leben träumt, wann lebt man? Wenn dir etwas wirklich viel bedeutet, dann tu es bald – du hast nicht ewig Zeit.

Das waren die Lektionen.

John ging zur Grundschule, dann vier Jahre lang aufs Canadian Technical Training Center in Accra und zwei Jahre aufs Polytechnische Institut, er beendete die Ausbildung mit einem Diplom als Tischler und Polsterer. Er zog als Gastarbeiter nach Lagos, Nigeria, aber 1983 ließ die nigerianische Regierung viele schwarze Gastarbeiter deportieren; »es werden zu viele Fremde«, sagte der Regierungssprecher, bleiben durften nur die Weißen.

So kam John nach Hause, und ein Freund bot ihm Arbeit an: Der Vater des Freundes führte im Norden Ghanas, in der Region Bolgatanga, eine Farm, die er »Afoko« nannte, und ein Hotel, das »Central« hieß. John wurde eine Art Geschäftsführer, ihm vertraute der Vater seines Freundes die Einnahmen an.

Und dort, in Nordghana, traf John auf Vida, sie war 17 Jahre alt und Schülerin, und nachmittags half sie ihrer Mutter im Laden, wo sie Papier und Süßigkeiten und Bier verkauften. »Sie war so schön und so lustig und so nett«, sagt John, aber er traute sich nicht, sie anzusprechen; darum fragte er seinen Freund um Rat, der mit Vidas älterer Schwester sprach, die wiederum ihre Mutter einweihte, und so wurde ein Treffen arrangiert zwischen John und Vida.

Es ging sofort um Heirat. Es war nicht besonders romantisch, es war sehr afrikanisch.

Vor Vidas Vater, einem strengen, stolzen Mann seines Stammes, fürchtete sich John, aber der Vater blieb still, zeigte zwar keine Sympathie, aber er verbot die Liebe auch nicht. Vier Wochen später heirateten sie, dann zogen sie nach Accra in jenes Haus, in dem heute Vida ihre Bar führt.

»Es war schwer, Vida zu erklären, dass ich noch ein Kind in Spanien habe«, sagt John, »natürlich war sie gekränkt, natürlich sagten ihre Schwestern ihr, ich sei einer dieser Kerle, die ihre Frauen verlassen. Aber es stimmte nicht. Ich halte doch zu ihr, ich liebe sie und meine Familie.«

»Man muss doch weiterleben in Europa«, sagt John.

Der wahre Grund seiner Flucht war, dass John in Ghana Schulden gemacht hatte, die er niemals hätte zurückzahlen können – er sah keine andere Chance als zu gehen.

Vida und er lebten damals in Accra und kauften Schallplatten auf, bespielten Kassetten mit Musik und verkauften die Kassetten auf der Straße. Es war ein zähes Geschäft, ein quälendes. Aber es gab zwei Männer in Accra, die John für einen schlauen Jungen hielten, und darum boten sie ihm an, mitzumachen bei etwas schnelleren Geschäften. Der eine, Mr. Asare, gab John allerlei Seltsamkeiten in die Hand, Schlagzeuge zum Beispiel oder Klimaanlagen, damit John das Zeug auf der Straße verkaufen möge, und das tat John; der andere, Opoku Amfi, gab ihm eine Menge Bargeld, auf dass John in den Straßen der Stadt einen neuen Motor für ein Taxi besorge. Und John hatte nun diesen Haufen Geld in der Hand. Es waren 1000 Dollar – das Geld, das er brauchte für Amerika, jedoch: nicht sein Geld.

Amerika, das war sein Traum, er wollte vorausgehen und die Familie später nachholen, und am Ende würde er Mr. Asare und Opoku Amfi ihr Geld zurückzahlen. Und darum gab er das Geld einem Mann namens Teddy.

Dieser Teddy hatte gesagt, er könne Visa besorgen, echte Visa, in der Botschaft gekaufte Visa, sichere Visa. Teddy sagte, er müsse dafür nach Togo fahren, es dauere zwei Tage, dann sei er mit den Visa zurück. Johns Frau Vida riet ab, sie mochte diesen Teddy nicht und traute ihm nicht.

Es war ein Freitag, John wartete bis Dienstag, dann wusste er: Er hatte verloren. Teddy tauchte nie wieder auf, und weil es in einem Land wie Ghana für einen Mann wie John keine Möglichkeit gab, an das Geld zu kommen, das er Mr. Asare und Opuku Amfi schuldete, keine Möglichkeit mehr, der Familie ein Fundament zu schaffen, war John Ekow Ampah ein Mann der Schande, er war entehrt.

Darum ging er, dies ist der Grund für 14 Jahre in der Fremde.

Geplant hatte er damals nicht, so lange zu bleiben, nicht am Anfang jedenfalls, als er zum zweiten Mal nach Lagos ging. Da wollte er noch nicht nach Europa. Doch es ging nicht gut in Lagos, er saß im Gefängnis, und als er frei kam, wollte er nach Europa.

Es war Sommer 1993, als Vida Ampah eine Nachricht von ihrem Mann erreichte. John war vor eineinhalb Jahren aufgebrochen, und seitdem war er wieder Gastarbeiter in Nigeria, viel mehr wusste sie nicht. Ihr Mann arbeitete dort und schickte regelmäßig Geld, das machten viele Männer so, und jetzt ließ er ihr ausrichten, er müsse sie dringend sehen, aber nicht zu Hause, sondern draußen vor der Stadt, 125 Kilometer entfernt.

John hatte ja Schulden in Accra, niemand durfte ihn dort sehen, dann wäre das Geld weg, das er gespart hatte, zur Hälfte für Vida und zur Hälfte für seine Reise. Um 21 Uhr war John in dem Hotel, es lag in Sogakope, ein flacher, weißer Bau mit Veranda und einer Treppe, die von der Veranda zu den Zimmern führte. Sogakope war eigentlich keine Stadt, nur die Hauptstraße Richtung Togo und rechts und links Häuser und Märkte. »Volta View Hotel« hieß das Hotel, die Zimmer waren billig, 10 Euro, und man konnte handeln, dann kostete es 4 Euro. Laut war es, man hörte die Motoren und die Hupen, die Trommeln und Musik, und das wurde auch nachts nicht leiser. Gegenüber waren ein Automarkt, eine »Cocktail Bar«, der »Royal Club« – schöner Name, aber nichts als ein Haufen Bretter und ein paar Kisten Bier. John wartete, wenig später kam Vida, das Baby, das er noch nicht gesehen hatte, hatte sie mitgebracht, Alice, ein Jahr alt.

Sie hatten nur eine Nacht.

Sie schliefen nicht, keine Minute.

Vida war dagegen. Sie hasste diese Reise vom ersten Moment an. Sie wusste, es würde für lange Zeit sein und vielleicht für immer. Er sagte, sie seien verheiratet, und darum müsse er für sie und die Kinder sorgen, und das könne er in Afrika nicht. Sie sagte, nein, das sei nicht wahr, sie seien verheiratet, um zusammen zu sein. Sie weinte, sie schrie, denn sie wusste nichts über Europa, sie wusste nur, dass sie Angst hatte vor dem, was kommen würde. Aber er war seltsam hart, er war entschlossen, ließ sich nicht abbringen von seiner Idee. Er sagte, er wolle um die Zukunft seiner Familie kämpfen, und hier in Afrika gebe es keine Zukunft.

So lagen sie nebeneinander, hielten sich und redeten, und im Morgengrauen, um 6 Uhr, ging er und war sehr schnell sehr weit fort; er erwischte ein Sammeltaxi, einen weißen Ford Caravan, nach Lomé in Togo.

Im Frühjahr 2000, als Bayern München das Halbfinale der Champions League in Madrid spielte, machte sich John auf den Weg, um seinen Cousin Sammy Kuffour wieder zu sehen. Natürlich wiesen ihn die vier Sicherheitsbeamten vor dem Mannschaftshotel ab, aber er schaffte es, telefonisch zu Sammys Zimmer durchzudringen – und natürlich kam Kuffour herunter, tänzelnd und lachend, und stundenlang saßen die beiden zusammen. Es gab so viel zu erzählen.

John hat Fotos von Kuffour und sich, von Thomas Strunz und sich, von Thorsten Fink und sich. Und es gibt eines, auf dem er neben Franz Beckenbauer steht; John trägt ein graues »Kappa«-T-Shirt und eine grüne Jacke und strahlt, es ist ein großer Tag für den Immigranten; Beckenbauer trägt ein dunkelblaues Sakko mit dem Wappen seines Vereins und guckt anders, als man ihn kennt. Er lächelt ja eigentlich immer, immer jedenfalls, wenn Fotografen oder Kameraleute in der Nähe sind, aber neben diesem fremden Schwarzen fühlt Franz Beckenbauer sich eher unwohl, und das sieht man.

Togo, Kilometer 201

Es dauert drei Stunden, bis John Ampan etwas sagen kann. Er sitzt hinten links, unser Wagen, ein Nissan, rollt über die Straßen Togos, die die Küste entlangführen, immer nach Osten, von Ghana in Richtung Lagos, und John blickt aus dem Fenster und weint.

Damals fuhr er in einem Ford Caravan, vier Menschen saßen neben ihm auf der Rückbank. Sie hatten jeweils etwa 10 Euro bezahlt, den Fahrer kannten sie nicht, sie fuhren in ihre Zukunft hinein, und keiner von ihnen wusste, wo seine Zukunft sein würde und wie.

Als er wieder redet, sagt John, es sei wie damals. Die Gefühle seien wieder da, die gleichen. Auch damals hätte seine Frau ihn am Morgen festgehalten, nicht loslassen können, nichts sagen können. Auch damals sei er ganz starr gewesen und am Ende einfach gegangen, er habe sich umgedreht und sei eingestiegen und fort gewesen. Das sei gar nicht so schwierig: Man könne gehen, ganz leicht. Man ahne nur nicht, dass man hinterher der einsamste aller Menschen ist.

Wir fahren langsam, John blickt hinaus, sieht die Slums der Vorstädte, darin die Plakate: »Gott liebt dich.« Und etwas weiter das »Aids-ABC: *Abstain* (Sei enthaltsam), *Be faithful* (sei treu), *Choose condom* (benutze ein Kondom)«.

Togo ist eines dieser verfallenden Länder Afrikas. Morgens

sieht man, wie schön es wäre, würde es funktionieren: Das Meer glitzert, der Dschungel ist satt und tief, die Menschen stürmen die Märkte. Abends sieht man, wie es wirklich ist: Es ist dunkel, es gibt keine Lichter. Betrunkene Soldaten kontrollieren die Straßen. Es stinkt nach Abfällen.

Oder ist beides die Wahrheit?

Die Schönheit und die Brutalität?

Ein Viertel der fast 5 Millionen Einwohner Togos soll in den letzten Jahren ins Ausland geflohen sein, über 30 000 flohen nach der letzten Präsidentschaftswahl im April 2005.

Bevor die Kolonialherren kamen, waren immer wieder neue Stämme nach Togo gezogen: die Fon, die Ashanti, die Ewe, die Mina und die Guin. Großbritannien und Frankreich stritten um Togo, aber dann schickten die Deutschen ein Schiff und übernahmen das Gebiet, das sie »Togoland« nannten, durch einen Vertrag mit König Mlapa. Die Deutschen exportierten zunächst Sklaven und später Kokosnussöl, Kakao und Kaffee, dafür brauchten sie so etwas wie Infrastruktur und bauten. Beliebt waren die Deutschen nicht, weil sie Zwangsarbeit und Steuern einführten; dann aber kam der Erste Weltkrieg, und hinterher waren die Deutschen besiegt, und Briten und Franzosen teilten sich das Land auf und zogen die Grenzen dieser zwangsgeborenen Nation auf einer Karte per Lineal. Auch das trägt ja heute dazu bei, dass man Länder wie Togo nicht als Staaten nach europäischem Verständnis begreifen sollte, also eben nicht als Staaten, deren Ziel das Gemeinwohl ist, als Staaten mit dem Monopol auf Gewalt, Gesetzgebung und Geldschöpfung, mit freier Presse und freier Justiz, als Staaten, die ihren Bürgern im Tausch gegen Steuern und Gesetzestreue ein gewisses Maß an Sicherheit und Schutz bieten, sondern als das, was sie sind: korrupt, willkürlich, gewalttätig, funktionsunfähig.

»Aber Togo war ein sauberes, ein funktionierendes Land«, sagt John, »damals, als ich zum ersten Mal hier war.«

70

Die Kolonialherren hatten die alten Gesellschaften zerstört und die Einheimischen unterdrückt, das Volk der Ewe zum Beispiel wurde durch die neuen Grenzen geteilt – aber 1960 gingen die Weißen. Und als sie gingen, ließen die Kolonialherren Verwaltungen, ein Schulsystem, Fabriken und Straßen und viele schöne Bauten zurück. Togo hat 2400 Kilometer Asphaltstraßen und einen Tiefwasserhafen in Lomé. Nicht, dass das ein Trost gewesen wäre oder aufzurechnen gegen die Verbrechen, aber die Straßen und Fabriken hätten zumindest eine Möglichkeit sein können für die Zukunft.

Aufbau und Entwicklung wären denkbar gewesen.

Afrika hatte die Nachkriegswelt zwar nicht miterschaffen, es war nicht dabei gewesen, als die Ordnung und das Völkerrecht des 20. Jahrhunderts festgeschrieben wurden, aber es hätte die Chance gehabt, sich einzufügen. Mitzumischen. Damals, in den sechziger Jahren.

Afrika hatte bloß nicht viel Zeit, Afrika hatte nicht viele Chancen. Vielleicht hatte Afrika auch nur diesen einen Moment, diese eine Chance.

Es hätte sie nutzen und sehen müssen.

Jedoch: Das schaffte nicht Togo, das schaffte Afrika nicht.

Die Kolonialherren hatten überall in Afrika ein System der Privilegien und der extremen Unterschiede etabliert.

Die Untermenschen hatten zu dienen, und die Übermenschen, und wenn es nur Postbeamte oder Wirte waren, besaßen Paläste mit Pool und Dienern, und sie besaßen Gold und Frauen. Dann kamen die Revolutionen, die Staatsstreiche, und plötzlich saß eine neue Klasse in den Palästen der Macht, eine neue Schicht, und diese neuen Mächtigen sahen nun, welche Möglichkeiten die Macht ihnen bot.

Es ist ein Kontinent der Clans, und wenn hier jemand Erfolg hat, muss er teilen. Allein zu sein bedeutet Fluch und Verdammnis in Afrika; die Gruppe ist heilig. Das bedeutet, dass gleichsam jeder, der 100 Dollar verdient, 50 Dollar abgibt, und das bedeutete, dass die, die nach den großen Schlachten um die Unabhängigkeit in die Paläste gezogen waren, zuerst einmal all das Gold, über das sie verfügen konnten, unter ihren Angehörigen verteilten. Wer es geschafft hat, ist ein kleiner »Big Man«.

Der Begriff »Big Man« bezeichnet die allmächtigen Herrscher Afrikas, Väter und Götter und Peiniger ihrer Völker, Männer wie den einstigen Staatschef Zaires, Mobutu Sese Seko Kuku Ngbendu wa Zabanga (übersetzt: »Der Gockel, der alle Hennen deckt«), laut Henry Kissinger »ein Hurensohn, aber unser Hurensohn«. Der Big Man ist oben, omnipräsent, allmächtig, ein Mann zum Fürchten und Verehren, einer, der das Recht hat zu nehmen, was er haben will.

Das System prägt. Es gibt viele Ebenen, es gibt unendlich viele Little Big Men in Afrika, und sie alle müssen natürlich viele wichtige Posten an ihre Angehörigen vergeben. Wir nennen es »Klüngel« oder »Filz« oder »Korruption«; wir begreifen mit Mühe, dass eine eher kleine Behörde wie die Marketingagentur für Kakao in Ghana jemals 105 000 Mitarbeiter benötigte. Die Mitarbeiter aber nennen so etwas »Familiensinn«, und die Angehörigen sagen über ihren Big Man: »Er hat nicht vergessen, woher er kommt.«

Die Angehörigen würden das, was wir »Unbestechlichkeit« nennen, »Egoismus« nennen. Oder »Arroganz«.

Was für Herrscher das waren! Männer, die den Staat als Spielzeug verstanden, als Eigentum. Männer im Machtrausch. Männer in goldenen Gewändern, goldenen Palästen, Männer, die töten ließen, abschlachten ließen, wen sie gefährlich fanden, Männer, die sich nahmen, was immer sie haben wollten, Frauen, Knaben, ein Häuschen am Stadtrand mit schöner Aussicht. Mobuto, Amin, Bokassa, Doe, Selassie waren die Namen dieser Big Men, Namen des Größenwahns, Symbolfiguren einer Macht, deren wesentlicher Zweck der Erhalt ihrer selbst war. In

Togo musste jeder Kioskbesitzer ein Foto seines gottgleichen Führers aufstellen.

Togo war das erste afrikanische Land, das gleich nach der Unabhängigkeit, 1963, einen Militärputsch erlebte; Staatschef Sylvanus Olympio wurde vor den Toren der amerikanischen Botschaft ermordet, wo er um Asyl bitten wollte. Und Togo wurde eines dieser afrikanischen Länder mit einem dieser Herrscher mit Allmachtsphantasien: Etienne Gnassingbé Eyadéma, 1967 nach dem nächsten Putsch an die Macht gekommen, ließ sich von einem Chor schöner Frauen besingen und sonstwie beglücken, er setzte Angehörige auf alle Posten, die Geld brachten, und er ließ hinrichten, wen auch immer er für eine Bedrohung seiner gottgleichen Macht hielt. Medien wurden enteignet oder gegebenenfalls mit Sendeverbot belegt, in den »Global Press Freedom Rankings« steht Togo heute auf Platz 171, Kategorie: »nicht frei«.

Es gab dann immer neue Putschversuche und Streiks, es gab Massenhinrichtungen und Massenarbeitslosigkeit, Wahlbetrug und Hunger, es gab ständige Konflikte zwischen den rund 40 ethnischen Gruppen, und darum gibt es inzwischen Hunderttausende in diesem schmalen Land der fünf Millionen, die nach Europa wollen. Denn heute ist Togo eine Müllhalde, und die Straßen sind Schlaglöcher mit ein bisschen Asphalt zwischen den Schlaglöchern. Die Auslandsschulden liegen bei 1,5 Milliarden Dollar, das durchschnittliche Einkommen bei unter 400 Dollar im Jahr.

Im Februar 2005 starb Präsident Gnassingbé nach 38 Jahren an der Macht an einer Herzattacke, das Militär setzte dessen Sohn Faure als Nachfolger ein. Das Ausland protestierte, die Weltbank und der Internationale Währungsfonds protestierten auch, und darum gab es Wahlen, die Faure Gnassingbé mit 60,15 Prozent der Stimmen gewann. Angeblich. Alle Beobachter sprachen von massivem Betrug, Frankreich aber, wichtigster internationaler Partner Togos, gratulierte zur Wahl. In Frankreich hatte der junge Big Man aus Togo studiert, Frankreich schätzt das kleine Land mit den 56 Kilometern Küste und den 550 Kilometern von Süd nach Nord sehr. Denn der Geschäftspartner besitzt Phosphat, Marmor, Kaffee und Kakao.

Muss man es erwähnen? Wenn in einem Land wie Togo der Präsident stürzt, dann stürzt er durch das Militär; Präsident Faure Gnassingbé machte also seinen Bruder Kpatcha zum Verteidigungsminister und Oberbefehlshaber.

Meine Tochter fragt am Telefon, ob es noch weit sei.

Langsam fahren wir weiter, zur Grenze nach Benin.

Cotonou, Benin, Kilometer 348

Afrikanische Grenzsoldaten haben Macht. Sie missbrauchen diese Macht. Afrikanische Grenzsoldaten sind ein Sinnbild dessen, was schief läuft auf dem Kontinent.

Sie verscheuchen Menschen wie Fliegen mit Handbewegungen der Arroganz; fort mit euch. Sie haben ein Seil an einen Pfosten gebunden, sitzen breitbeinig auf einem Stuhl, kauen auf Zahnstochern, spucken auf den Boden, und das andere Ende des Seils haben sie in der Hand. Kommt eine schöne Frau des Weges, auf dem Kopf Eimer mit Wasser oder Ballen von Stoffen, dann ziehen die Mächtigen der Grenze das Seil, und die schöne Frau muss vor dem straffen Seil stehen bleiben. In der Mittagssonne.

»Dreh dich um«, sagen die Mächtigen. Die Frau dreht sich. »Noch einmal.« Sie dreht sich noch einmal. »Was hast du unter dem Rock?« Sie hebt den Rock. Die Mächtigen stehen auf, gehen weg, kommen mit einer Tüte Trinkwasser wieder, beißen eine Ecke ab, spucken die Ecke in den Staub, trinken und starren der Frau auf die Beine. Dann winken die Männer die Frau durch, fort mit dir, aus meinen Augen.

Und sie kassieren natürlich, immer wieder, von allen, die nach Geld aussehen. Kommt jemand mit Waren vorbei, die zu verzollen wären, sagen wir Waren im Wert von 100 000 CFA, dann schlagen die Mächtigen der Grenze dem Händler ein Geschäft vor: »Du verzollst nur Waren für 25 000, und den Zoll für weitere 25 000 gibst du mir, so verdienen wir beide.« Die afrikanische Gesellschaft verliert, doch wen interessiert das? Es gibt keine Solidarität jenseits der Clans, es gibt keinen Mittelstand, es gibt so etwas wie die afrikanische Gesellschaft nicht. Familien und Clans sind solidarisch – zu einem Clan gehören all die, die glauben, einen gemeinsamen Ahnen zu haben, und die wählen dann einen Clanführer, den Vorsitzenden des Rats der Ältesten. Der Clan ist eine geschlossene Gesellschaft, ein Sozialsystem, durchaus mafiös, und am Rand eines Clans liegen meist auch die Grenzen afrikanischen Gemeinsinns.

Die Grenzbeamten, vor rot-weiß gestrichenen Eisentoren stehen sie, sammeln so viel Geld ein wie möglich, für sich und die Familie und den Clan, und sie leben ihre Macht aus, so sehr sie können, einen anderen Sinn hat ihr Beruf nicht. 15 Euro zahlen wir dem Kerl, der am Kofferraum steht, für 15 Euro verzichtet er darauf, dass wir unsere Taschen ausladen und auspacken müssen. 30 Euro soll John zahlen, damit sie sich seinen Pass ansehen. Er will nicht, darum legen sie den Pass auf den Tisch und winken die Nächsten herbei. Eine Stunde vergeht. John zahlt.

Dann dürfen wir fahren, und John erzählt von seinem Kontinent; er wird einige afrikanische Wahrheiten liefern während dieser Reise.

John Ampans Afrikanisch für Anfänger:
1. Korruption wird Afrika zugrunde richten. Vor Jahrzehnten
hätte man sie bekämpfen können, jetzt ist es zu spät. Alle nehmen,
alle zahlen, jede Gefälligkeit kostet. Korruption ist Teil unserer
Kultur und unseres Alltags. Sie frisst uns auf.

Es gibt in Benin keine Mineralien, kein Öl, wenig Bodenschätze, aber sie haben Baumwolle und im Norden ein bisschen Gold, 20 Kilogramm jedenfalls wurden 2002 gefördert. Benin ist zu kurz (650 Kilometer von Süd nach Nord) und zu schmal (120 Kilometer Küste), um wirtschaftlich interessant zu sein; die Konzerne Europas gehen lieber nach Ghana oder Nigeria. Benin ist deshalb so arm, weil es chancenlos ist. Verschmutzte Gewässer, abgeholzte Wälder, Bodenerosion an der Küste und schmutzige Luft in Cotonou, das sind die ökologischen Probleme Benins; HIV und Aids, Malaria, Tuberkulose, Hepatitis, Meningitis und Kinderlähmung, das sind die gesundheitlichen Probleme der 7 Millionen Einwohner.

Die Menschen, die wir treffen, erzählen uns von einem kargen Leben. Einem Leben, das beginnt, dahingeht, endet, ohne Hoffnungen, ohne Ereignisse jenseits von Hochzeit, Geburten, Siegen oder meistens doch Niederlagen im Fußball und schließlich dem frühen Tod. Sie wohnen in Hütten, die »tata« heißen, essen Yams und Cassava, Süßkartoffeln, Reis oder Erdnüsse und trinken Hirsebier. Benin ist eines jener Länder, die eine kurze Phase der Hoffnung hinter sich hatten, bevor sie doch wieder in dem Zustand von Apathie und Fatalismus ankamen, den sie seit Jahrhunderten kennen: 1991 kam ein junger, so scharf wie schnell denkender und redender Demokrat namens Nicéphore Soglo bei der ersten Mehrparteienwahl an die Macht und löste den despotischen Militärchef Mathieu Kérékou ab. Nicéphore Soglo war sogar Direktor der Weltbank gewesen, was für ein

Hoffnungsträger! Und dann holte er doch wieder nur seine Angehörigen in die Paläste, die Schulden schwollen an, und als Nicéphore Soglo bloß noch wie ein Pfau auftrat, weiß die Anzüge, weiß das Hütchen, grell die Hemden und die Schlipse, da verlor er, es war 1996, die Wahlen gegen seinen Vorgänger, den einstigen Diktator Kérékou.

In Ouidah steht ein alter Baum, sie nannten ihn den Baum des Vergessens. 1721 wurde das Fort von Ouidah gebaut; die Mächtigen von damals zwangen ihre Sklaven, um den Baum herum zu gehen, Frauen sieben mal, Männer acht mal, und so sollten die Sklaven ihre Vergangenheit vergessen, damit sie sich niemals gegen ihre Peiniger erheben würden. Nicht weit entfernt steht ein anderer Baum, der Baum ohne Wiederkehr; um diesen gingen die, die dazu noch kamen, dreimal herum, und das bedeutete, dass zumindest ihre Geister in die Heimat zurückkehren würden, wenn die Sklaven die Reise in die Fremde nicht überleben würden. Die »Porte de Nonretour«, ein wuchtiges Denkmal am Strand, acht Säulen aus rotem Stein, aufgestellt von der Unesco, zeigt nackte, starke, doch gebeugte und in Ketten gelegte Gestalten, die Richtung Ozean marschieren, in der Ferne liegt ein Schiff unter Segeln, das sie fortbringen wird.

Die Sklaven kämpften nicht ums Überleben, es gab nichts mehr zu kämpfen, da sie ja von den eigenen Herrschern an weiße Despoten wie Francisco de Souza verkauft wurden – Spiegel, Seide, Tabak, Whiskey und Gin bekamen die Herrscher der Gegend, und sie gaben dafür die eigenen Menschen. Eine Kanone kostete 15 starke Jungs oder 25 hübsche Mädchen. Die Jungs mussten dann unter Deck auf dem Bauch liegen, damit sie nicht rebellieren konnten; die Mädchen mussten auf dem Rücken liegen, damit sie verfügbar waren.

Es ist ein tödlicher Unfall, das sehen wir sofort.

Eine Frau und ihr Kind auf einem Fahrrad, eine Hauptstraße, die alles zugleich ist, Markt und Radweg und Autobahn und Weide, ein blauer Toyota.

Der Toyota parkt mit gesplitterter Windschutzscheibe am Straßenrand.

Das Kind sitzt im Gras.

Die Mutter ist tot.

Autos fahren weiter. Fußgänger gehen vorbei.

»Stopp«, rufen wir, aber Paul Akakpo, unser Fahrer, sagt: »Was meint ihr, was hier passiert, wenn wir anhalten? Am Ende werdet ihr Weißen die Mörder der Frau sein, und als Wiedergutmachung wollen sie euer Geld.«

Wir sagen, wir fahren erst weiter, wenn Paul wenigstens Polizei oder Krankenwagen ruft, und das tut er, per Mobiltelefon, während er Gas gibt.

2. DER GRUND

*»Halb Slum war sie, halb Paradies. Wie nur konnte ein Ort
so hässlich und so sehr von Gewalt geprägt sein und gleichzeitig
so schön, fragte er sich.«*

Chris Abani, GraceLand

Lagos, Nigeria, Kilometer 469

Jesse Jackson sagt: »Kommt es hier zum Bürgerkrieg, dann war
das, was in Ruanda geschah, eine Gartenparty.«

Und ich schreibe einen Brief, eine E-Mail an meine Freunde:
*Nun habe ich etwas Zeit, aber bald schließt dieses Internetcafe mit
den hakenden und verklebten Tastaturen, 20 Minuten also bis
zum Einbruch der Dunkelheit, dann müssen wir ins Hotel, denn
das hier ist Lagos.*

*Das sagt John ständig: Klaus! This is Lagos! Und bedeuten soll
das, dass hier keine Regeln mehr gelten, dass hier nur die Starken
durchkommen, dass nichts so ist wie in anderen Städten.*

*Es ist eine erbärmliche Stadt. 15 Millionen Menschen und
nichts als Dreck und Müll und Schlamm. Wege durchs Abwasser
sind Bretter, die hineingeworfen wurden, damit man halbwegs trocken rüberkommt – diese Bretter heißen Hauptstraßen. Kinder sitzen vor Ölfässern und lassen Stöckchen in der Brühe schwimmen.
Wer Müll hat, wirft ihn zu dem anderen Müll vor der Hütte.*

*John war vor 25 Jahren zum ersten Mal hier, und auf seiner
Reise, seiner Flucht, kam er zurück. Wir waren in seinem Slum
von damals, und es roch wie nichts, was ich kannte. Und alle hier
haben so traurige Augen. Oder nicht einmal mehr traurig. Das
sind andere Menschen als Alte oder Arbeitslose bei uns. Die hier*

werden nicht geliebt, nicht gebraucht, nicht gefördert, nicht gewollt, sie sind ganz und gar überflüssig. Die haben keine Schulen, keine Versicherungen, keine Bücher. Sie haben nicht mal Luft, hier ist nur Gestank.

Wenn man in einer Stadt wie dieser über Aids nachdenkt, die größte Bedrohung des Kontinents, kann man nur zu einem Schluss kommen: Bessere Voraussetzungen könnte das Virus nicht haben. Polygamie ist verbreitet in Afrika, Männer dürfen tun, was sie tun wollen, ungeschützt, und Frauen haben verfügbar zu sein; so ist es nicht immer, aber allzu oft. Dazu kommt die Armut. Die Aggressivität, der Hunger, die Not. Dazu Prostitution, Vergewaltigungen, Drogen. Dazu Wanderarbeit, zerrissene Familien. Dazu ein Glaube, der Kondome verdammt. Ein Bildungsniveau nahe am Analphabetentum, es leben Menschen in Lagos, die glauben, Aids werde vom Meerwasser übertragen: »Mein Vater hat in Port Harcourt gearbeitet, immer wieder fuhr er ans Meer, und danach wurde er krank. Es war das Meer«, das erzählt eine junge Frau im Hotel.

»Lagos: Centre of Excellence« steht auf jedem Nummernschild.

Lagos ist Stau: eine einzige Masse von Autos, und zwischen den Autos zwängen sich Blinde, Krüppel, zehn-, zwölfjährige Jungs hindurch, auf den Köpfen Eimer mit Getränken. Sie flehen die Fahrer an, manchmal reichen sie die Getränke nach innen, aber dann schließt sich die Scheibe, und es gibt kein Geld; sie können dagegen nichts tun, denn würden sie einem Reichen das Auto zerkratzen, hätten sie es künftig nicht leicht in den Straßen der Stadt. Es reicht ja, wenn hier einer ruft: »Ein Dieb, der da ist ein Dieb«, dann kommt der Mob, und einer findet immer einen Autoreifen, und einer findet immer Benzin, und dann zünden sie den Dieb an, den angeblichen, und ermorden ihn, und dann gehen sie weiter. Solche Szenen sind viel zu normal in Lagos.

Vor uns ein deutscher Bus: »Denk an die Umwelt, fahr' mit dem Bus«, steht auf der Heckscheibe.

Lagos riecht nach Urin und Schweiß. Nach brennenden Müllbergen, nach feuchtem Abfall und faulem Wasser. Nach Benzin und nach Abgasen.

Vor den Tankstellen lange Schlangen, hier: im Land des Öls.

Die Männer von Lagos trinken morgens um zehn, die Frauen tragen zu viele Kinder herum.

Und als unser Fahrer den Wagen am Rand parken will, fährt er ein bisschen zu dicht an die Häuser heran; Bretter liegen über Löchern, der Wagen kracht durch die Bretter, und die Räder hängen in der Luft. Sofort sind 50, 60 Leute da, heben den Wagen raus, und dann wollen sie Dank. Und kommen immer näher und schreien und schieben sich immer dichter an uns heran, und John hat die richtige Idee. Er fragt nach dem Anführer, sie diskutieren lange, um einen Anführer zu benennen, der bekommt 50 Euro, und dann fangen sie sofort an, sich um das Geld zu prügeln, und wir können weiterfahren.

Wenn man in dieser Stadt unterwegs ist, wirken ein paar deutsche Dinge ziemlich absurd. Die ASU, wie hübsch. Oder soziale Förderprogramme oder Entwicklungshilfe, oder Programme zur Integration von jungen Muslimen. Hier leben 15 Millionen, und in 15 Jahren sollen es 25 Millionen sein, und diese Stadt wird niemals mehr irgendwer in eine bessere Richtung lenken. Denn den Müll kriegt niemand mehr weg, diese Menschen finden nicht mehr hinaus, es ist zu spät.

In Lagos, Stadt ohne Mittelschicht, Stadt ohne Bürger, gibt es nur eine Gegend, die etwas anders ist, das ist Victoria Island, wo die Reichen leben. Hier kann man sich Sonnenschirme mieten, der Strand ist sauber, hier stehen Häuser aus Marmor mit Stacheldraht und Videoüberwachung. »Das ist Lagos«, sagt John, »in den Gegenden der Reichen hat man bloß Angst. In den Gegenden der Armen hat man Angst und niemals Frieden und Ruhe und nichts zu essen.«

Und jeder fragt dich nach Europa. Wie komme ich dorthin? White man, kannst du mich einladen? Sie fragen nach Telefon-

nummern. Sie bieten Frauen an: Willst du meine Gattin? Meine
Schwester? Meine Tochter? Es passiert täglich, egal wo wir sind,
und die Frauen lächeln und fassen uns an, streichen uns über die
Unterarme, den Rücken, fragen, ob sie über Nacht bei uns bleiben
dürfen. Wir sind weiß, wir müssen Geld haben, und sie brauchen
Geld. Und wir haben Pässe, darum fragen sie, ob wir sie mitneh-
men, wenn sie uns glücklich machen.

Trotzdem werden sie lästig. Weil alle in Wahrheit nichts wollen
als Geld. Wer an der Straße steht, wenn man vorbeifährt, schreit:
White man, we need your money. Oder: White man, help us all.

Und für jeden Schritt muss man bestechen, Polizisten sind in
Nigeria nichts anderes mehr als Straßenräuber, da ihr Job keinen
anderen Sinn mehr hat als Geld einzutreiben, so viel Geld wie mög-
lich. 17 Checkpoints hatten sie aufgebaut von der Grenze bis nach
Lagos, 100 Kilometer sind das, und überall standen Polizisten mit
Knüppeln in der Hand. 200 Naira hier, 1000 dort, immer und
überall geht es nur darum – her mit eurem Geld. Das Ganze ist
legalisierter Straßenraub: Sie legen Baumstämme oder Nagelbret-
ter über die Autobahn, man muss anhalten, und wenn sie es wol-
len, muss man zahlen. Den Vorgang der Bestechung nennen sie »to
settle«, ein Problem lösen, ganz so, als gäbe es ein Problem und für
die Lösung sei leider eine Gebühr fällig. »To serve and protect with
integrity«, das steht auf den Polizeiwagen.

Wir haben einen Jungen angeheuert, Barnabas David Overstar,
der auf seiner Okada, seinem 80er-Motorrad, vorausfährt und uns
den Weg durch Lagos weist. Barnabas erzählt, dass er vor Jahren
noch ganz gut klargekommen sei, genug verdient habe mit Boten-
fahrten und Führungen, genug, um Eltern und Geschwister zu ver-
sorgen, weil er der Einzige in der Familie war, der Geld verdiente.
Jetzt aber stünden an jeder Straßenecke 20 Okada-Fahrer, Wochen
vergingen ohne Auftrag, und immer wieder kämen Polizisten und
konfiszierten das Motorrad, einfach so, und dann müsse er zahlen.

Und wenn jemand von der Uni abgeht und in seinen Beruf ein-

steigen will, hat er nur eine Chance, wenn er den künftigen Arbeitgeber besticht. Angestellter bezahlt Chef, ein Jahr lang, zwei Jahre lang, erst dann verdient der Angestellte erstmals Geld – falls er dann nicht gefeuert wird.

Und wenn jemand im Gefängnis sitzt und nicht weiß, warum, sollte er unbedingt reich sein, denn ohne Geld verhandelt kein Richter, ohne Geld gibt es keinen Raum für eine Verhandlung, ohne Geld fährt niemand den Gefangenen zum Gericht.

Es ist lästig, dumpf, demütigend, und vermutlich sind das die letzten Zuckungen einer Gesellschaft, in der nichts mehr funktioniert. Es gibt keine Sicherheiten, es gibt kein Vertrauen mehr in Nigeria – wem soll man trauen, wenn Polizisten die miesesten Kerle von allen sind?

Das ist das nigerianische Afrika. Und überall Werbetafeln über den Slums: zwei weiße Liegestühle an einem weißen Strand, »Deine Traumferien«, das ist der Slogan, der für die Lagos-Lotterie wirbt.

Time is up. We are closing. Ich muss das hier jetzt gleich abschicken und weiß nicht, ob ich zu scharf war im oberen Teil, ungerecht gegenüber einem geplagten Land.

Nein. This is Lagos.

Bevor ein Weißer nach Afrika kommt, nimmt er nicht ständig wahr, dass er weiß ist; es ist selbstverständlich, er lebt in einer Welt der Weißen, er kennt keine andere Welt, und darum ist Hautfarbe selten ein Thema für ihn.

In Afrika vergisst du die Farbe der eigenen Haut nie. Sie hebt dich heraus, sie fällt auf, sie schützt dich manchmal, und manchmal gefährdet sie dich. Wenn wir durch die Straßen von Lagos gehen, blicken uns alle an, buchstäblich: alle. Es gibt hier Straßen, in denen vermutlich seit Jahren keine Weißen waren, Mütter zeigen auf uns und rufen ihren Kindern zu: »Guckt mal, da sind Weiße!« Aha, so sehen also Weiße aus.

Als Reporter möchte man auf einer Reise wie dieser eintauchen in die Welt, über die man schreiben will, man möchte die Gesprächspartner übersehen lassen, dass man Reporter ist, weil man ihr Leben sehen und erleben will, ohne Künstliches, ohne Veränderung, aber in Afrika findet dieses Bestreben immer ein frühes Ende: Sie sind schwarz, wir sind weiß, das ist die Basis jedes Gesprächs, und das wissen alle.

Auf einem Kontinent, dessen Geschichte von Sklaverei und von der Kolonialherrschaft geprägt ist, einem Kontinent, der derart ruhelos und zugleich starr ist wie dieser, vergisst niemand die Farben von Haut. Vergessen kann sie vermutlich ohnehin nur, wer oben ist, wer nicht unterdrückt ist; Arme wissen immer, warum sie arm sind und was sie unterscheidet von den Reichen, und sie vergessen diesen Unterschied nie.

Und John sagt nun, wir, die schwitzenden Bleichen, hätten ihm die Rückkehr nach Hause erleichtert, hätten sie zu einem Triumph gemacht. 14 Jahre – und dann kehrt er mit zwei weißen Freunden zurück! Und wie ihn diese Weißen behandeln, so respektvoll, und sie lachen auch noch zusammen, und sieh nur, sie fassen ihn an, und er fasst sie an! John – und zwei Weiße! (Obwohl – das mit dem Anfassen stimmt so nicht, denn das war einseitig, zu Beginn: Und irgendwann fiel mir dann auf, dass ich John berührte, so wie ich jeden berühren würde, mit dem ich wochenlang reise, an der Schulter, am Arm, doch John berührte mich nie – von da an achtete auch ich auf die Distanz, die er stets wahrte.)

John sagt, es sei keine Frage für die Menschen in Accra; Markus und ich seien der Beweis dafür, dass er es geschafft habe.

Und dass er es schaffen würde: Absehbar war das nicht.

Als John Ampan, geboren 1959, Ghana zum ersten Mal verließ, war er 22 Jahre alt. Er konnte keine Anstellung finden in Accra, er kam als Gastarbeiter, und Nigeria, ein aus drei großen Völkern und 430 kleineren Gruppen und Stämmen, aus Muslimen und Christen zusammengefügter Staat, war damals, Anfang der Achtziger, ein Land im Rausch: Der Biafra-Krieg mit zwei Millionen Toten war vorbei, Öl war schon 1951 entdeckt worden im Niger-Delta, aber erst 1974 hatte sich der Staat Mehrheitsbeteiligungen an allen hier tätigen Konzernen gesichert, und erst jetzt sprudelten die Millionen. Überall im Land bauten sie Häuser, Türme, Paläste, und John war gelernter Tischler.

Fünf Monate lang blieb er beim ersten Mal in Lagos, arbeitete für »Osmat Construction«, Vertragspartner der österreichischen Firma Strabag, und lebte in Ijoru, Ghetto der Ghanaer, in Holzhütten, die auf Stegen über Tümpeln und Flussläufen standen. Zwei Männer wohnten dort auf acht Quadratmetern. Sie teilten sich die Hütten nach Schichten: Wer nachts arbeitete, wohnte tagsüber, und umgekehrt. Müll lag vor, hinter und unter den Hütten, Ratten liefen herum, Moskitos drangen durch alle Ritzen. Schlägerbanden zogen grölend umher und legten Feuer, wenn einer das Schutzgeld nicht zahlen wollte.

Diese Ghettos entstanden zufällig und spontan. Die Menschen, die hier wohnten, waren einfach irgendwann gekommen, und dann hatten sie sich einen Platz zum Schlafen gesucht; aus etwas Holz, Blech, Plastik, aus Zeitungen und Gras und Schnüren bauten sie die erste Hütte, dann kamen die nächsten Menschen, bald gab es eine neue Straße, und wenig später stand das Ghetto.

John Ampans Afrikanisch für Anfänger:
2. Im Ghetto der Flüchtlinge gibt es die guten und die schlechten Menschen. Die schlechten Menschen schwitzen nicht, aber sie haben immer Geld, weil sie immer einen Weg finden, ihre Verbrechen zu begehen. Die guten Menschen halten zusammen und teilen und kochen gemeinsam und helfen sich gegenseitig, den Tag zu überleben und dann die Nacht.

Die Ghettos von Lagos hießen Ijoru, Maroko, Mile Two, Idi Oro oder Ajegunle. Sie waren provisorisch, einige waren auch namenlos, und jederzeit konnten die Bulldozer der Polizei anrücken und eine Siedlung räumen und alle niederwalzen, die nicht rechtzeitig aufwachten.

»Ich hatte nicht eine friedliche Nacht«, sagt John. Zwei Stunden dauerte die Busfahrt zu seinem Arbeitsplatz, zwei Stunden in klaustrophobischer Enge in einem dieser Fahrzeuge, die irgendwer irgendwie zusammengeschweißt hatte: das Chassis von einstigen japanischen Armeelastern, die Ladefläche aus Blechfetzen. Als er genug Geld verdient hatte, als die Regierung 1983 begann, den Hass auf schwarze Gastarbeiter zu schüren und alle Ghanaer auszuweisen, die zu finden waren, kehrte John nach Hause zurück.

In Ghana tischlerte er mal hier und mal dort, bis er wegen hoher Schulden 1992 ein zweites Mal nach Lagos ging, in diese Stadt, deren Zentrum und Namensgeberin die Insel Lagos ist, einstmals ein Stützpunkt der Sklavenhändler.

Diesmal fand John Arbeit bei Mobil, dem Ölkonzern. John ist ein eloquenter Mann, er kann sehr freundlich sein und reden, und bald wurde er der Fahrer des Chefs Bola Ahmed Tinubu. Er hatte es geschafft, dachte er. John mietete sich eine Hütte in Ijoru, 8 Quadratmeter, Bretter an den Seiten, Wellblech als Dach, darunter klebte er eine Schicht Zeitungspapier, wegen der Hitze; der Maurer Kingsley war sein Zimmergenosse. Wenn die Winde des Harmattan kamen, im Dezember, und die Stadt mit dem roten Staub der Sahara überzogen, polierte John den Fuhrpark. John fuhr den Boss in einem Mercedes durch Lagos und fuhr die Frau des Bosses zum Einkaufen, aber dann gab der Chef einen Empfang, viele Leute waren in seiner Villa, und wenig später stiegen dort Einbrecher ein. Die Villa Bola Ahmed Tinubus wurde ausgeräumt, die Diebe kannten die Wege und marschierten direkt ins Schlafzimmer.

Und alle Angestellten, die Zugang zum Haus gehabt hatten, kamen ins Gefängnis. Ohne Anzeige, ohne Anklage, ohne Urteil.

Das Gefängnis von Ikoyi ist ein brauner Bau mit schwarzen Flecken, Autowracks stehen vor den Mauern, Frauen verkaufen verschimmeltes Toastbrot, Stromleitungen hängen von den Masten herab in den Schlamm. Ein Nike-Plakat klebt an einer Hauswand: »Don't fail«, versage nicht!

120 Männer saßen und lagen auf zwölf mal acht Metern, in der Mitte des Raumes war ein Loch im Boden, die Toilette. Die 120 Männer teilten sich auf in Gangs. Sie schliefen auf der Seite, die Knie in den Kniekehlen des Nachbarn, der Platz reichte nicht, um sich umzudrehen. Sie vergewaltigten sich gegenseitig. Sie beraubten sich. Sie hörten die Schreie derer, die gefoltert wurden. John betete. Sie nannten ihn »Kaplan«, er las die Messe für die anderen, und irgendwann nahm ihn ein bulliger Kerl aus Benin City unter seine Getreuen auf, Bob Izoua hieß der Mann; Bob Izoua machte Geschäfte im Norden, Genaues wusste keiner, er soll einen Mann erschreckt haben, hieß es, einen Rivalen des Gouverneurs von Benin City.

Das Leben wurde leichter für John. Bob Izouas Familie ließ Kleinbusse vorfahren, beladen mit Seife, Kleidung und Lebensmitteln. Bob Izoua verteilte das Zeug unter seinen Anhängern.

Ein Mann bekam asthmatische Anfälle, die Gefangenen riefen die Wärter, aber keiner kam, und der Mann starb. Drei Ghanaer waren im Raum, die beiden anderen saßen seit acht Jahren hier, ohne Prozess. Ein Polizist sagte zu John, er wisse, dass John unschuldig sei, aber er brauche Geld, um auch andere davon zu überzeugen. John gab dem Polizisten, was er noch hatte, ein paar Hundert Euro. Es dauerte sechs Monate, dann war John wieder frei. Er hatte nie einen Anwalt gesehen, nie war er verhört worden, es hatte keine Ermittlungen gegeben und schon gar kein Verfahren.

Es war Zeit zu gehen. Er hatte von Hamburger vom Glanz Europas gehört. Dort gab es Arbeit für alle. Dort war es sauber. Die Menschen lächelten dich an. Sie grüßten dich. Niemand mordete und stahl. Niemand sperrte dich ein ohne Grund. Es war ein weiter Weg, es sollte kalt sein dort im Norden, aber es war das Paradies, das sagten alle, die zurückkamen.

John schickte Vida jene Nachricht aus Lagos, sie hatten diese eine Nacht ohne Schlaf, dann verabschiedeten sie sich voneinander. John vermisste seine Familie sofort. Er überlegte, ob er die Richtung ändern solle, aber der Fahrer fuhr und fuhr, und John schwieg und sah aus dem Fenster und entfernte sich mit jeder Minute des Schweigens von seiner Heimat.

John Ampans Afrikanisch für Anfänger:
3. In unseren Gesellschaften bist du nichts wert ohne Ehefrau und ohne Geld; niemand hört auf dich, du zählst einfach nicht ohne Familie. Die größte Scham ist es, wenn du es nicht schaffst, dich um deine Eltern zu kümmern und sie zu pflegen bis zu ihrem Tod.

Das Leben in der Lagunenstadt Lagos sei »arm, ekelhaft, pervertiert und kurz«, schreibt der Amerikaner Robert Kaplan. So brutal sei Lagos, dass kein vernünftiger Mensch hier freiwillig lebe, sagt Präsident Olusegun Obasanjo.

Es gibt hier Straßenbauprojekte, es gibt Frauen, die für 100 Naira, ein paar Cent, die Autobahnen fegen; Mikrokreditvereine sorgen dafür, dass Menschen zu Geld kommen, Nachtwächtervereine sorgen für ein bisschen Sicherheit; und es gibt auch den Versuch, endlich die Wasserversorgung zu organisieren, jedenfalls für Teile der Stadt, denn weil die Flüsse im Norden liegen und das Meer im Süden, kann es nur um eine Nord-Süd-Achse gehen – dass die Menschen im Osten und Westen von Lagos jemals sauberes Wasser haben werden, glaubt schon lange kein Mensch mehr in dieser Stadt, die immer im Juli und im August, wenn die Regenzeit kommt, in Morast und Moder versinkt.

Nigeria, am Golf von Guinea am Atlantik gelegen, hat 850 Kilometer Küste, dann kommt ein Streifen von Mangrovensümpfen, dann der tropische Regenwald, und je weiter man ins Landesinnere fährt, desto höher geht es hinauf, auf Plateaus, und dann hinein in Savannen und Steppen; der Niger fließt durchs Land; der Tschadsee im Osten ist weitgehend ausgetrocknet. Präsident Olusegun Obasanjo, ein ehemaliger Offizier, ein ehemaliger Diplomat, ein ehemaliger Kritiker der damaligen Militärdiktatur und darum ein ehemaliger Häftling, ein ehemaliger Hoffnungsträger auch, weil er einstmals gegen Korruption kämpfen wollte, führt die so genannte Vierte Republik seit 1999; und 2003 wurde er wieder gewählt, auch wenn ein wenig überraschte, dass er in einigen Bezirken mehr als 100 Prozent der möglichen Stimmen erhalten hatte.

Nigeria hat, was es bräuchte, Erdöl, Erdgas, Kohle und Uran, Häfen und Wasserwege, 1200 Kilometer Autobahn, Wälder und reichhaltigen Boden – »dass die Provinz eine der fruchtbarsten der Welt ist«, bemerkte der deutsche Entdecker Heinrich Barth vor über 150 Jahren, er meinte damals die Gegend um Kano. Nigeria exportiert nach Amerika, Indien, Spanien, Brasilien, Frankreich, importiert aus Amerika, China, Großbritannien, Frankreich, Deutschland und kommt doch nicht auf die Füße. Es liegt daran, dass es keine Durchlässigkeit, keinen Austausch zwischen Oben und Unten gibt: Die Mafia an der Spitze des Staates hat ihr Nigeria komplett auf die Ausbeutung der Ölfelder ausgerichtet und streicht natürlich die Gelder ein; das Volk hat nichts vom Öl, nicht einmal Schulen oder Arbeitsplätze oder Straßen, das Volk lebt als Gesellschaft von Kleinbauern, Obdachlosen, Tagelöhnern. Ein Pro-Kopf-Einkommen von jährlich 310 Dollar ist frech und erbärmlich für einen Staat, der am Tag 2,5 Millionen Barrel Rohöl aus der Erde holt.

Rainer Tetzlaff und Cord Jakobeit, Kenner Afrikas und Professoren am Institut für Politische Wissenschaft an der Universität Hamburg, haben ein »Paradigma der afrikanischen Krise« skizziert. Danach existieren drei »strukturelle Faktoren«: schwierige natürliche, also klimatische und geographische Bedingungen, historische Erblasten und die Versiebenfachung der afrikanischen Bevölkerung von 1900 bis 2000. Und es existieren drei »exogene Faktoren«: die Dominanz von Rohstoffexporten, die künstliche Schaffung staatlicher Grenzen und staatlicher Souveränität sowie die Teilung der Bevölkerung in Ethnien beziehungsweise in Eliten und marginale Massen. Und dann sind da drei »endogene Faktoren«: Kriege mit Folgewirkungen wie Flüchtlingen, Armut und Staatszerfall sowie die Vergeudung von Steuermitteln und Korruption sowie schließlich die Repression der Bevölkerung durch eine oft despotische Präsidialdiktatur.

Diente Nigeria den Herren Tetzlaff und Jakobeit als Blaupause?

Der amerikanische Geograph und Anthropologe Jared Diamond hat acht Bereiche benannt, in denen sich frühere Gesellschaften selbst die Grundlage ihrer Existenz entzogen, weshalb sie am Ende kollabierten: »Entwaldung und Lebensraumzerstörung, Probleme mit dem Boden (Erosion, Versalzung, nachlassende Fruchtbarkeit), Probleme mit der Wasserbewirtschaftung, übermäßige Jagd, Überfischung, Auswirkungen eingeschleppter Tiere und Pflanzen auf einheimische Arten, Bevölkerungswachstum und steigender Pro-Kopf-Effekt der Menschen.« Vier weitere Bereiche kämen für moderne Gesellschaften hinzu: »von Menschen verursachter Klimawandel, Anhäufung von Umweltgiften, Energieknappheit und die vollständige Nutzung der weltweiten Fotosynthesekapazität durch den Menschen«. So gerieten Gesellschaften unter Druck, verlören sie die ehedem guten Beziehungen zu Nachbarn, verarmten, ließen sich auf bewaffnete Konflikte und Kriege ein – und irgendwann brächen sie zusammen.

Wenn man in Lagos unterwegs ist und die Babys in den Ölpfützen hocken sieht, denkt man, Jared Diamond meine diese Stadt, dieses Land.

Jeder zieht für sich seine Konsequenzen aus dem Ende von Illusionen, und in Lagos bohren alle nach Wasser, alle jedenfalls, die die Möglichkeit und ein bisschen Grund und Boden haben, obwohl alle, die es wissen wollen, natürlich wissen, dass durch die Bohrungen der Grundwasserspiegel sinkt und dass es daher schon in wenigen Jahren zwei Möglichkeiten geben wird: Entweder wird der Boden absacken, was gefährlich werden wird für alle Hütten, oder es wird Meerwasser nachfließen, was gefährlich werden wird für alle Durstigen.

Der Architekt Rem Koolhaas nennt Lagos das »Paradigma der postmodernen Stadt«.

Die Distanzlosigkeit, dieser totale Zugriff und diese ständige Aggressivität aller gegen alle, das ist das Chaos von Lagos.

Der Kampf jedes Einzelnen um ein bisschen Besitz, um ein Mofa, einen Handkarren, ein Hemd, eine Banane, irgendetwas, womit sich arbeiten ließe, etwas, das essbar wäre, die dauernde Vorteilnahme jedes Einzelnen, die täglich wieder zum Infarkt des Ganzen führt, all das ist Lagos.

Zum Beispiel auf der Autobahn bei Oshodi. Es liegt dort ein breiter Platz; wenn alle Händler dort ihren Stand aufbauten, wäre Ruhe, flösse der Verkehr, könnte es ein wenig zivilisiert zugehen. Doch jeden Morgen drängen die Händler aufs Neue in die Zufahrten, schieben sie sich wieder ein paar Meter vor ihre Konkurrenten, und darum ist der breite Platz dort hinten leer, aber vorne kommt kein Auto mehr durch, es staut und presst und quetscht sich von morgens bis abends, man schafft in ein paar Stunden ein paar hundert Meter. Und die Menschen in diesem Gewühle klauen und schreien, und manchmal morden sie, und niemand schafft es, niemand versucht mehr, diese Menschen davon zu überzeugen, dass von ein wenig Rücksicht, ein wenig Ordnung letztlich alle profitieren würden.

Das ist Lagos.

Gedacht hatten die Menschen, dass vieles anders würde, im Mai 1999, als sie Olusegun Obasanjo ins Präsidentenamt wählten. Jahrzehnte der Militärdiktatur gingen damals zu Ende, Obasanjo sprach von Versöhnung zwischen Süd und Nord, Christen und Muslimen, und von Verbesserung der Verhältnisse für all die Armen sprach er auch. Er kannte die Möglichkeiten: Lagos war die Handelsmetropole eines Ölstaats. Doch er wurde dann nur ein anderer Machthaber, kein besserer. Und heute treiben Wasserleichen auf den Flüssen, ziehen ethnische Milizen durch die Straßen, ist jeder Stau gefährlich, weil sich manchmal 40, 50 Kerle das Auto eines Weißen vornehmen, und das ist dann wieder einer jener Morde, die in dieser Stadt niemals gesühnt werden.

Die Regierung übrigens hat Lagos längst aufgegeben. Sie ließ sich eine neue Hauptstadt bauen, Abuja, in sicherer Entfernung. Mit Asphalt und Straßenlaternen.

Es war in einem Kreisverkehr, die Deutsche Barbara Harneit-Sievers war mit Justus, ihrem Sohn, unterwegs, als ein Okada-Fahrer, ein Mann auf einem Motorrad, ihr in die Seite krachte; ziemlich bekifft, sehr rotäugig sah der Kerl aus. Es gilt eine Regel in Lagos: Egal, was passiert ist, Weiße haben Schuld, denn Weiße haben Geld und Schwarze nicht. Sofort standen 30 schwarze Menschen um Barbaras weißen VW Jetta, Baujahr 1992, herum und schrien und trommelten auf das Autodach, und auf dem Rücksitz saß ihr Sohn Justus und heulte. Dann rissen sie die Türgriffe heraus, schlugen ein Blinklicht kaputt, und das Auto wackelte. Ein Polizist, der dabei stand, überlegte eine Weile, was zu tun sei. Vielleicht dachte er darüber nach, auf welche Seite er gehörte, und dann entschied er sich erstaunlicherweise für das Gesetz. Der Polizist entsicherte die Waffe, und all die Gierigen ließen ab von der weißen Frau in dem weißen Auto. »Es ist laut in einem Auto, auf das 30 wütende Männer einschlagen«, sagt Barbara Harneit-Sievers.

Nigeria ist deshalb ein Land in Bewegung, weil hier rund 150 Millionen Menschen danach streben, ihre Lebensbedingungen ein wenig zu verbessern. Von überall her kommen sie deshalb nach Lagos, aber sie ziehen auch von Norden nach Süden, von Osten nach Westen, und überall beschwören sie Konflikte herauf. In Nigeria gilt das Indigenitätsprinzip: Zuerst ist man Mitglied einer Gruppe, eines Dorfes, eines Stammes, dann erst Angehöriger eines der 36 Bundesstaaten, doch fühlt sich hier irgendwer auch als Staatsbürger? Deshalb grenzen die Nigerianer sich gegenseitig aus, deshalb zahlen Familien aus dem christlichen Süden im muslimischen Norden höhere Schulgebühren als Muslime.

Es sind Tagelöhner, die unterwegs sind in diesem Land, Menschen, die hoffen, in der Stadt einen Job für Stunden zu ergattern, vielleicht sogar eine Hütte mit Strom. Sie hoffen auf Solidarität, aber es kann keine Solidarität mehr geben in einer Gesellschaft, in der jeder in jeder Sekunde nur daran denkt, wie er sich einen Vorteil verschafft.

Europa, das Paradies der Freiheit, der Sicherheit, der Gesundheit und des Reichtums, das ist der Traum der meisten Wandernden.

Warum aber zieht irgendjemand in eine Stadt wie diese?

In den Dörfern haben sie keinen Strom, hier in Lagos gibt es CD-Spieler, Bier, Jeans, Strom, Geldscheine, Sonnenbrillen – kann das der ganze Grund sein?

John Ampans Afrikanisch für Anfänger:
4. Ein Mann verlässt sein Dorf, um Geld zu verdienen, in seinem
Dorf hatte er keinen Strom, kein Wasser, keine Schule, keine Ar-
beit. Er kommt in ein Ghetto von Lagos, findet einen Job, aber
dort ist er einsam. Er verliebt sich, hat kein Geld für Verhütung,
wird Vater, muss heiraten, weil unsere Kultur es von ihm verlangt.
Dann verliert er seine Arbeit, und nun sitzt er fest. Passiert so et-
was oft? Viele Millionen Mal passiert es, Jahr für Jahr.

Ein Experte: Kapuściński

Warum also?

Ryszard Kapuściński schreibt: »Die meisten Menschen in der
Stadt arbeiten nur von Zeit zu Zeit, eher selten, über lange Zeit-
räume haben sie überhaupt keine Beschäftigung. Das große Rät-
sel der afrikanischen Städte besteht darin, wovon viele Menschen
leben. Wovon und wie? Denn sie sind ja nicht gekommen, weil
die Stadt sie braucht, sondern weil die Armut sie aus ihrem Dorf
vertrieb. Die Armut, der Hunger, ihre hoffnungslose Existenz. Sie
sind also Flüchtlinge, die Rettung und Heil suchen, Ausgestoßene
des Schicksals, Vertriebene.«

Ich hatte das bei der Vorbereitung auf unsere Reise im »Afrikanischen Fieber« gelesen. Es leben in Europa nicht viele Menschen, die Afrika so gut kennen wie Ryszard Kapuściński, und
darum, im September 2005, bat ich um einen Termin bei diesem Meister politischer Reisereportagen.

Und einen seiner Charakterzüge, nicht den unwichtigsten,
verriet der große alte Mann schon am Telefon, ein paar Minuten
vor der ersten Begegnung. Jaja, ein Fotograf dürfe mitkommen,
sagte er da, unter der Bedingung, dass der Fotograf vor oder
nach dem Gespräch fotografiere, auf keinen Fall jedoch wäh-
renddessen. Das Klicken und das Blitzlicht und die Bewegungen

eines Fotografen würden jedes Gespräch verändern und beschädigen, sagte Ryszard Kapuściński.

Er war kompromisslos am Telefon, und es heißt ja, die besten Reporter seien so: letztlich gnadenlos, wie sonst bekämen sie ihre Geschichten?

Traf man ihn dann, vergaß man diesen Gedanken schnell. Das Ehepaar Kapuściński, seit über 50 Jahren verheiratet, wohnt in einem ruhigen Teil Warschaus, das Haus verziert mit Stuck und Giebelchen. Im ersten Stock stand Alicja Mielczarek, eine kleine Frau mit vergnügtem Lächeln, Kinderärztin, und sagte, ihr Mann sei oben, wie immer. Im zweiten Stock wartete Ryszard Kapuściński, 73 Jahre alt, dies war seine Heimat: ein Dachzimmer mit Parkett und Holzsäulen und Wänden voller Bücher, eine Schreibwerkstatt ohne Telefon und Internet, sein Reich ohne Geräusche. Kapuściński trug ein offenes blaues Hemd und ein etwas weites graues Sakko; die weißen Haare, die er von beiden Seiten über den Kopf gekämmt hatte, schwebten ein paar Millimeter über dem Schädel.

Kapuściński ist ein freundlicher Mann. Sechs Bypässe hat er und nun auch noch eine künstliche Hüfte, aber ständig stand er auf und ging mit langsamen, kurzen Schritten Kaffee oder ein Buch holen, und er entschuldigte sich, wenn er länger fortblieb.

Er ist auch, immer noch, ein neugieriger Mann. Gesprächspartner fragt er, woher sie kommen und woran sie arbeiten, und sobald das Stichwort »Afrika« fiel, blickte er auf, dann leuchtete sein Blick, und er begann von Afrika zu erzählen, seinem Afrika, das er 1957 in Accra erstmals betreten hatte, kurz nachdem Ghana unabhängig geworden war.

Kapuściński sagte, die wesentliche Entwicklung in Afrika sei diese Massenbewegung in die Städte. Simultan zur Unabhängigkeitsbewegung hätten sich die Menschen auf den Weg gemacht, »weil sie glauben, das Leben in den Städten sei besser«; dort hätten Kinder ja tatsächlich die Chance, irgendwann zur Schule zu gehen, dort gebe es Strom und an manchen Ecken Musik, und all das seien Verbesserungen zum alten Leben auf dem Land.

Es sei nur eben fatal für die Entwicklung des ganzen, gewaltigen Kontinents, weil diese Entwicklung sein Gleichgewicht zerstöre. Es seien enorme Summen und noch viel größere Anstrengungen nötig, um tropischen Ländern, Ländern ohne Wasser, Ländern mit Malaria und Aids, Ländern mit ganz und gar trockenem Boden zu so etwas wie Fortschritt zu verhelfen; die Entwicklungshilfe rette Menschen in den schlimmsten Regionen immer kurzfristig, aber sie schaffe Bedürftigkeiten, schaffe in all den Flüchtlingslagern Afrikas sofort ganze Gesellschaften, die abhingen von den Hilfspaketen, »und langfristig löst sie keines der ökonomischen Probleme«. »Hyperurbanisierung« nannte Kapuściński die Entwicklung, denn nach Dürrekatastrophen und Kriegen locke am Ende immer wieder die Stadt »mit dem Trugbild des Friedens und der Hoffnung auf Sicherheit«.

Es gibt die Zahlen zu diesen Thesen: In Nigeria lebten 1975 nur 23,4 Prozent der Menschen in den Städten, aber im Jahr 2000 waren es 44,1 Prozent; im ganzen Gebiet der Subsahara-Staaten stieg der Anteil der Stadtmenschen von 20,9 auf 33,9 Prozent.

Kapuściński machte dann eine Pause, er schien zu verschwinden in seinem Afrika, ein bisschen verträumt schaute er auf ein Bücherregal. »Weil die Regierungen und all die Entwicklungshelfer in den Städten viel mehr Menschen erreichen als auf dem Land, investieren sie nur noch in den Städten, und das steigert die Massenbewegung, die Abhängigkeiten und das Elend immer weiter«, sagte er und kam dann zu seinem Lebensthema.

»Der Andere«. Der Fremde.

Ryszard Kapuściński, ständiger Nobelpreis-Kandidat und nach eigener Bewertung »leider längst Institution«, ist ein polnischer Held, seit sein bestes Buch, »König der Könige«, die »Parabel der Macht« über den äthiopischen Kaiser Haile Selassie und dessen Hofstaat, in Polen als Parabel der Macht sozialistischer Zentralkomitees gelesen wurde; er hat sein Leben an den Schauplätzen seiner Geschichten verbracht, war dort, als Ghana unabhängig wurde oder in Addis Abeba Haile Selassie fiel, er verfasste Texte voller Kraft und Klugheit darüber.

Zuletzt hat Kapuściński »Meine Reisen mit Herodot« geschrieben, ein Buch, das anders ist als die früheren Bücher: leichter und manchmal verplaudert, selbstironisch, persönlich und warm und großartig deshalb, weil es einen Bogen schlägt von der Art, wie Herodot (ca. 485 bis 425 vor Christus) durch die damals bekannte Welt reiste, hin zu Kapuścińskis Reisen; einen Bogen also von der Rolle eines Reporters der Antike zur Rolle des Reporters in Zeiten der Massenmedien. Herodot ging es damals vor allem darum, den Griechen die Perser und die Völker Nordafrikas zu erklären, und seine Mittel waren Neugierde, Beobachtungsgabe und das Talent des Erzählers. »Historien« wurde sein Hauptwerk, vielleicht war es auch sein einziges, das weiß heute keiner mehr, nur die »Historien« sind erhalten.

Wo waren sie? Kapuściński schlich durch seine Dachkammer, suchte hier, suchte dort, Strahler hingen an der Decke, ein paar Topfpflanzen gab es und Schwarzweißfotos aus Afrika, und Kapuściński suchte und fand das Buch nicht.

Der Pole begegnete dem Griechen, als der Pole 24 Jahre alt und sein Ziel war, »Grenzen zu überschreiten«, egal wo, irgendwelche Landesgrenzen. Seine Zeitung schickte ihn nach Indien, und die Chefredakteurin gab ihm den Herodot mit, in gelbes Leinen gebunden. Seitdem fährt dieser Herodot mit ihm, und »Meine Reisen mit Herodot« ist ein Buch über die Demut des Ankommenden in der Fremde geworden, überfordert ohne Sprache, Verbündete und Erfahrung, an seiner Seite Leute wie der chinesische »Kollege Li«, ein Übersetzer, der nicht übersetzte, sondern immer bloß schwieg und aufpasste.

Es war ein weiter Weg in die Welt, denn geboren wurde Ryszard Kapuściński 1932 in Pińsk in Ostpolen, heute liegt das in Weißrussland. Seine Eltern waren Grundschullehrer, und die Region rund um Pińsk, sagt er, »war einer der am meisten unterentwickelten Teile von Europa«; die ganze Gegend waren Sümpfe, Wälder und überschwemmte Wiesen, und die Menschen waren bäuerlich, altmodisch, religiös. Aber alle »lebten friedlich zusammen«, Weißrussen, Polen und Litauer, Katholiken und Juden, »ohne rassische Vorurteile«.

War diese Kombination von Tradition und Toleranz, von Enge und Weltoffenheit Zufall? Oder bedingte eins das andere? »Der Baum«, das ist eine von Kapuścińskis liebsten Metaphern, »braucht Wurzeln, um zu wachsen, und zugleich muss er begreifen, dass er nicht das einzige Geschöpf im Wald ist.« Kapuściński plant ein Buch über die frühen Jahre in Pinsk, aber erst einmal möchte er auf den Spuren des Anthropologen Bronisław Malinowski reisen, der sich im zweiten Jahrzehnt des 20. Jahrhunderts, als die angeblich zivilisierte Welt mit ihrem Krieg beschäftigt war, auf den Trobriand-Inseln in der Südsee niederließ, um die dortigen Völker zu begreifen.

Diese zwei Männer, Herodot und Malinowski, wurden Kapuścińskis Vorbilder. Von Herodot kann man lernen, dass den anderen verstehen müsse, wer sich selbst verstehen wolle; Neugierde und Toleranz und Offenheit lehrt der Grieche. Und von Malinowski hat Kapuściński gelernt, »dass man, um etwas zu verstehen, wirklich dort zu sein hat«, dass ein Reporter also reisen und Zeit mitbringen und sich einlassen muss.

Kapuściński sagte dann, dass die Europäer all die Probleme, die mit der afrikanischen Migration zu tun haben, verzerrt und darum grundfalsch wahrnehmen würden. »Wir sind vollkommen europa-zentriert«, sagte er, »unsere einzige Sorge ist die Sicherheit Europas, und dabei übersehen wir, dass der ganze Planet in Bewegung geraten ist. Menschen wandern von Dorf zu Dorf, von Stadt zu Stadt, von Land zu Land, auch innerhalb Afrikas. Sie wandern nach Amerika, nach Australien, es gibt ja so viele Paradiese, die sie ansteuern. In den sechziger Jahren gab es in Europa diese Idee, dass der Dritte Weltkrieg einer sein würde, der aus der Konfrontation zwischen Nord und Süd entstehen würde; jetzt sieht es so aus, als gehe es nicht um einen Krieg, sondern eher um eine ständige Penetration. Die Grenzen der Welt sind offener als früher, neue Demokratien entstehen. Es ist ja keine Frage, dass mit dem Bevölkerungswachstum und der Globalisierung das Interesse der Menschen zunimmt, dorthin zu gehen, wo sie ihr Leben verbessern können. Es ist absurd, dass Europa die Liberalisierung in allen wirtschaftlichen Bereichen fördern und ausgerechnet für die Menschen einschränken will.«

Und da ist noch etwas, was Ryszard Kapuściński Sorgen bereitet. Früher hätten sich die Europäer auch nicht wirklich um Afrika gekümmert – »es ging, zum Beispiel in Nigeria, nie darum, wie all die Stämme und Gruppen wirklich zueinander finden und wie eine stabile Regierung und eine echte Entwicklung herbeigeführt werden könnten, es ging immer nur um Ruhe und relativen Frieden und gerade genügend Stabilität, damit Europa das Öl fördern konnte. Und jetzt gibt es eine zweite Massenbewegung, denn parallel zur Migration der Afrikaner erleben wir das langsame Verschwinden der Europäer aus der Dritten Welt. Der weiße Mann geht, er hat Afrika aufgegeben«.

Das Problem ist, dass ein nicht mehr führbarer Kontinent zurückbleibt. Es gibt 10 000 Stämme und Volksgruppen in Afrika, daraus waren rund 50 Kolonien geworden, willkürlich zusammengefügt und selten homogen. Diese neuen Grenzen blieben bestehen, als die Europäer mit ihrem Rückzug begannen, und »jetzt«, so sagte es Kapuściński, »haben wir dort viele Regierungen, die nicht regieren können, weil ihre Macht an den Grenzen der Hauptstadt endet, wir haben zerfallende Staaten ohne jede integrative Kraft und deshalb eine enorme Identitätskrise. Der Kampf zwischen afrikanischen Wurzeln und den europäischen Verlockungen schafft eine neue, eine hybride Kultur«.

Und mit dieser hybriden Kultur, das sei der Kern, müssten alle umzugehen lernen, Afrikaner und Europäer.

Es war der zweite Tag, gestern hatte Kapuściński abgebrochen, weil er müde geworden war. Es war jetzt elf Uhr morgens. Er legte den alten »Herodot« auf den Tisch, 760 Seiten, am Abend hatte er ihn gefunden, goldbraun sah der Umschlag aus, viele Stellen waren unterstrichen und kommentiert. Kapuściński kochte Wasser, servierte Nescafé mit Milch, erzählte von den Jahren des Krieges. Damals musste die Familie aus Pinsk fliehen vor der drohenden Deportation; sie ging nach Warschau, wo der Vater der Armee beitrat. Ein Buch gab es damals für die ganze Schulklasse, und später, während des Geschichtsstudiums, gab es ein Buch für alle Studenten; einer las die Jahreszahlen vor, der Professor fragte die Jahreszahlen ab.

Kapuściński sagte, er sei ein »Spätkommer« in der Welt der Worte und hineingerutscht in seine Rolle, als die Jugendzeitung »Sztandar Młodych« jemanden suchte, der lesen und schreiben konnte. Er mochte die Arbeit mit Sprache und mit Nachrichten, wechselte zur Agentur PAP, zur Zeitschrift »Polityka«, zurück zur PAP, und als er endlich Bücher in die Finger bekam, las er Flaubert, Balzac, Stendhal, später Adorno, Habermas und Gadamer. Heute liest er, was er finden kann zu dem Thema, an dem er arbeitet; Romane liest er nicht mehr, die Zeit geht ihm aus.

Seine Art, Herodot in die Gegenwart zu hieven, zum Gegenstand von Reportagebruchstücken und Reflexionen zu machen, sei so etwas wie »die postmoderne Art der Geschichtsschreibung«, sagte Kapuściński, und es geht ihm um Haltung: Herodot sei der erste Globalist gewesen, zugleich Humanist, da er den Griechen, die alle Nicht-Griechen als Barbaren bezeichneten, einen Spiegel vorhielt mit seinen Geschichten aus Persien.

Und wie einstmals sein Vorbild montiert und verdichtet heute Kapuściński, er arbeitet nicht mal mit Diktiergerät oder Notizblock, weil er glaubt, dass diese Dinge sofort das Verhalten seiner Gesprächspartner verändern würden. Er sagte, dass er sich an die ein, zwei bedeutenden Sätze eines Gesprächs immer erinnere, er sagte, dass es darum gehe, dass er fühle, worüber er schreibe. Und wichtig sei nicht, ob einer mit drei oder vier Kugeln erschossen wurde, wichtig sei, dass er tot sei. Es gehe um die »Essenz der Wahrheit«.

Reportage, so wie Kapuściński sie versteht, »ist essayisiert«, eine Mischung aus Reisebericht und Erfahrung mit Kommentar und anthropologischer und historischer Forschung. Diese Reportage vereint viele Textformen, und die besten Reporter, so sieht Kapuściński das, sind Denker und Philosophen und schreiben die einzigen Texte, die die Welt von heute noch erfassen können.

Es geht ja, sagte er dann, in unserer Zeit vor allem darum, dass Abschottung nicht mehr möglich ist, dass wir keine Alternative mehr haben: Globalisierung und Moderne bedeuteten, dass wir unter Fremden leben müssen – doch wie macht man das? Wir leben in einer Zeit der Migration, des Verwischens von Unterschieden und der Gegenbewegung durch fundamentalistische Bewegungen; das Kosmopolitische überfordert die Menschen, und Nationalismus gefährdet sie. »Europa ist noch immer nicht vorbereitet auf die afrikanische Migration, Europa fühlt sich bedroht«, sagte Kapuściński, »aber es ist eine Bewegung, die nicht mehr umkehrbar ist, eine Tatsache, und darum braucht Europa eine Diskussion darüber, wie Leben in dieser Welt möglich sein wird, eine echte Debatte über unsere Kultur der Zukunft.«

Nach Norden

Ein paar leise Worte geben die Richtung vor.

Nach Niger? Nach Spanien? Nach Europa? Nach Norden, bitte nach Norden, nehmt ihr mich mit, wenigstens nach Marokko oder nach Libyen? Schüchtern fragen Flüchtlinge, leise, es ist eine Reise in einer Grauzone: Alle wissen, worum es geht, aber natürlich ist, was sie vorhaben, dennoch verboten; es hängt von der Bezahlung und selbst nach der Bezahlung noch von der Willkür der Polizisten ab, ob Flüchtlinge weiterreisen dürfen oder zurückgeschickt werden oder ins Gefängnis kommen oder zu verprügeln sind.

Die jungen Paare, die Familien, die jungen Männer stehen und sitzen an den Autobahnen, an den Busbahnhöfen; sie verhandeln dort, und sie warten. Warten ist der Alltag der Flüchtlinge. Wenig Gepäck haben sie dabei, eine Tasche nur, weil sie wendig sein müssen, und außerdem besitzen sie nicht mehr viel, weil sie so viel wie möglich verkauft haben, um Geld für die Reise zu bekommen. Dieses Geld haben sie verteilt: Unterhose, Socken, Mütze, Innenseite der Jeans, Schmutzwäsche in der Tasche sind die besten Verstecke, aber natürlich weiß jeder, wo er suchen müsste, wenn er klauen wollte.

Der eine oder andere hat einen tragbaren CD-Spieler dabei und Kopfhörer und zwei, drei CDs. Auch Kassettenrecorder gibt es hier noch, Afrikaner nehmen noch Songs aus dem Radio auf, der eine oder andere hat einen Walkman. Bücher hat niemand dabei, Bücher sind zu schwer, auf der gesamten Reise werden wir nicht einen Flüchtling sehen, der liest.

Die meisten sitzen unter einem Baum, reglos. Sie verbrauchen so wenig Energie wie möglich, schlafen einen leichten Schlaf. Oder sie träumen, oder sie denken an Europa, wer weiß das schon. Sie finden einen halbwegs bequemen Platz, möglichst im Schatten, finden eine halbwegs bequeme Stellung und erschlaffen. Reden nicht mehr, blicken nicht mehr auf, zucken nicht mehr. Hin und wieder scheuchen sie mit sparsamer Bewegung ein paar Moskitos fort, dann erschlaffen sie wieder. Ihre Augen folgen Passanten nicht, ihre Gesichter sind Gesichter frei von Spannung oder Erwartung oder Neugierde.

Sie warten, sonst ist nichts zu tun.

Morgen soll der Lkw fahren, ganz bestimmt übermorgen, solche Informationen sind Handelsware in der Welt der Flüchtenden. Aber dann bricht der nächste Tag an, und der Mittelsmann sagt: »Nein, heute noch nicht, morgen auch noch nicht, Ende der Woche wird der Wagen fahren, dann aber definitiv, nur die Kosten haben sich leider geändert. Wir mussten noch etwas für eure Sicherheit tun«; das ist eine Chiffre, Polizisten kaufen und eine erneute Preissteigerung bedeutet sie, und dann verhandeln die Flüchtlinge erneut das längst Verhandelte und müssen noch ein paar Tage unter ihrem Baum sitzen.

Und warten.

Ein junger Mann in schwarzem Hemd und schwarzer Hose steht an einer Hauswand, Edosomven heißt er, und er erzählt, dass er es längst geschafft hatte. »Ich war dort, ich war am Ziel«, sagt er, aber er durfte nur ein paar Stunden lang bleiben.

Edosomven hatte 800 Euro, und das reichte. Er fuhr mit dem Bus von Lagos nach Benin City, weiter auf einem Lastwagen nach Kano, Nord-Nigeria, dann nach Agadez in Niger, weiter auf einem Pickup-Truck nach Tamanrasset in Algerien, dann in der Nacht über die Grenze nach Marokko, und an einem Strand, dessen Namen er nicht kennt, wartete ein Boot. Edosomven konnte Europa schon sehen vom Ufer aus, das Boot steuerte Las Palmas an. Aber auf offener See starb der Motor ab, der Kapitän funkte SOS; die spanische Küstenwache kam, begleitete die Flüchtlinge ans Ufer, rettete und verhaftete sie, es ist immer beides zugleich. Natürlich gab es in Europa keinen unbeobachteten Moment mehr, natürlich konnte keiner entwischen, und schon am nächsten Morgen wurden die 40 Afrikaner von dem geretteten Boot deportiert und wieder nach Hause geschickt.

Edosomven arbeitet jetzt als Fotograf, er wartet noch auf Aufträge. Das Geld, das er verdient, spart er, und sobald er wieder 800 Euro zusammen hat, sagt er, »versuche ich es erneut«.

Sehr viel einfacher ist die Reise für uns, wir fahren mit Emanuel, Nigerianer aus Kano im Norden; Emanuel hat einen roten Mercedes, und wir nehmen Tive Dogba mit, eine kleine Frau mit kurzen schwarzen Haaren, die für die »German Leprosy and TB Relief Association« den aussichtslosen Kampf gegen Lepra kämpft.

Lepra ist Volkskrankheit in Nigeria, immer noch, es erkranken Jahr für Jahr Tausende, weil sie keine Medikamente haben. Lepra ist eine Infektionskrankheit – das Bakterium Mycobacterium leprae greift die äußeren Nervenzellen an, und das schränkt zuerst den Tastsinn ein, dann sterben die Nerven und Schleimhäute ab, und die Glieder verklumpen; einen Impfstoff gibt es nicht, aber mit Antibiotika wäre Lepra sehr leicht heilbar.

Überall. Nicht in Nigeria. Denn man muss sich das Antibiotikum leisten können.

Wir verlassen Lagos, kommen auf der »Autobahn der Kirchen« an Prayer City vorbei, Stadt der Gebete. Glaube ist Industrie in Ländern wie diesem, wo es sonst nicht viel gibt, was Hoffnung nährte. Freikirchen haben sich geformt, Mixtur aus Animismus und Christentum. Fundamentalisten hetzen dort gegen Kondome, ausgerechnet hier. Die »Winner's Church«, durchaus amerikanisiert, predigt, dass jede und jeder es schaffen kann, mit Bibeltreue, mit Standhaftigkeit, im Glauben fest gegen Schwule und die Evolution. Stadien, Arenen, Hallen stehen in Prayer City, und am Wochenende kommen Hunderttausende, um Gottes Segen zu erflehen von Predigern wie dem Deutschen Reinhard Bonnke, dem selbst ernannten »Mähdrescher Gottes«, der sagt, er könne Krankheiten heilen wie Jesus.

Ethnische Konflikte und Kriege entzünden sich oft in Ländern, in denen Ressourcen und Lebensraum knapp wurden; dass es in Ruanda, ausgerechnet in einem dicht besiedelten Land mit zunehmenden Streitigkeiten um Ackerland und Lebensmittel, zum Völkermord kam, war wohl kaum Zufall. Nigeria jedenfalls ist längst auch ein Land für Fanatiker und Gotteskrieger. Als Bonnke Anfang der neunziger Jahre in Kano im muslimischen Norden auftreten wollte, kam es zu ersten Ausschreitungen und ersten Toten. Mal töteten Christen Muslime und mal Muslime Christen, weit über 10 000 Menschen sollen wegen dieser Rivalität, die man mit einigem Recht inzwischen als Religionskrieg bezeichnen kann, bis heute gestorben sein. 1995 stießen muslimische Hausa und christliche Yoruba in Lagos und Kano zusammen. Im Januar 2000 führte der erste Bundesstaat das islamische Recht, die Scharia, ein, elf weitere Staaten zogen nach, und nach der ersten Anwendung der Scharia – 80 Stockhiebe wegen Verstoßes gegen das Alkoholverbot – kam es zu Straßenschlachten in Kaduna und zu Pogromen an Muslimen in Aba. 2001 metzelten Soldaten 300 Menschen in Benue und Taraba nieder. 2002 starben 220 Menschen nach Ausschreitungen wegen der in Abuja geplanten Wahl der »Miss World«. Sogar Präsident Olusegun Obasanjo warnt inzwischen vor einem »wechselseitigen Völkermord«.

Wir lassen die Stadt der Gebete hinter uns, nach Norden, nach Europa, das ist unsere Richtung. Vierspurig ist die Autobahn, und immer wieder stoppen Schlaglöcher die Autos, immer wieder die ständigen Sperren.

Unser bester Freund, der nigerianische Polizist, klopft ans Beifahrerfenster, schwankend, mit sehr roten Augen.

Polizist: *I love you.*

Ich: *Good afternoon, officer.*

Er: *What you got for me?*

Ich nehme 200 Naira aus der Hosentasche, denn ein Portemonnaie sollte hier keiner sehen.

Er: *You can go.*

Ich liebe dich, was hast du für mich, du kannst gehen. Drei Sätze, eine zwischenmenschliche Beziehung in Nigeria.

Und aus dem Unterholz, von den Bäumen, aus dem Gestrüpp von Farnen und Lianen, immer kurz hinter den Polizeisperren, kommen die Armen, sie kommen stets dann, wenn die Autos noch nicht wieder im vierten Gang sind. Sie schreien die Autos an. »Lepra, Lepra, weißer Mann, wir brauchen dein Geld, du musst uns helfen, wir sind krank, unsere Kinder sterben, Master, Master, hilf.« Sie zupfen an mir, spucken beim Schreien, halten meinen Arm fest, zerren von hinten an meinem Hemd, und Geld wollen sie für Interviews, Geld auch für Fotos, und obwohl wir keine Fragen stellen und keine Fotos machen, da es längst zu voll und zu hektisch dafür geworden ist, verlangen sie schließlich Geld dafür, dass wir ausgestiegen sind.

»Du musst bezahlen, du musst, du musst.«

Und einer hebt einen Stock und schwingt ihn, weil Markus seine Kamera in die Tasche gepackt hat.

»Du musst, Geld, Geld, Geld, wir brauchen Geld.« Es kann schwer sein, Mitleid zu empfinden, selbst wenn man Mitleid empfinden will, in Momenten des Ekels und der Platzangst. Und der Überforderung.

Tive Dogba sieht sich die Leute an, sagt, keiner von ihnen sei krank, Lepra jedenfalls habe von denen hier keiner; auch Bettler brauchen eine gute Geschichte, um erfolgreich zu sein, und Lepra ist eine sehr gute Geschichte. Die hier seien vermutlich Leute, die in den Dörfern der Gegend eingesammelt und mit Bussen zum Betteln gebracht würden. Sagt Tive. Wir fahren.

Kurz vor Osuama sitzt auf der Leitplanke ein Mann, den Tive

Dogba kennt, Wellington Ehnogire heißt er, 28 oder 29 Jahre ist er alt, sein linkes Bein hat er durch Lepra verloren, und nun hockt er in der Mitte der Autobahn und bettelt. Und Tive steht vor ihm, sehr schnell sehr fassungslos, und schreit ihn an: »Warum mache ich diesen verdammten Job? Für Leute wie dich. Wir hatten dich in unserem Lager, du hast Nahrung, Kleidung und ein bisschen Geld gekriegt, du hättest einen Beruf erlernen können, warum bist du weggelaufen?«

Weggekrochen.

Der Mann schweigt. Und Tive sagt, es sei schon klar, auf der Straße könne er mehr Geld verdienen. Er würde auf der Straße zwar nicht gesund, und er müsste nun eben auf dem Bauch zum Fluss robben, um zu trinken, er würde auch niemals mehr so etwas wie einen Arbeitsplatz finden, aber hier findet er das Geld der Reichen in den großen Autos. »Ach, du armer Irrer«, sagt Tive und verbietet uns, dem Mann Geld zu geben, dann sagt sie: »Ihr wolltet doch verstehen, woran dieses Land krankt. Es krankt an Menschen wie ihm.«

Und natürlich krankt es an dieser kollektiven Haltung. In Nigeria, Land ohne Gemeinschaftsgefühl, gegen Lepra zu kämpfen, das ist schwer, weil Kranke hier verachtet und ausgegrenzt werden. »Diese Gesellschaft hat Vorurteile, und sie ist kein bisschen tolerant«, sagt Tive, »ständig fühlst du dich als Versagerin in einem Job wie meinem, ständig musst du weinen, weil es nicht voran geht.« Tive Dogba wurde in Okpara geboren, Dorf auf dem Land, auch sie eine Migrantin, weil sie nach Benin City zog, nach Lagos, immer auf der Suche nach Ausbildungs- oder Studienplätzen, so lange, bis sie ihren Abschluss hatte und endlich tun durfte, was sie tun wollte und heute tut: der untersten Schicht ihres Landes helfen.

Das Dorf der Aussätzigen heißt Ossiomo, es liegt 47 Kilometer vor Benin City. 1933 wurde Ossiomo gegründet, damals sammelten sich die Leprakranken hier draußen, die von ihren Familien verstoßen wurden, sie versorgten sich selbst und halfen sich gegenseitig. Heute gibt es hier ein Krankenhaus mit 257 Betten, der flache Bau steht auf offener Wiese, und drum herum stehen braune Häuschen mit Wellblechdächern. Oder die Reste von Häuschen: Manchmal stehen noch drei Wände, manchmal zwei, und Schutt und Steine liegen herum. Schmal sind die Wege zwischen den Häuschen, hoch wächst das Gras, es riecht nach Blüten, tropisch, feucht, es riecht faul. Die »Daughters of Charity«, Töchter der Barmherzigkeit, kümmern sich um die Aussätzigen.

Das sind Männer wie der einbeinige Daniel Ehioghae aus dem Dorf Elobi, seit 1984 hier, verlassen von der Ehefrau, als die Krankheit diagnostiziert wurde. Hier in Ossiomo traf Daniel Ehioghae seine zweite Frau, Elisabeth, krank wie er, und sie bekamen einen gesunden Sohn, Enduras, 14 Jahre alt.

Sie haben eine Tischlerei in Ossiomo, eine Schule, eine Schuhmacherei, eine Schneiderei, und ihre Holzbeine schnitzen die Kranken selbst. 350 Kranke leben in dem Dorf, und sie sitzen nackt auf dem Boden, liegen nackt in ihren Betten, zwölf bis fünfzehn in einem Raum, still stehen die Ventilatoren, es ist ein elendes Bild. Wenn die Frauen Besucher kommen sehen, robben sie über den Boden und wickeln sich schnell in Decken ein, alle hier haben Klauen an den Armen und Klauen an den Beinen, sie haben keine Finger und keine Zehen mehr. Sie singen Lieder, wenn man ihnen trockenes Toastbrot bringt, sie beginnen zu weinen, wenn ein Gesunder es wagt, sie zu berühren, sie preisen dann ihre Gäste und ihren Gott.

Und ziemlich traurig wird es, wenn man am Ende des Besuchs von den Schwestern der Barmherzigkeit eingeladen wird zum Mittagessen. Die Kranken haben keine Bettlaken und keine

Moskitonetze, keine Mullbinden und keine Tücher – die Barmherzigen Schwestern leben in einer frisch gestrichenen Villa, Gitter vor den Fenstern, und auf dem Tisch stehen Reis und Hühnerfleisch. Ist dies der Ort, wo die Spenden landen?

»Es ist eine harte Arbeit«, sagt die Schwester Oberin.

»Let's go«, sagt unsere Begleiterin Tive Dogba, sie hat genug gesehen.

Kleiner Konflikt zwischen Arm und Reich, Schwarz und Weiß, Unten und Oben: Fahrer gegen Arbeitgeber. Wir haben den Preis mit Emanuel lange verhandelt, klar verhandelt, er fährt uns für 80 Euro am Tag plus Benzin, viel Geld in Nigeria. Um Übernachtungen kümmert er sich selbst, das ist die Absprache, sonst wären es 70 Euro plus Unterkunft gewesen, das wollte er nicht.

Abends aber steht Emanuel vor uns und sagt: »Ich kenne hier niemanden, wo soll ich schlafen?« Und im Hotel lässt er den Wagen waschen, »die Rechnung zu den Weißen«, sagt er an der Rezeption. Morgens sagt er: »Du musst mir einen Ölwechsel zahlen.« Nach 150 Kilometern. Nein, sage ich. Er fährt zur Tankstelle, lässt das Öl wechseln, sagt: »Gib mir 3000 Naira.« Nein, sage ich.

»Du bist weiß, du kannst mir 3000 Naira leihen.«

Ja klar: *leihen.*

»Bilde dir nicht ein, dass du hier Freunde finden wirst«, das sagt John. »Jeder, mit dem wir auf dieser Reise zu tun haben werden, hundertprozentig jeder wird versuchen, aus der Beziehung zu euch das maximal Mögliche herauszuholen.«

Müssen wir also jede Forderung erfüllen, weil wir weiß sind und sie so schrecklich arm?

»Nein, aber ihr müsst wissen, dass ihr für alle hier eine Chance bietet, die sie einmal in zehn Jahren haben.«

John Ampans Afrikanisch für Anfänger:
5. Afrikaner wollen alles jetzt und sofort. Haben etwa halbwegs
erfolgreiche Europäer Diener, die ihnen die Türen öffnen, haben
sie Chauffeure, weil es unter ihrer Würde wäre, ihren Wagen selbst
zu steuern? Wir Afrikaner sind gierig und maßlos, und uns fehlen
ganz grundsätzliche Tugenden, um uns zu entwickeln. »Fleiß« und
»Pünktlichkeit« sind Fremdwörter in Afrika.

Eine kurze Geschichte der Völkerwanderungen (I)

Der Mensch will ein Bett, ein Haus, eine Heimat, und es zieht
ihn doch in die Ferne, denn er will auch das Abenteuer. Der
Mensch ist sesshaft, und er ist ein Reisender. Er will Frieden,
aber er führt Krieg, er will, dass andere ihm seine Heimat lassen,
doch er vertreibt andere aus deren Heimat.

Die Geschichte der Migration ist die Geschichte einer ewigen
Suche. Der Mensch sucht den Ort, an dem er leben kann.
Manchmal nur überleben. Manchmal ein besseres Leben leben.

Er geht freiwillig, manchmal, dann geht er fort von dem, was
er nicht länger aushalten will, was er verabscheut.

Er verjagt andere, dann bleibt er, und die anderen müssen
gehen, oder er wird verjagt, dann muss er gehen, und die anderen bleiben.

Der Mensch sucht Gold, Öl, Diamanten, manchmal nur sauberes Wasser und Reis. Er sucht das Meer, die Sonne, manchmal
nur Strom und eine Schule oder ein Stück Erde, das nicht bebt.
Frieden und Sicherheit sucht er immer.

Der Mensch ist unterwegs, um unterwegs zu sein, dann ist er
ein Nomade oder ein Tuareg.

Geht der Mensch von zu Hause fort, um endlich zu Hause
anzukommen, dann zählt er zur Mehrheit der Migranten.

Die Geschichte der Völkerwanderungen ist die Geschichte

der Menschheit. Glaubte man der Bibel, dann begänne diese Geschichte mit der Vertreibung aus dem Paradies, der ersten Heimatlosigkeit des Menschen.

Betrachtet man die Evolution, dann entstand der moderne Mensch vor ungefähr 200 000 Jahren in Afrika, und von dort wanderte er hinaus in die Welt. Nach Asien, nach Amerika, nach Australien, nach Europa, es dauerte, aber irgendwann kam der Mensch auf den Nikobaren im Indischen Ozean an, auf Hawaii und auf Sylt.

Der Sage nach wurde ja schon Rom gegründet, weil Menschen eine Heimstatt suchten: Aeneas, Vater der Ewigen Stadt, war aus den Flammen Trojas geflohen. Und die Kelten wanderten nach Oberitalien, Nordspanien, Portugal und auf den Balkan. Und die Goten, die Gepiden und die Wandalen zogen nach Südrussland und in die Karpaten.

Der Begriff »Völkerwanderung« ist heute ein bisschen heikel. Er stammt von »migratio gentium« ab, aber dieses lateinische »gens« meinte eher die bewaffnete Einheit eines Stammes, also sein Heer, weniger das ganze Volk. Den Begriff »Völkerwanderung« gebrauchten dann deutsche Nationalisten, um die Kraft, die Stärke, die Überlegenheit germanischer Stämme zu untermauern. Und darum bezeichnet »Völkerwanderung« im engen Sinne heute diese Wanderung der Germanen ab dem vierten Jahrhundert: Die Hunnen brachen in Russland ein, die Ostgoten marschierten nach Ungarn und Italien, die Westgoten nach Italien, Frankreich, Spanien, die Franken ins spätere Frankreich. Und 568 kamen die Langobarden nach Italien, und dort entstand die Lombardei.

Im Pazifik brachen die Polynesier auf und fuhren in Kanus Tausende von Kilometern über das offene Meer; im Jahr 1200 war jede bewohnbare Insel zwischen Hawaii und Neuseeland besiedelt. Die Wikinger trieben Handel mit ihren Nachbarn, und dann starteten sie ihre Raubzüge.

Jenseits des Mittelmeers zogen, nach Mohammeds Tod, die Araber los. Sie besetzten Mesopotamien und den Norden Afrikas. Das Berbervolk der Mauren setzte 711 über nach Spanien. Und ließ sich nieder. Erst 1492, nach dem Fall Granadas, wurden sie aus Europa vertrieben; mit ihnen jagten die Spanier 160 000 Juden aus ihrem Reich. Und im selben Jahr – ein getaufter spanischer Jude finanzierte die Expedition – brach Christoph Columbus auf, um den Seeweg nach Indien zu suchen und die Neue Welt zu finden. Die meisten Ureinwohner starben durch Krankheiten, Kanonen und Kampfhunde, und weil all die Spanier, Portugiesen und Engländer, die nach Amerika emigrierten, dort natürlich Arbeitskräfte brauchten, deportierten sie Sklaven aus Afrika, wo sie (und auch Niederländer und Deutsche) praktischerweise ihre Kolonien hatten. Es war eine gewaltige Spirale, ein einziger Strudel der Umsiedlung. Es war die erste Zwangsmigration von Millionen von Menschen.

Und 60 Millionen Europäer wanderten später aus, die meisten nach Amerika. Freiwillig. Wer nach Australien ging, ging eher unfreiwillig: Australien und Tasmanien waren britische Strafkolonien.

Es kam das 20. Jahrhundert, das Jahrhundert der Flüchtlinge. Immer schon hatte es politische Flüchtlinge gegeben; jene Adligen, die vor der Französischen Revolution fortgelaufen waren, hatten sogar das berühmte Wort erfunden: »Emigrant«. Doch mit den Nationalstaaten des 19. Jahrhunderts war eine neue Qualität des Hasses und der Ausgrenzung aufgekommen. Der falsche Glaube, die falsche Herkunft, die falsche Ideologie – wer nicht dazugehörte, musste gehen, falls er noch rechtzeitig gehen konnte, denn das Jahrhundert der ethnischen Säuberungen begann.

Kofi Annan rief vor zwei Jahren eine »Weltkommission für internationale Migration« ins Leben, aus Deutschland war Rita Süssmuth dabei. Diese Kommission reiste um die Welt und recherchierte und fand heraus, dass Migration das wesentliche

Thema der Welt des 21. Jahrhunderts werden könnte, die Daten jedenfalls legen diesen Schluss nahe.

191 Millionen Migranten lebten 2005 auf der Erde (gezählt wurden nur jene, die sich bereits länger als ein Jahr außerhalb ihres Heimatlandes aufhielten); das sind 3 Prozent der Weltbevölkerung, und das ist ein rasanter Anstieg, denn 1970 waren es noch 82 Millionen gewesen und im Jahr 2000 dann 175 Millionen.

48,6 Prozent der Migranten sind Frauen. 64,1 Millionen Migranten leben in Europa einschließlich Russland, das sind 8,8 Prozent der Bevölkerung; 53,3 Millionen leben in Asien, 44,5 Millionen in Nordamerika. Die USA haben 20 Prozent aller Migranten aufgenommen (38,4 Millionen), Russland 6,3 Prozent (12,1 Millionen), Deutschland laut UNO 5,2 Prozent (10,1 Millionen). In winzigen Staaten wie Andorra, Monaco oder Katar bilden Migranten über 60 Prozent der Bevölkerung.

Warum emigrieren Migranten? Arbeitslosigkeit ist ein Grund, schlechte Bezahlung ein anderer. 45,7 Prozent der Menschen in den Staaten südlich der Sahara verdienen weniger als einen Dollar pro Tag. Die lausige Bildung in der Heimat ist einer der Gründe, die geringe Lebenserwartung ein weiterer: 58 Jahre alt werden Menschen in Staaten mit niedrigen Einkommen, 78 Jahre alt werden sie in der industrialisierten Welt. Und dann sind da: Kriege, Naturkatastrophen, Epidemien, Hunger.

Darum versuchen Migranten von Ost nach West zu kommen und von Süd nach Nord. Der Mensch ist sesshaft – wenn seine Heimat ein Zuhause ist.

Wenn nicht – dann geht er.

Willkommen ist er selten. Das Einwanderungsland Australien lagert einen Großteil seiner unwillkommenen Migranten inzwischen aus, bezahlt eine Menge Geld an kleine Südseeinsel-Staaten, damit dort Lager entstehen können, in denen Flüchtlinge jahrelang hausen, auch Kinder, ohne jede Betreuung. Hin und wieder fahren Psychologen hinüber und untersuchen die Insassen; »Schlaflosigkeit, Selbstmordgefahr, Depression, posttraumatisches Stress-Syndrom, tausendfach«, das steht dann in den Kurzmeldungen, aber es kümmert nicht viele Australier. »Der Mensch will seine Ruhe«, das sagt der deutsche Exilforscher Wolfgang Benz.

In Guinea und anderswo in Afrika leben Flüchtlinge in Lagern, die längst wieder Städte geworden sind, 30 000, 40 000 Menschen in Zelten und Hütten, fern von daheim. Und was für ein Leben ist das, wenn der einzige Sinn des Tages darin besteht, für eine Mahlzeit anzustehen? Der Rest: Apathie. Destruktion. Natürlich: Drogen. Prostitution. Gewalt.

Eine Studie, durchgeführt in Tansania, belegte, dass der Handel mit Mädchen in den Monaten Oktober bis Dezember besonders florierte – dann waren Ferien in den Grundschulen und die Kinder auf der Straße. Die International Organization for Migration hat herausgefunden, dass die Frauen, die nach Europa und längst auch nach Nordamerika und Asien verschleppt werden, vor allem aus Nigeria, Ghana, Elfenbeinküste, Senegal, Äthiopien, Kenia, Kamerun, Mali, Gabun und Niger kommen.

Schwester Lea Ackermann, geboren 1937 in Klarenthal bei Saarbrücken, eine Frau mit runder Brille und kurzen grauen Haaren, mit goldenem Kreuz an goldener Kette, ging nach ihrer Banklehre ins Kloster, weil sie nach Afrika wollte; die Mission war ihr Weg dorthin, das wusste sie. Schwester Lea promovierte über »Erziehung und Bildung in Ruanda«, später ging sie nach Mombasa, sie gründete Solwodi, eine Organisation für den Kampf für Frauen in Notlagen, Prostituierte, Opfer von Menschenhandel. Lea Ackermann sagt: »Es ist in Deutschland so schwer vorstellbar, wie in patriarchalischen Gesellschaften Afrikas Frauen und Kinder leben müssen, wenn der Mann fort ist, wenn sie einmal unter die Armutsgrenze gefallen sind. Durch Prostitution werden die Frauen immer weiter marginalisiert.«

Schwester Lea und ihre Helferinnen bauen Zentren auf, in denen Schulen entstehen, in denen die Mädchen und Frauen Kochen, Frisieren, zunächst einmal Lesen und Schreiben lernen. »Man ahnt gar nicht«, sagt Lea Ackermann, »wie stark der Glaube daran ist, dass in Europa das Geld auf der Straße liegt. Wie stark diese Mythen sind: Schwarz ist Trauer, Weiß ist das Gute. Alle wollen nach Europa. Und wenn es sein muss, eben als Prostituierte. Sie sehen ihre deutschen Freier in Afrika, Sie sehen, diese Männer sind nicht besonders clever und können sich trotzdem Weltreisen leisten – und dann tun sie alles, um dorthin zu gelangen, woher diese dummen, reichen Freier kamen.«

Benin City, Nigeria, Kilometer 973

Die Stadt des Frauenhandels ist eine Stadt der Arbeitslosen. Keine Industrie und keine Hoffnung gibt es hier, der Naira ist längst nichts mehr wert, und darum gehen alle, die können, nach Europa.

Die Stadt des Fauenhandels ist grüner als Lagos, eine Stadt mit Wiesen und Bäumen, sogar einem botanischen Garten.

Benin City ist trotzdem und vor allem eine Stadt auf rotem Schlamm, ohne Asphalt, nur Schlaglöcher und Hütten und Märkte haben sie hier, auf denen alle anbieten und keiner kauft. Es ist ein ständiger Stau, auch hier, und das liegt unter anderem daran, dass alle immer überall so weit fahren, wie sie eben fahren können, keiner lässt irgendwen vorfahren, keiner lässt eine Kreuzung frei, damit der Verkehr fließen könnte. Über eine Million Menschen leben in dieser Stadt, die sich »Herzschlag Nigerias« nennt. Die Arbeitslosenquote liegt bei 90 Prozent. Benin City war mal eine Stadt des Handels, von hier kamen Holz und Gummi, und sie produzierten Möbel und Bronzefiguren. »Aber dann kamen die Europäer und machten alles platt. Sie exportierten unser Holz, bis die

African Timber Production bankrott war. Sie holten unsere besten Leute fort, ruinierten die Märkte, und zurück blieb eine zerstörte Stadt«, so sieht und sagt es Reverend David Ugolor, der das »Afrikanische Netzwerk für Gerechtigkeit in Umwelt und Wirtschaftsfragen« leitet, eine Nichtregierungs-Organisation, der es um den Kampf gegen Ausbeutung und Korruption geht.

Heute exportiert die Stadt ihre Töchter.

David Ugolor trägt einen weißen Umhang mit vielen Löchern, er sitzt hinter einem hölzernen Schreibtisch und Bergen von Zeitungen, zwei Sekretärinnen schreiben jedes Wort mit, das der Chef sagt. Heute ist wieder mal der Strom ausgefallen, darum wummert der Generator, und Ugolor beginnt zu reden, zu brüllen, er steht auf, läuft durch sein Büro, er wird schnell wütend, denn er hasst dieses Europa, das Afrikas Feind ist.

»Die Menschen hier sind stolz, sie hatten eigene Traditionen und eine eigene Kultur, niemand hier wollte verreisen, niemand wollte nach Europa fliehen«, schreit Ugolor, »aber was soll Afrika tun? Kühe in Europa kriegen mehr Geld als Menschen in Afrika. Eure Subventionen für eure Landwirtschaft bluten uns aus, wusstet ihr, dass wir jedes Jahr 25 Milliarden Dollar Exporteinnahmen verlieren durch eure Subventionen; eure Entwicklungshilfe ist ein Witz dagegen. Und eure Einwanderungspolitik tötet uns, weil ihr mit eurer Visastrategie Ärzte und Computerexperten aus Afrika herausfischt und alle anderen ablehnt. Ihr holt euch Öl und Gold und Gas aus Afrika, das wesentliche Interesse Europas und Amerikas ist die Maximierung der Profite, sonst nichts.« Dann holt Ugolor Luft, und das ist der Moment, nach der Verantwortung afrikanischer Führer zu fragen.

»Ja«, schreit David Ugolor, »ja, ja, ja, natürlich. Unsere Pfarrer sammeln Spenden und bauen sich damit schöne Häuser, und dann ziehen sie Zäune um ihre Paläste. Unsere Gouverneure nehmen das Geld von der Weltbank und bezahlen damit die Schönheitsoperationen ihrer Ehefrauen. Unsere Führer versagen, ja leider, aber ihr unterstützt sie dabei. Ihr gebt ihnen Konten in der Schweiz, ihr gebt ihnen das Geld in die Hand, denn alles, was ihr wollt, ist Ruhe in Nigeria, damit ihr ohne Aufstände unser Öl fördern könnt.«

Dies ist dann wohl der Moment zu schweigen.

»Nein, nein, Europa kann nichts dafür. Wie es Afrika geht, das hat Afrika schon ganz und gar selbst zu verantworten«, das sagt zwei Stunden später ein anderer Mann, der sich auch ganz gut auskennt auf seinem Kontinent. Chief D. U. Edebiri steht sehr weit oben in der halb religiösen, halb säkularen Welt des Königreichs Benin City, er ist die Nummer drei in der Rangfolge. Der Chief trägt einen weißen Umhang und die hölzerne Kette, die seiner Position entspricht, und er sitzt auf seinem Thron unter zwei hölzernen Elefanten und zwei hölzernen Löwen im Ikum, dem Innenhof seines Hauses; Chief D. U. Edebiri reicht Kola-Nüsse, die man zerbrechen und kauen muss als höflicher Gast; bitter schmecken die Nüsse, doch sie bringen Gesundheit und Glück, sie sind eine Segnung und das Symbol des Lebens.

Chief Edebiri sagt, dass die Europäer Anfang der sechziger Jahre ein blühendes Nigeria zurückgelassen hätten; »als wir unabhängig wurden, war der Naira stärker als Dollar oder Pfund, weil dieses Land ja alles hat: Bodenschätze, Mineralien, Universitäten, einen Meereszugang, Wälder und fruchtbaren Boden. Ich höre, wir hätten Öl, viel Öl, aber ich sehe es nicht. Nein, nein, dieses Land hat sich mit der Inkompetenz seiner Führung, mit Gier, Missmanagement und Korruption selbst zugrunde gerichtet. In diesem Land verkaufen Eltern ihre Kinder, verleihen Polizisten gegen Gebühr ihre Pistolen an Bankräuber und nehmen sich frei, wenn die Bank ausgeraubt wird; in diesem Land nennen sich Diebe Minister, und diejenigen, die schöne Reden gegen Menschenhandel halten, sind zugleich diejenigen, denen Menschenhandel die Konten füllt«.

Denn aus Benin City kommen die schwarzen Frauen, die in Europa an den Straßenrändern der Industriegebiete stehen. Die Familien hier sind so arm, dass sie die Mädchen an Schlepper verkaufen, darauf hoffend, dass irgendwann Geld aus dem Paradies kommt, und wenn kein Geld kommt, wenn die Schulden bei den Schleppern nicht bezahlt werden können, dann haben die Familien nicht nur die Töchter verloren, sondern auch noch ihr Haus, weil das Haus das Pfand ist in diesem Spiel. 60 000 Euro, das ist das Geschäftsvolumen; 60 000 Euro kostet ein Mädchen, 60 000 Euro muss die Familie den Schleppern zahlen, irgendwann, und die meisten Väter und Mütter lassen sich darauf ein, weil die wenigsten Menschen in Benin City wissen, wie schwer 60 000 Euro zu verdienen sein werden an Europas Straßenrändern.

Wer nicht mitspielen will, schreibt an die Wände seines Hauses: »This house is not for sale«, das bedeutet, dass die Schlepper und Zuhälter an diese Tür nicht klopfen müssen.

Die Mädchen sind 13 oder 14 Jahre alt; sobald sie einen Busen bekommen, sind sie Ware, und dann müssen sie fort. Alle hier wissen es und viele, viel zu viele machen mit, und jeder kriegt ein bisschen Geld ab – und wenn ein Schlepper heute in den Knast kommt, ist er morgen frei.

Es ist eine Weile her, es war vor dieser Reise, da trafen wir in einer westdeutschen Kleinstadt eine junge Frau, die geschützt werden muss; nennen wir sie also Sandra. Sandra ist 25 Jahre alt, sie kommt aus Benin City und sie saß in einem Bahnhofsrestaurant in Jeans und weißem Top und Strickjacke, die lockigen schwarzen Haare hatte sie zurückgebunden, und die braunen Augen flackerten. Sandra war schlau, schlagfertig und zugleich ziemlich schüchtern, weil sie sich verstecken musste vor Schleppern und Zuhältern. Sie war ausgebrochen aus dieser Welt, hatte das Spiel beendet, und geholfen hatten ihr Schwester Lea Ackermann und deren Kolleginnen von Solwodi, jener Organi-

sation in Boppard am Rhein, die Zwangsprostituierten hilft und
anderen Frauen, die in Not geraten sind; Frauen, deren Aufenthaltsgenehmigung an ihrer Bereitschaft auszusagen hängt, Frau-
en, die Angst vor der Schleuser-Mafia haben, in Deutschland
ebenso wie zu Hause, Frauen, die ihr Baby in einem Schuhkar-
ton an einer Bushaltestelle abstellen, ihre Kunden bedienen und
hoffen, dass das Baby hinterher noch da ist, Frauen, die sich vor
ihrer Familie schämen und längst nicht mehr wissen, wohin sie
gehören.

Frauen wie Sandra.

Sandra erzählt langsam. Sie spricht fließend Deutsch, aber sie
wartet oft fünf Minuten lang, bevor sie wieder ein Wort sagt, sie
sitzt vier Stunden lang vor einem Glas Mineralwasser, und am
Ende springt sie auf, rennt davon, ist fort, und ihr Wasserglas ist
noch immer halbvoll.

*

Sandra, 25, Benin City, Nigeria: *Das Afrika, an das ich mich erinnere, ist eines, in dem die Sonne scheint. Das Afrika meiner Brüder und Schwestern. Aber ich denke nicht oft daran. Ich rufe nicht
an, und ein Brief, den ich geschrieben habe, kam nie zu Hause an.
Mein Vater ist gestorben, vor zwei Jahren, das habe ich erfahren,
aber ich weiß nicht, woran. Er hatte früher immer Fieber, aber an
Fieber stirbt man doch nicht.*

Wie viele Kilometer sind das? Von Benin City nach Germany?

*Der Mann, der mich hergebracht hat, heißt Onko. Er war unge-
fähr 30 Jahre alt, ein schwarzer Mann, aber ich kenne nur diesen
einen Namen: Onko. Wahrscheinlich sucht er mich. Wahrscheinlich ist er wütend auf mich. So wütend, dass er töten würde.*

*Wir waren vier Jungen und drei Mädchen in unserer Familie,
ich war die Mittlere. Mein Vater war Schreiner. Immer wenn er
einen Stuhl fertig hatte, stellte er ihn vors Haus, und dort versuch-*

ten wir dann den Stuhl zu verkaufen. Meine Mutter packte Obst in große Taschen, die wir ihr zum Markt trugen, dort versuchten wir das Obst zu verkaufen. Wir mussten immer sehr weit laufen in Benin City. Zum Markt. Zur Wasserstelle. Immer laufen, immer barfuß, keiner von uns konnte den Bus bezahlen. Wir hatten auch keine Betten, wir hatten einen Raum für uns alle, nur diese Hütte aus Bambusstangen, und schliefen dort auf dem Boden. Und wir hatten keinen Strom, und manchmal gab es einmal am Tag etwas zu essen, manchmal gar nicht.

Wenn wir spielten, dann waren das Hüpfspiele. Oder Seilspringen. Aber wir spielten nicht so oft.

Wir gingen eigentlich auch nicht in die Schule. Hin und wieder mal, für ein paar Wochen, ich kann ein wenig lesen und schreiben und rechnen. Wir saßen in der Schule alle unter einem Dach, die Jungs in kurzen Hosen und wir Mädchen in blauen Kleidern. Das mochte ich sehr, aber meine Eltern hatten nicht genug Geld. Von 100 Euro kann eine Familie in Benin City einen Monat lang leben, 100 Euro kostet auch ein Monat Schule für ein Kind. Man muss sich als Kind das Geld selbst verdienen, um zur Schule zu gehen, aber das ging nicht in Benin City, wo niemand Geld verdient.

Manchmal denke ich, es ist besser, als Kind keine Wünsche zu haben. Und nicht zu träumen. Wer Wünsche hat oder einen Traum, der tut ja alles dafür. Wünsche und Träume machen es Verbrechern leicht. Dann können sie kommen, mit einem Lächeln von der Erfüllung deiner Wünsche sprechen, und dann zerstören sie dein Leben. Lächelnd.

Ich habe von Schuhen geträumt.

Mein Leben entschied sich in dem Moment, als meine Freundin Osasa zu mir kam. Ich wollte eigentlich schlafen, es war ein heißer Tag, mittags, ich wollte gar nicht mit ihr spielen.

»Jetzt komm' schon, ich habe hier Pfeil und Bogen von meinen Brüdern, ich zeig's dir«, sagte sie. Und dann schoss sie. »Jetzt bist du dran«, sagte sie.

Ich weiß nicht, wie es kam. Auch nicht mehr, wie ich den Bogen hielt. Nichts mehr. Aber auf einmal hielt Osasa sich das Gesicht und schrie, dann kamen die anderen, alle schrien, schlugen mich, trugen Osasa weg. Ich weiß nicht, wie ich es gemacht hatte, aber ich hatte ihr ein Auge ausgeschossen.

Manchmal gibt es das ja, dass ein Moment über ein Leben entscheidet. Das war mein Moment. Ich war neun Jahre alt.

Ich trug die Schuld. Allein. Mein Vater sagte, er habe nichts damit zu tun. Er schrie nur noch. Er schlug mich, immer auf die Augen. Ich hatte damals ganz rote Augen von den vielen Schlägen. Es ist bei uns so, dass es keine Polizei gibt, die so etwas regelt, das machen die Familien unter sich aus. Von diesem Moment an hatten wir Schulden bei Osasas Familie. Ihre Brüder wollten Geld von uns, das stand ihnen zu. Sie durften mich verprügeln, wann immer sie wollten. Dann kamen sie wieder und wollten mehr Geld, und nach zwei Jahren sagte mein Vater, er könne nicht mehr, er könne mich auch nicht verstecken, ich dürfe nicht die ganze Familie in den Abgrund reißen. Darum müsse ich fort.

So kam ich zu seiner Schwester und ihrem Mann, die hatten zwei kleine Kinder, drei Monate und zwei Jahre alt. Auf die musste ich aufpassen, und der Mann verprügelte mich. Er wollte mit mir schlafen. Er zerschnitt meine Kleider. In Afrika dürfen Männer tun, was sie wollen, fremdgehen, prügeln, Männer dürfen alles. Mein Großvater hatte sieben Frauen, Männern ist alles erlaubt. Ich hatte immer viel zu große Angst davor zu schreien.

Wenn ich weinte und eine Freundin mich fragte, was los sei, sagte ich nur: »Nichts, ich habe einen Teller fallen lassen.« Ich habe mich so geschämt. Zweimal bin ich fortgelaufen, mitten in der Nacht, da bin ich nach Hause gegangen, aber mein Vater sagte nur: »Du warst wohl nicht brav zu deinem Onkel.« Dann schickte er mich zurück.

Meine Mutter sagte: »Wir könnten alle genug zu essen haben, wenn du nicht wärest.« Mein Vater sagte: »Wenn ich kein Mensch wäre, würde ich dich umbringen dafür, dass du den Dreck und die Katastrophe in unsere Familie gebracht hast.«

Als ich dann etwas größer war, habe ich gekocht für eine Frau, die auf der Straße, unter einem Baum, eines dieser kleinen Restaurants hatte. Ich bekam kein Geld, aber ich durfte bei ihr essen, das war schon viel. Und dann kam der Mann.

Er bestellte etwas, sprach mit mir, fragte: »Bist du oft hier?« Das war Onko. Dann kam der Mann wieder und brachte Schuhe mit.

Schuhe! Verstehst du?

Onko sagte: »Ich komme gerade aus Europa zurück, Germany, kennst du das?« Ich hatte keine Ahnung. Amerika und Jamaika, das hatte ich schon mal gehört, aber nichts von Germany. Er wirkte so nett und so vertrauensvoll. »Du musst reich sein«, sagte ich zu ihm, und er sagte: »Ich werde bald zurückgehen nach Germany, ich habe hier keine Familie mehr.«

So kam das alles.

Und dann sagte er: »Hast du Lust mitzukommen? Germany ist ein reiches Land. Du kannst viel Geld verdienen in Germany und zur Schule gehen. Du kannst dort tun, was du willst.«

Ich sagte: »Ich kenne dich nicht, du bist der Weihnachtsmann für mich, warum sollte ich mitgehen?«

Er sagte: »Du kennst mich. Ich bin ganz normal, ich bin nett, ich habe dir Schuhe geschenkt, oder nicht?« Rote Schuhe waren das.

Ich habe es dann meiner Mutter erzählt, und sie sagte: »Ja klar, das klingt gut, dann kannst du unsere Schulden bezahlen.« Und ich hatte das Gefühl, dass plötzlich alles möglich war, ich fühlte mich ja längst wie ein Geist, ein Mensch ohne Kopf, und was für Möglichkeiten waren das nun.

Der Mann sagte, ich könnte nicht sofort zur Schule gehen, ich müsste erst in einem Restaurant oder in der Boutique seiner Frau arbeiten und ihm das Flugticket zurückzahlen, aber dann sei ich frei. Das fand ich gerecht. Ich dachte, Germany ist vielleicht drei Stunden entfernt, und wenn es nicht klappt, fahre ich wieder nach

Hause. Einen Vertrag haben wir nicht gemacht, mein Leben war der Vertrag, mein Leben war die Unterschrift.

Onko kaufte mir ein neues Kleid, »das zerrissene brauchst du nicht mehr«, sagte er. Ich hatte Angst, als wir in das Flugzeug stiegen, und er hatte alle Papiere, einen Pass für mich und das Ticket.

Es war ein langer Flug. Ich war 17 Jahre alt.

Und dann war ich in Oberhausen. Es war kalt dort. Ich hatte ein Zimmer mit Fernseher und Radio. Ein Zimmer für mich allein. Er gab mir eine Tasche und sagte, da sei alles drin, was ich brauche, aber da waren nur Unterwäsche und BHs. Seine Frau habe ich nie gesehen, sein Kind auch nie, ich habe immer nur Männer gesehen.

Onko war derjenige, der mir sagte, ich müsse mit Männern schlafen, weil wir Geld bräuchten.

Ich sagte: »Ich kann nicht.«

Er sagte: »Es ist nur ein Mann.«

Ich sagte: »Nein, bitte, ich kann das nicht.«

Er sagte: »Es gibt Sachen, die kann man, die muss man nicht lernen.«

Ich sagte: »Tu' mir das nicht an.«

Er sagte: »Lass' mich jetzt nicht im Stich.«

So fing es an.

Ein Mann kam zu mir, und dann der nächste Mann. Immer wieder kamen sie, immer mehr, immer weiter. Wie lange, nein, das weiß ich nicht. Sie fesselten mich, sie schlugen mich, und das ging so, bis ich schwanger war.

*

Bevor die Mädchen reisen, gehen die Familien zur Priesterin, zum Zauberer, denn die Mädchen müssen eine Zeremonie hinter sich bringen, an deren Kraft hier alle glauben. Es ist ein doppeltes Spiel, es geht um Schutz und zugleich um Druck.

Einer dieser seltsamen Orte liegt neben dem Federal High Court, dem weltlichen Gericht von Benin City, 156 Akpakpa Street, hinter einer weißen Mauer und einem rostigen Tor; dies ist einer jener Orte, die ein weißer Reporter niemals betreten dürfte, wenn er nicht hineingeführt würde von einem Afrikaner wie John Ampan. Denn was sie hier seit 565 Jahren machen, ist eine Mischung aus Hexerei, Beschwörung und Religion.

In einem kleinen Betonbau, fünf mal fünf Meter groß, sitzen sechs Menschen, alle barfuß, drei in langen, roten Gewändern, mit Ketten an Armen und Füßen, drei in Zivil. Rechts, auf dem Thron, sitzt Imuetinyan Ihosogie, Chief Princess, vom Oba, dem religiösen Führer, nach einem nur ihm bekannten Orakel ausgewählt und seither »Ikpate oba« genannt. »Wir sind Opferstätte und heiliger Ort, aber wir helfen den Menschen auch, ihre Probleme zu lösen«, sagt Ikpate oba.

Denn alles wird besser werden im tristen Alltag Afrikas, wenn die Menschen nicht länger an diesen fremden Gott der Weißen glauben, sondern hierher kommen und sich wieder besinnen auf ihre Heimat, ihre Geschichte, ihre Bräuche.

Hier werden sie gesund, falls sie krank waren.

Die Geschäfte auf dem Markt kommen von hier aus wieder in Gang.

Feinde, die gesund waren, werden hier der Krankheit unterworfen.

Hier versöhnen sich Mann und Weib.

Und Reisende bringen einen Hahn hierher, eine Kola-Nuss oder Wein, sie bringen ihr Opfer und werden ihr Ziel gesund erreichen.

Behauptet eine Zuhälterin, eine *Madame*, sie bekomme noch 12 000 Dollar von einer Familie für deren Tochter, behauptet dagegen die Familie, es seien nur noch 5000 Dollar – dann müssen die Zuhälterin und Vater oder Mutter des Mädchens hier vor Chief Princess Ikpate oba treten und schweigen, und die

Priesterin spricht nun ihre göttliche Formel: Wer von beiden einen Meineid geleistet hat, wird tot umfallen. Das klappt immer, und wenn es nicht klappt, dann haben sie natürlich noch Gift – Gift gehört immer dazu beim Zaubern in Afrika. Gift ist für Ungläubige, für Zweifler, für die, die so dreist sind, sich dem Zauber zu widersetzen.

Chief Princess Ikpate oba hat ein starres linkes Auge. In einer Ecke der Hütte liegen auf einem Haufen Federn, Kuhköpfe, Hühnerköpfe, Flaschen, Gläser, Knochen und rostige Macheten, ein Stapel, der nach Kadaver stinkt. Das ist der Altar. Und wenn die Zeremonie beginnt, tritt die Meisterin vor, besprizt den Altar mit Wein oder – wirkungsvoller, doch teurer – mit Gin und nimmt selbst einen Schluck und spricht ihre Sprüche. Und singt und tanzt und kreischt.

Damit schützt die Hexe das Mädchen, das in die Ferne reisen muss, aber zugleich zwingt die Hexe das Mädchen zur Loyalität. Denn das Mädchen muss nun ein Gebräu aus Blut und Wein und den eigenen Achsel- und Schamhaaren trinken, und dieses Ritual bewirkt, dass es in Zukunft immer erreichbar sein wird für die Hexe. Falls das Mädchen sich in Europa verstecken und weigern sollte, die Schulden zurückzuzahlen, wird es nicht mehr lange leben. Dann haben die Gläubiger ein Recht darauf, von der Hexe die Verzauberung der Verschleppten zu verlangen. Dann schickt die Hexe einen Fluch, einen *juju*, über das Mittelmeer.

60 000 Euro – abzuarbeiten auf den Rücksitzen europäischer Autos oder in den Bordellen Münsters, Oberhausens oder Zwickaus.

Der Druck bindet die Mädchen, weil alle hier an den Zauber glauben. Auch Ärzte, Lehrer, Hoteliers glauben an die Kraft des Voodoo und der *gris-gris*, wie die Fetische und Talismane heißen, auch John Ampan. Voodoo sei eine Wurzel Afrikas, es sei schließlich schon passiert, sagt John, dass Mädchen verhext worden seien in der Ferne, dann erkrankt und schließlich verstorben; und andere Mädchen waren einfach weg, fortgezaubert und nie wieder aufgetaucht, solche Geschichten erzählen sie hier, und jede neue Geschichte stärkt den Glauben der Menschen von Benin City. Wurde nicht vergangene Woche wieder eine Frau vom Krebs befreit – eine Woche nur hatte sie nackt dasitzen müssen, eingeschmiert mit Lehm, bedeckt von Blättern, während die Medizinmänner tanzten?

Ein Beweis, eindeutig.

Und führen die Fruchtbarkeitsrituale nicht zu Kindern, massenhaft Kindern? Regnet es nicht, wenn der Regenmacher getanzt hat?

Beweise, alles Beweise.

Man kann nicht behaupten, dass die hohe Priesterin irgendetwas anstößig fände am eigenen Tun. Okay, junge Mädchen werden verkauft, ja gut, die eigenen Eltern verkaufen sie, na ja, sie werden in die Prostitution verschleppt. Aber, das sagt Ikpate oba, »das tut unserem Land gut. Wir sind ein armes Land, die Menschen hier hungern. Und von dem Geld, das aus Europa zurückkommt, können hier Familien leben. Irgendjemand muss immer ein Opfer bringen.«

Dann hat sie zu arbeiten, und wir danken und gehen.

Benin City: Wuselig und voll ist die Stadt, jede Straße ein Markt; nach Abgasen riecht es, nach Palmwein, und verkauft werden Kämme, Spiegel, Sonnenbrillen und Uhren, Radios und CD-Spieler, Bohnenkuchen und geröstete Maiskolben, Kokosnussscheiben und natürlich Yams und Cassava. Behinderte quälen sich durch den Staub, Menschen ohne Beine schleppen sich auf Händen zwischen Schlaglöchern und stehenden Autos und Eselskarren hindurch. Viele deutsche Autos stehen im Stau, alte Volkswagen, alte Mercedes-Modelle; es ist ja so, dass viele Afrikaner lieber ältere Autos aus Europa importieren, weil die erstens billiger und zweitens auch zu reparieren sind – die ganze

Elektronik dieser europäischen Autos von heute überfordert afrikanische Werkstätten. Die Restaurants von Benin City heißen »Manna« oder »African Mama«, gegrillte Ziege bieten sie an, getrocknetes, Wochen altes Huhn und Reis.

»Benin City«, das sagt Peter Aimufua, der von hier geflohen ist, »ist eine Welt, in der ein Krieg unter der Oberfläche geführt wird, ein Kampf ums Überleben, alle gegen alle. Es ist eine Stadt ohne jede Hoffnung.« Aber überall hängen die Plakate von Western Union, jener Bank, über die gegen 18 Prozent Kommission so gut wie alle Geldtransfers aus Europa laufen. Western Union ist ein amerikanisches Unternehmen, und wie zynisch ist es, dass fast ein Fünftel von jedem Euro, den Afrikaner unter den Planen der Obstplantagen Europas verdienen und nach Hause schicken wollen, bei dieser Bank hängen bleibt. Und wie phantasielos, wie kraftlos, dass Afrikaner dieses Geschäft nicht selbst machen. Auf den Plakaten von Western Union sagt ein altes Paar, sehr entspannt und zweifellos glücklich: »Unser Sohn schickt uns U.S.-Dollar, um uns zu helfen, unsere Not zu lindern.«

Und eine, die schöne Reden gegen den Menschenhandel hält, ist die Frau des Gouverneurs, Eki Igbenidon; »Idia« hat sie ihre Organisation gegen Schlepperei genannt, nach der Mutter der ersten Königin Benins. Der Regierungssitz ist eine weiße Kathedrale der Macht, verschachtelt gebaut, Marmor auf dem Boden, Stuck und goldene Kronleuchter an der Decke, Seide und Samt auf den Möbeln. Fotos mit Trauerrand hängen an den Wänden, das sind Fotos von Stella Obasanjo, Gattin des Staatspräsidenten, die in Spanien an den Folgen einer Fettabsaugung starb – einen absurderen afrikanischen Tod hat es vermutlich selten gegeben.

Eki Igbenidon, Gattin des Gouverneurs, sitzt nun auf einem goldbestickten Sofa, vor Büsten und Statuen und Blumenbouquets, und silbern schimmert ihr Kleid.

Eki Igbenidon sagt, dass eine Menge Gutes geschehen sei in den letzten Jahren, und das liege an ihrem Mann und an ihr. »Die Mädchen, die verkauft werden, werden ihres Namens und ihrer Menschenwürde beraubt«, sagt sie, »sie werden entmenschlicht. Es ist ein Geschäft mit menschlichem Fleisch, es ist das größte Problem unseres Bundesstaates. Aber dagegen haben wir eine Kampagne gestellt, die die Menschen erziehen soll. Die Mauer des Schweigens ist verschwunden, inzwischen wird über das Geschäft mit den jungen Mädchen geredet. Und wir haben das erste Gesetz gegen Menschenhandel in diesem Land verabschiedet.«

Man stößt an Grenzen, wenn man nachprüfen will, was die Menschen in den Straßen dieser Stadt erzählen: dass auch der Gouverneur profitiere von dem Geschäft mit den Mädchen, dass alles, was seine Gattin tue, nur Ausdruck von Doppelmoral sei und ihr Image pflege, sonst nichts. »Verleumdung«, sagt Eki Igbenidon, »mein Mann ist so sehr gegen dieses Verbrechen wie ich.«

Und immerhin, sie redet nicht nur, sie hat auch das »Edo State Skills Acquisition Centre« gegründet, wo jede Woche von Montag bis Freitag 150 junge Mädchen trainiert werden; die Mädchen lernen kochen (»Dies ist eine Tomate, und nun seht her, wie man eine Tomate zerteilt«) und Haare schneiden, nähen und Briefe schreiben, und im Klassenzimmer baut sich nun John Ampan auf und beginnt zu predigen.

»Guten Morgen, mein Name ist John Ampan«, sagt er, und dann erzählt er von seiner Reise: »Glaubt ihr, es war mein Wunsch, meine Familie zu verlassen und fern meiner Heimat allein zu leben?« Nein, sagt der Klassenchor. »Glaubt ihr, ich mag es, dass ich dreimal im Jahr andere Kleidung benötige, weil es kalt ist in Europa?« Nein, rufen die Mädchen. »Glaubt ihr wirklich, die Europäer warten auf euch, glaubt ihr, ein Kontinent, auf dem viele Menschen ohne Arbeit sind, empfängt euch mit offenen Armen und gibt euch Arbeit und viel Geld?« Nein, die Mädchen sagen, das glaubten sie nicht. »Bleibt«, ruft John dann, »arbeitet hier, baut hier etwas auf, setzt eure Kraft ein, um Afrika zu entwickeln, denn Afrika ist ein wunderbarer Kontinent. Afrika ist unsere Heimat. Baut ein besseres Afrika.«

Und das sagt er: der Mann, der ging. Der Mann, der die Kälte Europas kennt, der Afrika vermisst, an jedem verdammten Tag, wie er sagt, der sein Glück vermisst in Europa und trotzdem in dieses Europa zurückkehren will. Und bleiben.

Wir fahren dann weiter zu einem der Hexer, Chief John Odeh Unvoyen des Königreiches Benin City, und der schenkt uns einen bronzenen Armreif. Ein bisschen verbogen ist das Ding und fleckig, aber der Ring wird uns gesund nach Europa bringen, wenn er erst geweiht ist – der Hexer verspricht es.

»Es geht abwärts mit Afrika, immer tiefer und immer nur abwärts«, sagt Chief John in seinem dunklen und muffigen Haus, »die Welt scheint hier in Afrika bald zu enden.« Der Priester thront auf einem Stuhl aus Holz, neben sich hat er eine Eule aus Porzellan aufgestellt, die Eule ist Zeichen der Zauberer, Zeichen der Macht. Drei rote Ringe trägt Chief John um den Hals, eine Glatze hat er sich rasieren lassen, nur ein kleines Büschel Haare ziert seine Stirn.

Man muss sich vor Verallgemeinerungen hüten, gerade auf einem Kontinent, der so groß ist wie dieser und dessen riesige Nationalstaaten eine Einheit vortäuschen, die er nicht hat. Es gibt »Afrika« nicht in einem Sinne, der eindeutige Charakterisierungen zuließe. Setzt man dies voraus, dann kann man in aller Vorsicht sagen, dass die geistige Welt der Menschen hier meistens vier Ebenen umfasst. Viele Afrikaner erleben erstens ihre Umgebung, die greifbare Wirklichkeit als spirituell, auch Tiere, Bäume, Steine haben eine Seele. Sie spüren, zweitens, die Welt der Toten, der Angehörigen früherer Generationen, der Ahnen, die immer noch Einfluss auf die Gegenwart haben und eine

Kraft, die durch Opfer und sonstiges Wohlverhalten lenkbar ist. Sie fürchten, drittens, die Welt der Geister. Und über diesen drei Ebenen wacht, viertens, Gott. Welcher Gott? Nun, je nachdem.

Wesentlich für die Kraft der Geister bzw. für den Glauben an die Kraft der Geister ist diese tiefe und feste Überzeugung daran, dass nichts zufällig geschieht. Jeder Unfall, jeder Krieg, jeder Diebstahl, jeder Regentropfen und vor allem jede Krankheit hat eine Ursache. Die Wirklichkeit ist also nie einfach wirklich, sie ist immer zu erklären durch das Überwirkliche. Für jede Krankheit, jeden Unfall, für alles finden sie Ursachen, aber die liegen niemals in der eigenen Verantwortung. War es ein Fluch? Hat womöglich das letzte Opfer nicht gewirkt, war es zu klein?

Fremdenfeindlichkeit und Vorurteile können eines der Resultate dieses Glaubens sein: Für einen Unfall oder eine Dürre wird natürlich nicht der eigene Clan verantwortlich gemacht – hat nicht diese Fremde, der im vergangen Jahr ins Dorf kam, böse Geister mitgebracht?

Hexerei ist sehr real in Westafrika, und Hexerei hat sehr viel mit Neid zu tun: Erfolgreiche riskieren verflucht zu werden, wer sein Dorf hinter sich lässt, riskiert den Hass des Dorfes. Es ist immer besser, wenn alle arm bleiben, als wenn einer reich wird. Niemand darf sparen oder etwas aufbauen, alle müssen teilen, weil sie sonst verflucht werden. Und so verletzen und verfolgen sie sich permanent selbst. Diese Einstellung lähmt. Menschen geben jede Verantwortung ab, denn der Hexer ist ja Berater, Therapeut, Arzt, Richter, Lehrer, sogar Ökonom, der die Richtung weist. Alltägliches, Soziales und Religiöses hängen hier immer zusammen.

Sie haben das *Ku*, Pülverchen aus Baumrinden, ein Hexenmittel zur Abwehr von Hexerei. *Ku* musst du schlucken, wenn du verhext wurdest, und geht der Hexer dann an dir vorbei, spürst du es, du fühlst, dass er es war, der dich verflucht hat, und wenn du ihn dann mit dem Pulver bespuckst, stirbt er. Sofort.

Sie haben Sand-Orakel.

Sie haben Beutel, in die sie Nadeln stecken, dann sprechen sie ihre Beschwörungen, und dann kann ein anderer nicht mehr sprechen, der Mund ist ihm zugenäht.

Sie haben Mittel gegen Aids: Sie verbrennen ein lebendiges Küken, es muss ganz und gar verkohlt sein. Die Reste mischen sie mit Salz und einem gelben Gewürz namens *Kribi*, und wenn sie das dann essen, bekommen sie Durchfall, und dadurch verlassen alle Gifte und natürlich auch das Virus den Körper.

Auf einen Europäer, der sich für halbwegs aufgeklärt und erwachsen hält, wirkt diese Kultur ungefähr so wie dieser Glaube von Kindern: Wenn ich diese Treppe rückwärts hinaufgehe, wird Schalke Deutscher Meister!

Auf Afrikaner allerdings wirken Europäer, die diesen Glauben für Aberglauben halten, schrecklich naiv. Und weltfremd, ahnungslos und gefährlich dumm.

Chief John sagt, er könne nichts für seine Gabe, er wurde erwählt. Die Kraft sei in ihn hineingeströmt, als er sechs Jahre alt war, er habe es gespürt, auch sein Vater habe es gespürt, und darum habe der Vater ihn damals für 14 Tage in der Wildnis ausgesetzt, und dort, in der Steppe, hätten die Götter dem kleinen John den Weg gewiesen. »King of Night«, König der Nacht, so nennt Chief John seinen Gott.

Seitdem ist er ein Priester des Königs der Nacht, und er hat die Gabe, den Menschen zu helfen. Chief John stellt Pulver und Puder und Seifen her, gibt seine Waren den Menschen mit oder verschickt sie per DHL. Bei Anruf Zauber: Man telefoniert, man überweist, der Zauber kommt dann per Eilbote. Chief John kann Asthma oder Malaria heilen, Liebeskummer und Diabetes, Einsamkeit oder Armut. Natürlich müssen die Götter willig sein mitzumachen, Chief John ist nur ihr Werkzeug; darum muss man den Göttern Opfer bringen, einen Hund, eine Ziege, ein Huhn, und Chief John muss zuerst zu

einer kleinen Echse sprechen, die in einer Blechdose mit Luft-
löchern hockt, und dann die Götter mit einer Pfeife herbeiru-
fen, hoch und schrill ist der Ton.

Wir sollen einen lebenden Hahn kaufen und eine Flasche Gin,
und damit schreiten wir zum Altar. Es ist das übliche Bild: Tier-
köpfe, Knochen, Garne, Flaschen, Blut, Macheten, Messerchen,
Gedärme und Federn, alles ein stinkendes Riesenknäuel. Der
Mann Gottes trinkt vom Gin und schüttelt den zappelnden
Hahn, sehr flink reißt er dem Hahn den Kopf ab, einfach so:
eine Drehung, und der Hals schaut aus dem zuckenden Körper
heraus, und der Hexer wirft nun den Kopf des Hahns auf den
Haufen, den er seinen Altar nennt, und dann nimmt er den
Hahn so in die Hand, dass er aus dem Hals das Blut saugen
kann; er spuckt und spritzt das Blut auf den Altar, schreit und
kreischt, singt und springt, und dann gibt er uns den geweihten
Armreif, spricht seine Formeln, und am Ende reibt Chief John
den Ring noch mit einem schwarzen Pulver ein und sagt: »Ihr
werdet sicher nach Hause kommen.«

Er sagt, ich müsse nicht bezahlen, aber er würde sich freuen
über eine Spende.

Wir geben ihm 5000 Naira.

Im vergangenen Jahr war ein Kollege da, sagt er, und der habe
10 000 Naira gegeben.

Wir geben ihm noch einmal 5000 Naira.

John Ampans Afrikanisch für Anfänger:
6. Voodoo wirkt. Die Mutter meiner Mutter war eine Mami Wata-
Priesterin, sie konnte noch ihre Familie schützen; ich weiß, ihr
Weißen glaubt es nicht, aber ich habe Dinge gesehen, die man
nicht glauben kann: Kugeln, die einen Schutzschild nicht durch-
dringen konnten, zum Beispiel. Seit wir sein wollen wie der weiße
Mann, fehlt uns der Schutz.

Bob Izoua nennt sich heute Chief Ayobahan des Königreichs Benin City.

Bob Izoua, 1954 geboren, war mal Johns Freund, das war vor 14 Jahren im Gefängnis von Lagos; damals schützte Izoua seinen Kumpel aus Ghana, er gab ihm eine Decke, Seife, getrockneten Fisch und Marihuana-Zigaretten, und immer wenn die Kleinbusse seiner Familie vor den Mauern hielten und Getränke und Essen ins Gefängnis brachten, lud Bob Izoua seine Anhänger zur Knastparty. Izoua saß damals vier Monate lang, dann wirkten seine Beziehungen.

Wir müssen warten. Bob Izouas Leibwächter bauen sich vor uns auf, Maschinenpistolen in den Händen, Hemdärmel hochgerollt, damit man sieht, wie stark sie sind.

Sechzehnjährige Machthaber Afrikas.

Bob Izoua begann seine Karriere als Geschäftsmann damit, dass er billige Häuser kaufte, Häuser, deren Bewohner sich verschuldet oder zerstritten hatten, und dann vertrieb er die Bewohner und vermietete teuer. Bob Izoua soll mit der Einschüchterung oder dem Verschwinden einiger Politiker zu tun gehabt haben, er verhalf damit dem neuen Gouverneur zur Macht, und als er freigelassen wurde nach seiner Haft, machte er Geschäfte mit Öl. Dass er einer jener Männer war, die im Nigerdelta die Pipelines der Konzerne anzapfen und durch dieses »Bunkering« allein Shell pro Tag 20 000 Barrel klauen, ist ein Gerücht. Dass Bob Izoua erstaunlich schnell erstaunlich reich wurde, ist unübersehbar wahr. Heute hat er 300 Busse, 250 Häuser, acht Frauen, die alle gleich aussehen, und 80 private Autos: Lincoln, Hummer, Mercedes etc. Guckt Bob Izoua aus dem Fenster, sieht er Straßen, auf denen er mit diesen Autos nicht fahren kann, nur Schlaglöcher und Sand, und er sieht Familien, die vor Feuerstellen hocken und Ratten grillen. Würde er nur ein Auto verkaufen, könnte er Schulen bauen, alle Straßen der Stadt reparieren, dieser Mann könnte die ganze

Stadt retten, aber dann hätte er ein Auto weniger, und das geht natürlich nicht.

Bob Izoua kann nicht lesen und nicht schreiben, er kann auch nicht reden. Er stammelt, er stottert, er macht Geräusche. Der rechte Schneidezahn fehlt ihm, Bob Izoua ist dick, und er sabbert. Bob Izoua hat sich die Stirn rasiert, auf dem Hinterkopf trägt er ein graues Haarbüschel. Er sitzt auf einem Schaukelpferd aus Bronze, und die Leute, die um ihn herumstehen, halten seine Telefone und lesen seine Briefe, leise stellen sie dem Boss ihre Fragen, und ziemlich grimmig sagt er Ja oder Nein.

Man kann durchaus sagen, dass Bob Izoua den äthiopischen Kaiser Haile Selassie noch übertroffen hat: Auch Selassie war nie zur Schule gegangen, auch Selassie las und schrieb nicht – aber Selassie hatte nur 27 Autos.

John Ampans Afrikanisch für Anfänger:
7. Afrikanische Männer reden nicht. Sie schweigen, sehen, was zu tun ist, und handeln. Wer redet, ist schwach.

Bob Izoua freut sich etwa eine Minute lang, John wieder zu sehen. »Du weißt, wer ich bin«, sagt John, und »oh« und »ah« macht Bob Izoua, ja, er erinnert sich an den Knast, »da cell«, wie er in seinem seltsamen Englisch sagt. Aber er stellt keine Frage, er will nichts wissen von John, er sagt nur, dass er 2000 Angestellte habe und Monat für Monat 3,5 Millionen Naira Gehalt zahlt.

Und dann muss er John seinen Reichtum vorführen, zunächst die Fotos an den Wänden, der Chief und sein Geld, der Chief und der Präsident, der Chief und der Gouverneur; dann den Keller, wo Wasser aus dem Boden quillt, in Plastiktüten gefüllt (»St. Jane Water«) und gelagert wird für den Verkauf; dann die Bäckerei, wo Bob Izouas Brot gebacken wird; dann den Al-

tar, wo Kuhköpfe, Hühnerköpfe, Federn, ein Stoßzahn eines
Elefanten und eine Menge Blut heftig und deftig riechen. Hier
also betet und hier opfert der Pate von Benin City, und seine
Götter heißen Olukun (Gott des Wassers) oder Shango (Gott
des Blitzes). Der Chef schreitet dann durch die Straßen, um
sich herum die Leibwächter mit ihren Kalaschnikows, und seiner Stadt zeigt er mit diesem Spaziergang, dass er weiße Besucher hat. Denn Bob Izoua ist der Herrscher von Benin City, diese Stadt gehört ihm, und darum zerstört er sie.

Im Staub kniet ein Mann. Bob Izoua hat ihn heute gefeuert,
der Mann war einer seiner Fahrer, aber dann trank er zu viel.
»Heute ist dein Glückstag«, ruft Izoua, »mein Freund John, der
Priester, ist hier, du bist begnadigt«; der Fahrer küsst dem Chef
die staubigen Füße und weint. Und dann geht der Boss zu seinem
neuen Haus, es wird noch gebaut, hoch sind die Mauern, riesig
die 30 Zimmer, fertig sind schon die Marmorwände im Bad.

Und alle Männer in Izouas Umgebung, im Zentrum der
Macht über Benin City, sind dick, das soll so sein, weil es Wohlstand zeigt; und ihre Frauen sind schlank, sind jung, sind Mädchen, nicht Frauen.

Das ist Nigeria: Menschen ohne Bildung und Mitgefühl,
Menschen mit Brutalität und Kraft reißen Macht und Geld an
sich, und sie teilen nur mit ihren Familien, denn alle anderen
sind ihre Feinde. Das alles ist vulgär und ohne Maß, und darum
ist Nigeria ein gepeinigtes Land.

Ein Ölbaron im Osten nannte sich zunächst »Commander
Columbus« und wenig später »Mr. Rich«; Bob Izoua hat sich
mit seinem Geld vom 50. auf den 5. Platz der Rangfolge des
Königreichs Benin City hochgekauft. Stimmt das Gerücht, dass
sein Reichtum aus Ölquellen stamme, die er schwarz anzapfe
und ausbeute, geschützt vom Gouverneur, der wiederum unter
Bob Izouas Schutz stehe? »Neid. Lügen«, sagt er, »ich schlafe
nicht, ich arbeite hart.«

Bei Bob Izoua erleben wir einen der gefährlicheren Momente dieser Reise: Billard mit dem Chef. »Er ist der Champ«, sagen seine Leibwächter, aber der Champ kann leider nicht Billard spielen. Er spielt mit Gewalt, hat noch nie von Winkeln gehört; nach ein paar Minuten habe ich fünf Kugeln versenkt und er keine, und komisch ist das nicht. »Du darfst den Champ nicht demütigen«, flüstert sein Berater, und es ist das erste Spiel in einer langen Kneipenbillard-Karriere, in dem ich beim Versenken der Acht die weiße Kugel absichtlich mit hineinschieße. Dann gratuliere ich dem Champ. Und er nimmt seinen Sieg wie selbstverständlich hin und schenkt mir eine Bronzefigur, eine Frau mit Horn auf der Stirn, achtlos hält er sie hin, hier, nimm den Dreck.

Ich mag die Figur.

Kenneth Aimufua ist von seinen Eltern verlassen worden, doch er sagt, diese Eltern seien das Beste, was ihm je passiert sei. Die Eltern sind in Spanien, Ken weiß nicht, wann er sie wieder sehen wird. Er weiß nicht einmal, ob er sie jemals wieder sehen wird. Er sagt: »Ich werde ewig dankbar sein.«

Vor zwei Jahren machten sich Sane Aimufua und ihr Ehemann Peter Aimufua auf den Weg nach Norden, drei Kinder ließen sie in der Heimat. Ken, 1981 geboren, und seine kleinen Geschwister Osas, 12 Jahre alt, und Izoduwa, 11, blieben bei Peters Bruder John in Benin City, als Jane und Peter aufbrachen, um sich und ihren Kindern ein lebenswertes Leben zu ermöglichen.

Es war eine afrikanische Entscheidung: drei Kinder zurückzulassen, um das Geld zu verdienen, damit diese Kinder daheim zur Schule gehen können. In Spanien haben wir Jane getroffen, ihr Ehemann saß in Abschiebehaft, und jetzt stehen wir hier in Afrika vor ihren Kindern.

Kenneth hat ein schmales Gesicht und die braunen Augen seiner Mutter, und er hat einen Kinnbart und lockige, lange Haare. Er ist ein junger Mann, der die Niederlagen noch nicht zu kennen scheint, von denen bisher jeder in diesem depressiven Land erzählt hat. Ken ist ein Kerl, der »Yo, talk to me« sagt, sobald sein Mobiltelefon klingelt, ein Kerlchen, das sagt: »Ich schreibe HipHop-Songs, ich schreibe Gedichte, ich werde Erfolg haben, hier oder in Europa. Nein, ich werde kein Niemand sein.« Er ist ein vergnügter, ein selbstbewusster Student der University of Benin City, wo er Banking and Financing studiert im dritten Jahr, und er liebt nigerianische Musik, stolze Musik von Leuten wie Eedris (»Ev'rything is scattaaad, scattaaaad«) oder Terry da Rapman (»I am a Nigerian«). Kenneth sagt: »Du musst für jeden Schritt deiner Ausbildung Geld ausgeben, das in unserem Land eigentlich kein Mensch hat, weil die wirtschaftlichen Bedingungen hier von Tag zu Tag schlechter werden.«

Wird er den Eltern folgen, irgendwann? »199 von 200 Leuten, die ich kenne, wollen nach Europa. Ich werde nicht der eine sein, der bleibt.«

Seine Mutter nennt Kenneth »Mrs. Jane«, seinen Vater nennt er »Mr. Peter«. Seinen Onkel John nennt er »Daddy«.

Und dieser Daddy sitzt dann in einem düsteren Wohnzimmer, rot der Teppich, braun die Couch, an den Wänden keine Bilder, weil für Bilder in einer Stadt wie dieser kein Mensch Geld ausgibt, sondern die Kalender vergangener Jahre. »Willkommen im Haus unserer Familie, Gott schütze euch«, sagt John Aimufua, geboren 1950.

Die Geschichte dieser Familie ist ein Beispiel, sie ist typisch, es ist eine sehr afrikanische Geschichte. John sitzt in Shorts und mit nacktem Oberkörper auf seiner Couch, Malzbier bietet er an, doch er trinkt nichts, er erzählt seine Geschichte.

Die Familie Aimufua war einmal eine Familie von Farmern. Sie hatten Ziegen und Kühe und Land, sie bauten Obst an. Da-

mals gab es kein Bodenrecht – wer irgendwo lebte, säte und ernte Yams und Cassava, so war es überall in Afrika. John war der
Älteste von acht Söhnen seiner Mutter Ugiomo, doch sein Vater, Aimufua, hatte noch zwei weitere Frauen, und mit denen
hatte er noch zwei Kinder – Polygamie war Männern selbstverständlich gestattet, und Bauer Aimufua konnte ja auch jede und
jeden gebrauchen bei der Feldarbeit.

Dann kam die Bodenreform, dann die Stadtflucht, alle gingen damals, und zunächst gab es in den Städten noch genug
Arbeit, weil es die goldenen Jahre Nigerias waren, aber dann
war nichts mehr zu tun. Dann gab es nur noch zu viele Menschen.

Als John Aimufua die Universität verließ, vor 30 Jahren,
konnte er sich seine Stelle noch aussuchen. Er wählte Nigeria
Airways, die Fluggesellschaft; er fing als Techniker an, wartete
Autos, diente sich hoch.

In den guten Jahren kaufte Nigeria Airways fünf Maschinen
vom Typ Boeing 747 und zahlte bar. Damals hätte John Aimufua Mitarbeitertickets nutzen können; er hätte nach London
oder Paris fliegen können für 15 Euro, denn in jenen Zeiten bekamen Angestellte wie er jedes Visum, das sie haben wollten. Er
flog nicht, weil er so viel zu arbeiten hatte. 28 Flugzeuge besaß
Nigeria Airways, und niemand in Nigeria glaubte, dass eine Firma wie diese zerstörbar sei in einem Land wie diesem, das so viel
Öl hatte und so viel Geld.

Nigeria überwies Entwicklungshilfe an bedürftige Nachbarn.
Nigeria hatte alle Möglichkeiten: In den Sechzigern waren die
großen Ölquellen im Nigerdelta entdeckt worden, zwei Millionen Barrel pro Tag wurden gefördert, 39 Universitäten gebaut.

Aber Nigeria verschleuderte alles. Wer an der Macht war,
warf die Millionen durch die Gegend, baute Paläste, zehn-,
zwölf- oder vierzehnspurige Autobahnen, kaufte Waffen, be-
stach, stahl, mordete. Einmal wurden 18 Millionen Tonnen Ze-

ment bestellt, kein Mensch wusste wofür, und keiner hatte an die Hitze gedacht und an die Folgen: Schon im Hafen von Apapa waren wertlose Steinblöcke aus dem Zement geworden.

Dann fielen die Ölpreise. Als die schlechten Jahre kamen, wusste niemand, wohin all die Millionen verschwunden waren, und nach und nach entließ Nigeria Airways 4000 Menschen. Und dann, es geschah 2003, sagte die Regierung, die Firma sei nicht zu retten, und schloss den Laden; es war ein nigerianischer Bankrott, ohne Abfindungen und ohne Renten. »Natürlich haben wir Ansprüche«, sagt John Aimufua, »aber wie macht man die geltend in einem Land, in dem jeder Richter abhängig ist von dieser Regierung, die die Eigentümerin der Firma war, um die es geht? Keine Chance, wir haben nicht den Hauch einer Chance.«

So kam es, dass sich die Brüder zusammensetzten. Peter war ebenfalls arbeitslos, und ihnen war klar, dass sich Benin City nicht ändern würde, jedenfalls nicht zum Besseren. »Die Menschen in Europa sind nicht glücklich, hier ist meine Heimat. Ich will nicht gehen«, das sagte John.

»Ich will ein anderes Leben. Aber dann musst du meine Kinder nehmen«, das sagte Peter.

»So machen wir es«, sagte John Aimufua.

Es war die afrikanische Lösung: Einer geht, und viele bleiben und helfen dem, der sich auf den Weg macht, mit der Betreuung seiner Kinder; kommt der eine durch, hilft er denen, die geblieben sind, mit seinem Geld.

»Das ist der Deal«, sagt John Aimufua, »sobald Peter Geld verdienen wird in Spanien, wird er uns schicken, was er übrig hat.«

Darum verabschiedeten sich Peter und Jane von ihren Kindern und machten sich auf den Weg. Für die, die blieben, ging es nicht gut am Anfang. Johns Frau Veronica hatte einen Blinddarmdurchbruch, den niemand diagnostizierte und niemand behandelte, sie starb am 7. Februar 2005. »Vero« sagt er, so hatte er sie genannt. Und John Aimufua muss seitdem für sich und die eigenen Kinder und die drei Kinder seines Bruders sorgen, zu acht leben sie in diesem Haus. Was ihnen hilft, so lange, bis Peter zum ersten Mal Geld schicken wird, ist die Immobilie: Es ist ein langes Haus, kein Keller, eine Etage nur, Zimmer neben Zimmer; so hat John es seit 1974 gebaut: zuerst zwei Zimmer, dann, als er das Geld dafür hatte, die nächsten zwei Zimmer, sein Haus wuchs in die Länge, wann immer er sich den Ausbau leisten konnte, und so machte er weiter, zäh und geduldig – heute gibt es einen langen Gang und auf jeder Seite sechs Zimmer, vier davon sind vermietet und bringen ein bisschen Geld.

Das Telefon klingelt. Peter ruft aus Spanien an, aber was sagt man dem Vater, der 5000 Kilometer entfernt ist, wenn man 30 Sekunden hat? Erzählt man von der Schule, von zu Hause, von den Geschwistern, von den Masern, von den kaputten Schuhen, dem Unfall, der vorhin draußen vor dem Haus passierte?

Jedes Kind hat Zeit für einen Satz.

»Ich dich auch«, das sagt Ken, 23.

»Papi, Papi, wo ist Mami?«, das sagt Osas, 12.

Und Izoduwa sagt: »Schlaf gut, Papi.«

*

Izoduwa Aimufua, 11, Benin City, Nigeria: *Mami wird mich holen, das hat sie versprochen. Sie ist in einem anderen Land, ich habe vergessen, wie es heißt. Sie musste dahin gehen, Papi auch, damit sie Essen für uns kaufen können. Und dieses Kleid, das ich trage. Und meine Schule. Onkel John ist nett, und er sagt uns, dass Mami und Papi jeden Tag an uns denken. Ich denke auch an sie, jeden Tag. Aber am Telefon kann ich mit ihnen sprechen, manchmal, und Papi sagt dann, dass wir lieb sein sollen und tun sollen, was Onkel John sagt. Ich weiß, dass Mami bald kommt, um mich zu holen. Sie hat es mir versprochen.*

Bevor wir aufbrechen, besuchen wir Janes Mutter, Rita, 102 Jahre alt, in ihrem gelben Steinhaus am Stadtrand.

Ihr Mann Ovinroba war Priester, er starb vor Jahrzehnten. Rita war die Tochter einer Hexe, und sie konnte selbst zaubern, aber heute macht sie das nicht mehr, sagt sie.

Sie sagt nicht viel. Sie trägt ein rosafarbenes Kleid und sitzt sehr still da, als wir von Jane erzählen, von Spanien, von Janes Reise.

»Sie hatte Gründe, es ist überall besser als hier«, flüstert Rita, die zehn Kinder hat, 52 Enkel und 21 Urenkel.

John Ampans Afrikanisch für Anfänger:
8. Wenn du in Afrika Mitglied der Mafia werden willst, musst du etwas opfern. Was du zu opfern hast, wird dir von der Mafia befohlen, aber es ist immer das, was dir am wichtigsten ist. Hast du drei Töchter und einen Sohn, wird es dein Sohn sein, hast du gerade geheiratet, wird es deine Braut sein. Bist du bereit zu opfern, gehörst du dazu, und du wirst ein reicher Mann.
9. Bist du ein reicher Mann in Afrika, musst du dich schützen. Du brauchst eine Leibgarde, und du brauchst alle Götter, die du kriegen kannst. Afrikaner trauen sich nicht, die Religion der Weißen komplett abzulehnen, es könnte ja etwas dran sein – sie glauben deshalb zu 50 Prozent an euren Gott. Aber sie trauen sich erst recht nicht, die Geister ihrer Ahnen abzulehnen. Darum steht auf ihrem Tisch ein Kreuz, und unter dem Tisch steht der Schrein mit den Opfergaben. Es ist die afrikanische Art der Versicherung: Eins von beidem wird schon helfen.

John Ampan saß in vielen dieser Autos mit namenlosen Fahrern, die sein Geld nahmen, schwiegen und ihn nach Norden fuhren. Er saß hinten und konnte sich nicht bewegen, weil die Autos erst starteten, wenn sie voll waren; zehn Männer in einem Mercedes, 40 Männer auf einem Kleinlaster, das waren die Kontingente.

John fuhr von Lagos nach Benin City, und er erwischte sofort einen Wagen, der ihn weiterbrachte nach Norden. Die Straße war vierspurig, meistens, dann auch mal enger, zunächst war die Landschaft ziemlich grün, tropisch grün, dann wurde sie nach und nach blasser. Sie kamen am Zuma Rock vorbei, einem Felsen, einem gewaltigen Block, grau und finster und nicht weniger spektakulär als der Uluru inmitten Australiens. Sie kamen in eine Landschaft, die beige wurde und immer flacher. Autowracks lagen am Straßenrand, geplündert und ausgebrannt. Polizisten wollten das Geld der Flüchtlinge.

Heute steht ein Plakat am Straßenrand: »Unsere Gründerväter kämpften für Nigeria. Lasst es uns nicht zerstören.« Das Plakat stand hier damals noch nicht.

Sie erreichten Kaduna, und hier oben ist Nigeria ein muslimisches Land: Es gibt Viertel, in denen Besucher gewarnt werden vor der Scharia; die Frauen hier sind verschleiert; beim Polo trinken die Zuschauer Malzbier, weil Alkohol verboten ist. Der Kaduna Polo Club ist eher unspektakulär: ein großes Stück Land, ein Spielfeld, eine Tribüne, und am Rande grasen die Pferde. Interessant ist der Kaduna Polo Club eher deshalb, weil John und der Fahrer Emanuel seinen Namen nicht aussprechen wollen.

Denn hier organisieren sich die Herren, die die Ölquellen im Griff haben, hier wird entschieden, wer nächster Präsident wird und wer Gouverneur, auf diesem Flecken Nigerias wird das Land aufgeteilt. Der Kaduna Polo Club, das ist die Mafia dieses ehrenwerten Landes, das war so, als John im Gefängnis von Lagos saß, und es hat sich bis heute nicht geändert, weil die Herren sehr gut darauf aufpassen, dass ihnen niemand die Macht nimmt.

John reiste damals mit einer schmalen Nylontasche, und darin hatte er 1 traditionelles Hemd seiner Heimat, 2 Hosen, 3 Oberhemden, 2 Unterhosen, 1 Handtuch, 1 Zahnbürste, 1 Turban und 1 Walkman von Casio und 4 Kassetten: Jazz, Blues, ghanaische Musik und Reggae. Aber bald gingen ihm die Batterien aus. Das traditionelle Hemd verkaufte er unterwegs, vom Geld, das er dafür bekam, konnte er 400 Kilometer weiter fahren.

Sie redeten kaum in diesen Autos. Sie konnten sich nicht bewegen. Wenig sahen sie von den Städten, durch die sie fuhren, wenig von der Landschaft. Hin und wieder war einer freundlich und nett und lud John zum Essen ein: Einen Teller Reis gab dieser Mensch dann aus, an einer dieser »Chop-Bars«, den mobilen Restaurants am Straßenrand. Wenn ihn keiner einlud, kaufte sich John morgens ein Brot und eine Fanta, sein Frühstück. Ein halbes Brot bewahrte er sich auf, sein Mittagessen. Für Abendessen hatte er kein Geld.

Sein Ziel war England oder Deutschland, nicht Spanien. In England wollte er studieren, in Deutschland Arbeit suchen, die endgültige Entscheidung wollte er unterwegs treffen.

»Ich stank«, sagt John Ampan, »nach Tagen auf diesen Straßen und Tagen in dieser Hitze mit all diesen Menschen in diesen Autos riecht man, wie man es sich vorher niemals vorgestellt hätte. Irgendwann merkt man nicht mal mehr, wie man riecht.«

Eine Nacht verbrachte John in Niamey, der Hauptstadt des Niger. Er mietete sich ein billiges Zimmer und duschte so lange, bis kein Wasser mehr kam. Am nächsten Morgen fand er einen Bus nach Agadez, und im Bus traf er auf Ahmed, einen dieser Männer, die mit den Reisen all der anderen ihr Geld verdienen.

Ahmed erzählte ihm von den beiden Routen ins Paradies: über Libyen nach Italien, über Marokko nach Spanien, die Grenze zu Libyen werde zurzeit strenger überwacht, das sagte Ahmed.

Um 14 Uhr kam der Bus in Agadez an, und Ahmed lud John zum Essen ein. Er zeigte John den Busbahnhof, sagte ihm, dass es in Pickups weiterginge, Kleinlastern von Toyota, am nächsten Morgen führe der nächste.

Und wir fahren zur Grenze und erleben einen Eklat.

Wir wechseln an beinahe jeder Landesgrenze den Wagen und den Fahrer, um ein Auto mit Landeskennzeichen zu haben und weniger aufzufallen und um einen Fahrer zu haben, der sich auskennt.

Emanuel, unser nigerianischer Fahrer, hat Tag für Tag versucht, so viel Geld wie eben möglich herauszuholen, bei jedem Essen, in jedem Hotel, und nun bezahle ich ihn exakt. Ziehe die 3000 Naira für den Ölwechsel ab, die er sich geliehen hat, verrechne Übernachtungskosten, er kriegt, was ihm zusteht, aber kein Trinkgeld. Selbst Schuld, er hätte wissen müssen, dass ich fair bin. So denke ich.

Betrug. Ein Skandal. Ich habe ein Recht auf das Geld dieses Weißen. So scheint Emanuel zu denken.

Er schreit, stampft, schreit, stellt sich vor das Auto unseres neuen Fahrers Aghali, dann setzt er sich davor in den Staub und ruft: »We have to settle this«, wir müssen das lösen, aber ich will nichts lösen, ich bin es leid. Mir reicht diese, seine ständige Haltung: Ich habe Anspruch auf dein Geld. Auf mehr Geld.

Und ich spüre, dass die Zeugen dieser Szene, alle hier an der Grenze, denken, warum wirft dieser Weiße nicht einfach ein paar Scheine in den Sand und löst das Problem und wahrt sein Gesicht und fährt? Aber mir wäre das zu viel, für mich wäre gerade das die Blamage, es wäre eine Niederlage und ein Sieg Emanuels durch Erpressung. Ist das sehr deutsch?

John Ampan, Ehefrau Vida, Kinder Glenn und Eva, Accra: Wie soll es gehen nach 14 Jahren?

Lagos: Die Bretter heißen »Hauptstraßen«

Benin City: Die Stadt exportiert ihre Töchter

Bob Izoua, Benin City: Die Stadt gehört ihm, darum zerstört er sie

Chief John Odeh Unvoyen, Benin City: »Ihr werdet sicher nach Hause kommen«

Osas, Kenneth und Izoduwa Aimufua mit Onkel John, Benin City: »Mami kommt bald, sie hat es versprochen«

Jane Aimufua, Algeciras: »Wisst ihr, wie sehr wir Afrika vermissen?«

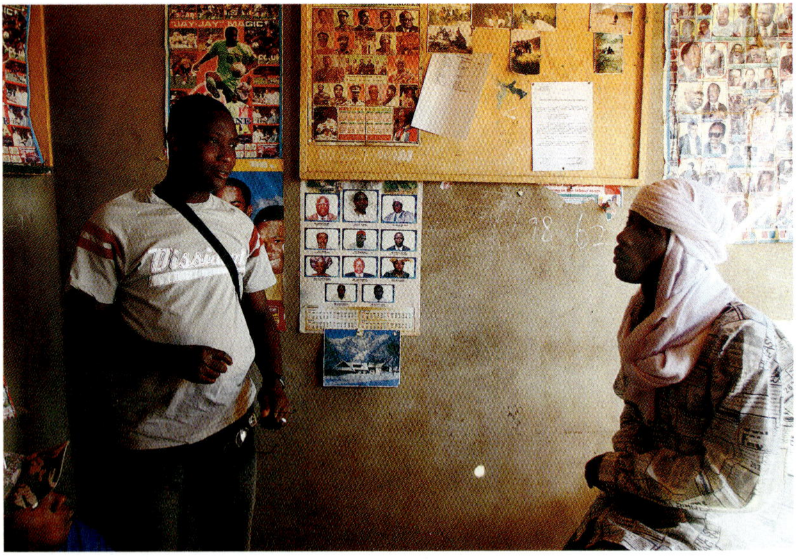

Tamanrasset: In Europa gilt es als Verbrechen, hier ist es eine Dienstleistung

Arlit: Die besten Plätze sind die Plätze am Rand

Sahara zwischen Arlit und libyscher Grenze: Sie lassen geschehen, was geschehen wird

Assamaka: Warten? Gehen? Aber wohin?

Algerische Sahara: Es ist die schönste Stunde des Tages,
wenn die Sonne noch nicht brennt und nicht tötet

N. Adam Progress mit Leibwächtern, The Valley:
»Baut eine Mauer im Meer, baut sie bis in den Himmel«

Ceuta: Moderne Kunst der Abwehr von Afrikanern

Algeciras: Es braucht Menschen, die Flüchtlingen Decken geben, Windeln, ein Haus

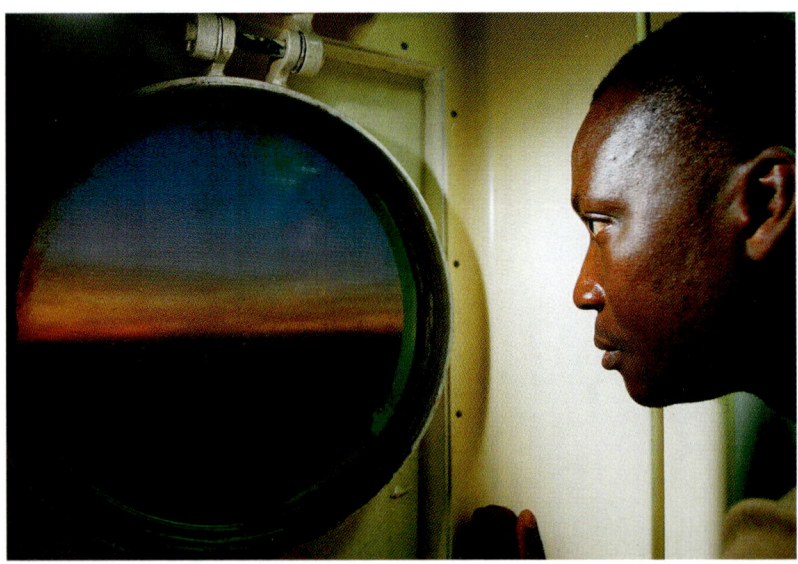

John Ekow Ampan, Mittelmeer: Er hat eine Freundin,
die dort in Europa zu Hause ist, doch er ist es nicht

Ich bitte Aghali, langsam anzufahren. Emanuel springt zur Seite, schlägt auf das Dach, brüllt, und Aghali, ein Tuareg in blauem Gewand, mit weißem Turban, weiß, doch sonnenverbrannt, ist ziemlich still.

3. DER IRRTUM

*»Die Wüste lehrt dich eines«, sagte mir ein wandernder
Kaufmann der Sahara in Niamey. »Es gibt etwas, was man mehr
begehren und lieben kann als eine Frau. Das ist das Wasser.«*
Ryszard Kapuściński, Afrikanisches Fieber

Agadez, Niger, Kilometer 2254

Niger ist ein dürres Land, karg und sandig. Runde Holzhütten
stehen in diesem Land mit Dächern aus Reisig, jede Familie hat
vielleicht zehn Quadratmeter Platz. Die Familie schläft dort
drinnen ohne Decken, auf nacktem Lehm. Wenn sie etwas zu
essen hat, dann setzen sich alle im Kreis um den Topf, und
dann greifen sie mit bloßer Hand hinein, nacheinander, immer
reihum, und keiner zeigt Gier, weil alle den Hunger der anderen
kennen und respektieren. Zehn, zwanzig Hütten bilden ein
Dorf, glücklich sind die Bewohner jener Dörfer, in deren Mitte
ein Brunnen steht; für die anderen ist dies die Aufgabe und der
Sinn ihres Lebens: Wasser holen. Morgens gehen Frauen und
Kinder zur nächsten Wasserstelle, abends kehren sie zurück,
mit Krügen und Eimern auf den Köpfen.

Landwirtschaft, das heißt auf einem Kontinent der trockenen
Böden, der raren und unkalkulierbaren Regenfälle, der vielen
Schädlinge und der rasant verbreiteten Krankheiten, dass es für
die meisten jeden Tag ums Überleben geht und nur für sehr wenige um so etwas wie Wohlstand.

Moderne, das heißt in einem Land wie diesem, dass manche
Hütten inzwischen aus Lehmziegeln gebaut werden, dann heißen sie »Häuser«, und innen bleibt es kühl.

Und was für ein Unterschied das ist: ob du in einem Land lebst oder durch ein Land reist; ob du einen Reisepass hast oder nicht; ob du in der Lage bist, ein Land zu verlassen, das du verlassen musst, um zu leben – oder nicht. Wer in einem afrikanischen Binnenland wie Niger geboren wird, weit weg von den Küsten und den Mächten der Natur ausgeliefert, lebt vom ersten Tag an wie unter einem Fluch.

Niger, ehemalige französische Kolonie in der Sahelzone, vier Fünftel Sand- und Steinwüste, hat gut 12 Millionen Einwohner, die im Schnitt 44 Jahre alt werden, und über 80 Prozent der Menschen hier können nicht lesen und nicht schreiben, denn nur 30 Prozent der Kinder gehen zur Grundschule, nur 5 Prozent zur Sekundarschule. Die Vereinten Nationen haben ermittelt, dass Niger das ärmste Land der Erde ist, Platz 1 unter 177 Teilnehmern, vor Sierra Leone, aber was vergleichen sie da? Welche Zahlen belegen so etwas in Gebieten, in denen es keine Taschenrechner, keine Kugelschreiber und kein Papier gibt? Oder Schulen. Oder Ärzte. Oder Wasser. Und was sagen dann diese Statistiken über Länder, in denen die Regierenden in gekühlten Büros sitzen und das Volk bei 50 Grad draußen in Hütten, über Länder also, in denen es keinen Kontakt zwischen Regierung und Volk gibt?

Vor 100 Jahren lebten Elefanten und Antilopen in Niger, es war ein ziemlich grünes Land. Doch die Sahara rückt vor. Heute gibt es in Niger nur Wüste, Armut und Missverständnisse.

Als der Irak-Krieg begann, war Niger Thema der Welt, denn die amerikanische Regierung behauptete, sie hätte Belege dafür, dass Uran aus Niger nach Bagdad geschmuggelt werde; es war eine Lüge vor Zeiten des Krieges, es gab diesen Schmuggel nie, es gab dann nur den Krieg, den auch diese Lüge begründet hatte.

Im Juli 2005 wurde Niger wieder Thema der Welt. Damals rollte diese Welle an, die aus Medien, Spenden, Helfern und

147

mehr Medien besteht und die nach ein paar Wochen weiterzieht und ein unter Mitleid und Lebensmittelpaketen begrabenes Land zurücklässt – so ist es immer. In Niger war der Auslöser dieser Welle, dass im August 2004 der Regen ausgeblieben war, Heuschrecken hatten die Felder verwüstet, und darum hungerten die Menschen wie nie zuvor.

Oder war alles wie immer?

Darüber streiten sie heute noch in diesem Land. Die Helfer sagten, die Hungersnot sei katastrophal; Präsident Mamadou Tandja sagte, es sei eine dieser Lebensmittelknappheiten, die man oft erlebe in Ländern wie seinem, aber es sei keine Hungersnot, alles andere sei bloß »falsche Propaganda« jener Helfer, die Spenden sammeln und Medien locken wollten. Natürlich schalten die Helfer und die Medien für diese Worte den Präsidenten, der gefährlich sei, weil er selbst keinen Hunger kenne und die Hilfe blockiere.

Arne Victor Garvi sagt, Recht habe der Präsident und gefährlich sei das Rote Kreuz, und fatal sei diese ganze verdammte Scheiße, die der Westen »Entwicklungshilfe« nenne.

Arne Victor Garvi hatte eine andere Idee, auch er wollte helfen, aber er ging es anders an als die großen Organisationen, und vermutlich braucht es Verrückte, wenn die Aufgabe lautet: Bepflanzt die Sahara. Es braucht Fanatiker, und als die Beamten in den gekühlten Büros der Regierung in Niamey diesen seltsamen Norweger fragten, wie lange seine Arbeit voraussichtlich dauern werde, da sagte der Norweger: »Es ist eine langsame Revolution. Versprechen kann ich nur zwei Generationen.« Der Sohn des seltsamen Norwegers war damals 18 Jahre alt und sein Leben damit verplant.

Arne Victor Garvi, 1954 in Stavanger geboren, ist ein Mann, der wenig Bescheidenes sagt. Er nennt »kriminell«, wen er für kriminell hält, und Arne Victor Garvi zeigt selten Zweifel. Er sagt, »die Menschheit muss einen Schritt zurück machen und wieder diversifizieren«, sagt, »wir können die Entwicklung der letzten 50 Jahre umdrehen«.

Es existieren ungefähr 78 000 essbare Pflanzenarten, aber die Menschheit hat sich angewöhnt, aus 20 Arten 90 Prozent ihrer pflanzlichen Nahrung zu gewinnen. Diese 20 Arten wachsen leider nicht in der Sahara, aber die Sahara wächst, da das Klima sich wandelt, der Wind den Sand vorantreibt und der Boden erodiert und in Ländern wie Niger die Savanne und mit ihr die letzten Gazellen und Löwen verschwinden. Der Sandboden hier ist mager, er enthält nicht viele Nährstoffe; etwas Stickstoff gibt es durch Tierdung, etwas Kalium durch den Staub der Wüstenwinde, aber die minimalen Phosphatmengen sind im Boden derart fest gebunden, dass die Pflanzen kaum herankommen. Dazu kommen Winderosion, Schädlinge und natürlich: Trockenheit. Arne Victor Garvi, Sandalen- und Schnurrbartträger mit breitem Kreuz und braun gebrannten Armen, sagt, er liebe die Wüste und bekämpfe sie dennoch, und die Wüste müsse nicht siegen. Und, trotz Wassermangels, trotz ständiger Erosionen: Der Mensch müsse nicht hungern.

Garvi war ein Abenteurer, früher. Er ging ohne Abschluss vom Gymnasium und reiste, war Kaplan in einer Seemanns-Mission in Sydney, traf seine heutige Frau, und 1975 durchquerten sie die Sahara zum ersten Mal, mit einem VW Bus, den sie mehr trugen und ausbuddelten als fuhren. Sie kamen nach Algerien, »als sie dort Hälse durchschnitten«, wie er sagt, gründeten die »Eden Foundation«, brachten bei der vierten Sahara-Durchquerung Kühlschrank und Klavier nach Niger und blieben. Und jetzt fährt Arne Victor Garvi mit seinem Sohn Josef von seinem Haus in Zinder hinauf zur Plantage; die Plantage liegt 13 Kilometer südlich von Tanout, wo im Jahr 125 Millimeter Regen fallen. Es gibt Wüste dort und mittendrin die Plantage, schockierend grün.

Viele weiße Menschen, Menschen von Regierungen und Nichtregierungs-Organisationen, sagen, Garvi habe einen

Knall. Viele schwarze Menschen, 2000 Bauern im Wüstenstaat Niger, sagen, Garvi habe Recht. Die Bauern haben ein gutes Argument: Vor ein paar Jahren hatten sie Hunger; jetzt können sie ernten. Im ersten Jahr, das sagt die Statistik der Eden-Leute, ist diese Ernte im Schnitt 0,68 Euro wert, im dritten Jahr 6,22 Euro, im zwölften 44,32 Euro.

Niemand behauptet, es sei einfach.

68 Cent sind ein Vermögen für den, dessen Alternative der Hungertod ist.

Die Eden Foundation funktioniert so, dass Arne Victor Garvi und inzwischen vor allem sein Sohn Josef und dessen Frau und mal fünf, mal zehn Freiwillige jahrelang testen, welche Pflanzen in der Sahara wachsen. Sie betreiben »direct seeding«, was bedeutet, dass die Pflanzen nicht gezüchtet und dann verkauft werden, sondern an Ort und Stelle bleiben und darum unter der Erde mächtige Wurzelgeflechte bilden, die sich das Wasser von ganz weit unten holen. Wenn etwas blüht, stellt Familie Garvi die Samen in weißen Dosen daheim in Zinder ins Regal und wartet. Denn ihr Konzept ist: keine Bevormundung, also auch keine Werbung. Die Bauern sollen selbst kommen und fragen, was denn da plötzlich wächst und wieso.

Wenn sie wollen, kriegen sie die Samen. Wenn sie damit arbeiten, kriegen sie nächstes Jahr neue Samen, wenn nicht, dann nicht. »Lehre sie nicht, wie sie Fisch essen, lehre sie fischen«, sagt Garvi, »denn die Alternative wäre, sie bis zum Ende der Ewigkeit mit Hilfspaketen zu füttern.«

Die Ökonomin Axelle Kabou schreibt, Afrika sei sehr viel mehr selbst verantwortlich für seine Lage, als es den Afrikanern lieb sei. Seit Ewigkeiten glaubten die nämlich, der Rest der Welt schulde ihnen die Rettung, und natürlich sei diese Opfer- und Bettlerhaltung naiv. »Verweigerte Modernisierung«, so nennt Frau Kabou das: Afrikaner seien »die einzigen Menschen auf der Welt, die noch meinen, dass sich andere als sie selbst um ihre Entwicklung kümmern müssen«. Darum, mit Kant: Wahre Entwicklungshilfe muss Aufklärung sein, Hilfestellung beim Suchen des Weges aus selbst verschuldeter Unmündigkeit.

Die Garvis begannen 1987. 160 Arten haben sie seitdem getestet, sie säten und warteten, wässerten nicht, schützten nicht, entweder es wächst oder nicht. Nach zwei Jahren kam der erste Farmer und fragte: »Sagt mal, wie bewässert ihr eure Sachen?« Dann kam der nächste. Die Garvis verzweifeln immer wieder mal, zum Beispiel wenn ein Bauer seine Ernte verkauft und mit diesem Geld aufbricht nach Europa und Frau und Kind hier bleiben und sofort wieder hungern; oder wenn jener Mann, der den Garvis Hausa beibringt, endlich seine Frau und seine drei Kinder ernähren kann von dem Geld, das die Garvis ihm zahlen, und sich prompt eine zweite Frau nimmt. »Wenn du arm bist, kannst du dir keine Fehler leisten«, sagt Josef, der Sohn.

Aber sie haben durchgehalten. Und Arne Victor Garvi geht jetzt durch seine Plantage, sieht, dass Cordia nevillii wächst, ein Strauch mit kleinen Beeren, aus denen man Sirup machen kann. Und Dania wächst und schmeckt wie eine amerikanische Erdnuss, nur süßer. Manche Pflanzen brauchen fünf Jahre, aber dann sind sie da und tragen Früchte. Die Seyal-Akazie war im vergangenen Jahr 1,40 Meter groß, jetzt sind es 30 Zentimeter mehr.

Der Norweger hat 50 000 Euro im Jahr für seine Familie und sein Projekt, die 50 000 Euro kommen von Freunden. Der Norweger sagt, dass Afrikaner von Europa wie Kinder behandelt würden. Er sagt, dass Afrika sich entwickeln könnte, wenn alle Entwicklungshilfe aufhörte, denn nur dann müsste der Kontinent nutzen, was er hat, und daraus eigene, gänzlich neue, niemals zuvor auch nur gedachte Ideen entwickeln.

Und nur schwarze Bauern wollen die Sätze des Norwegers hören, nicht die weißen Retter Afrikas, wie seltsam.

Die Ärzte ohne Grenzen zum Beispiel sehen die Lage ein wenig anders. Sie haben in Zinder im Süden Nigers ihre Lager eingerichtet, und Isabelle D'Haudt, Leiterin der Mission, eine schmale und zähe Frau mit Locken und engem schwarzen T-Shirt, sagt: »Wir nehmen immer noch neue Kinder auf, und alle Indikatoren für das nächste Jahr stehen auf rot.« Etwas später sagt sie: »Wir haben hier eine akute humanitäre Krise, daran gibt es gar keinen Zweifel.«

Niger ist eines jener Länder, in denen der freie Markt, den die Weltbank und die Spender aus dem Westen und mit ihnen die Regierung in Niamey begründen wollten, nicht funktioniert. Der freie Markt führte zu einer Bodenreform: Die Bauern sollten das Recht erhalten, das Land, das sie bewirtschaften, endlich auch zu besitzen; das war eine schöne Idee. Doch dann kauften reiche Geschäftsleute aus Niamey Grund und Boden auf, wo immer welcher angeboten wurde, und nach der Reform besaßen die Bauern ihr Land noch immer nicht, sie konnten es nicht einmal mehr bewirtschaften, sie mussten es stattdessen verlassen, weil die neuen Eigentümer das so wollten. Sogar Brunnen gelangten in Privatbesitz, und seither sollen die Bauern für Wasser zahlen.

Und so führte der freie Markt am Ende dazu, dass Güter knapper wurden und die Preise stiegen. Unbezahlbar für die Mehrheit wurde zum Beispiel Brot; dann verkauften die großen Unternehmen in Niamey wesentliche Teile der Ernte, die sie in Silos gelagert hatten, nach Nigeria, weil dort die Preise höher waren – und als die Hungersnot oder die Lebensmittelknappheit begann, hatte niemand in diesem armseligen Staat genug Geld, um die verkauften Lebensmittel wieder zurückzukaufen.

Und als dann die Pakete, all die Tagesrationen der Helfer ins Land kamen, da war es nicht so, dass sie schnell verteilt worden wären – es gab einen Handel, es gab Diebstahl, es gab Kämpfe und Schlachten um diese Hilfsmittel, die ein Schatz waren, eine Ware.

Mitgefühl ist keine Tugend in Ländern wie Niger.

70 Leute haben die Ärzte ohne Grenzen in Niger, zwei unterschiedliche Arten von Lagern haben sie rund um Zinder eingerichtet: »Creni«, so heißen die beiden Lazarette zur Intensivbehandlung Schwerkranker, wo Mütter mit ihren Kindern bleiben und versorgt und behandelt werden; »Crenas«, das sind 16 mobile Stationen, wo sich die, die hungern, aber nicht in Lebensgefahr sind, Nahrung abholen können. Der Tunesier Helmy Mekaoui ist einer der Ärzte hier, ein Mann mit Zopf und Ohrhörer, einer, der schon in Kongo, Äthiopien und Liberia arbeitete, einer, der es in Brüssel nicht aushielt, »weil in europäischen Krankenhäusern lauter Gesunde liegen und sich über dämlichstes Zeug beschweren«, wie er sagt.

Niger ist anders. »Hier sterben Menschen an ernsten Erkrankungen, ohne sich zu beschweren«, sagt Helmy Mekaoui.

»Jedes Kind, das überlebt, rechtfertigt den Einsatz der Weltgemeinschaft«, das sagt Isabelle D'Haudt.

»Die Welt erzieht die Hungernden zur Unfähigkeit, macht sie faul und abhängig und damit alles viel schlimmer«, das sagt Arne Victor Garvi.

Die Kinder des Niger rufen nicht »Money, money, money«, sie rufen »cadeaux«. Niger spricht Französisch.

Afrika:

Du bist der einzige Gast eines kleinen Hotels, du sagst um 23 Uhr, dass du gerne die Rechnung hättest, weil du am Morgen früh aufbrechen wirst, und dann sitzt du eine Stunde lang herum und wartest. Du siehst, wie drei Menschen an der Rezeption streiten und reden und malen und schreiben, du bittest sie nach 45 Minuten, irgendwann zum Ende zu kommen, und sie streiten und reden und malen und schreiben nun etwas schneller, und um 0.15 Uhr kommt einer der drei zu dir und hält dir einen abgerissenen Zettel hin mit nichts als einer Zahl: 100 000.

Wenige Autos sind in Niger unterwegs, aber jedes dieser Autos ist beladen und bringt Menschen nach Norden. Viele Kamele ziehen durch Niger, Karawanen auf der Jahrtausende alten Strecke vom Aïr-Gebirge im Norden zu den Städten im Zentrum und im Süden. Beladen sind die Kamele mit Salz, und langsam, doch ohne Pause, schleppen sich die Tiere durch die Sahara; auf den ersten und den letzten Kamelen der Salzkarawane sitzen Tuareg, stoische Reiter in schwarzen Turbanen und schwarzen Umhängen, die jene Wege, die durch die Wüste führen, kennen, obwohl sie für Europäer und auch für Afrikaner wie John unsichtbar sind – Afrika ist der Kontinent der mündlichen Überlieferung, auf dem die Schrift keine Rolle spielt. Und es gibt wohl tatsächlich so etwas wie ein kollektives Gedächtnis der Tuareg, Legenden und von Großvater zu Vater zu Sohn weitergereichte Geheimnisse, und so finden sie immer wieder ihr Ziel; und der Koch der Tuareg kocht oben im Sattel mit Gas oder Kameldung und reicht dann den Blechtopf zum Nachbarn, und von dort wandert der Blechtopf weiter. Der Hamburger Entdeckungsreisende Heinrich Barth will vor über 150 Jahren berechnet haben, dass »die durchschnittliche Geschwindigkeit, wie die Tuareg reisen, eine halbe englische geografische Meile in 13 Minuten« betrage.

Kapuściński erzählt von drei Definitionen des Vaterlandes:

Genet: »Mein Vaterland, das sind zwei, drei Bekannte.«

Camus: »Ja, ich habe ein Vaterland: die französische Sprache.«

Der Tuareg: »Mein Vaterland ist dort, wo Regen fällt.«

Wie absurd, mit einem Allrad-Landcruiser an diesen Reisenden vorbeizufahren.

Doch Aghali Maliya, ein Fahrer, wie man ihn sich nur wünschen kann, weil er von seinem Land erzählt und überall Menschen kennt, die zu treffen sich lohnt, weil er Decken und die kleinen Teegläser für Pausen in der Wüste dabei hat (und weil er schnell und sicher Auto fährt), ist Tuareg und berichtet von seinem Volk.

Die Tuareg, hellhäutig, ziehen seit Jahrtausenden mit ihren Dromedaren durch Sahara und Sahel, die Wüste ist Heimat für sie, und vermutlich versteht niemand die Wüste so gut wie die Tuareg. Sie bringen Salz aus den Bergen in die Städte und bekommen dort Gold, und vom Gold kaufen sie, was sie zum Überleben brauchen. Das ist der Sinn ihres Tuns, ein ewiger, langsamer Kreislauf. Aber manchmal sind auch sie ratlos, manchmal in Not – wenn die Quellen versiegen und die Dürre selbst für sie tödlich wird, ziehen sie nach Süden, hinein in die vergleichsweise fruchtbaren Gegenden des Niger, und dort kommt es dann zu Konflikten: Die schwarzen Bauern scheinen die Tuareg als Räuber zu verstehen und die Tuareg die schwarzen Bauern als minderwertige Rasse.

Die Tuareg, das lernt man, wenn man mit einem der ihren unterwegs ist, verbringen einige Zeit ihres Lebens in der Hocke: Sie warten hockend, sie trinken hockend ihren Tee, und sie pinkeln hockend.

250 Kilometer vor Agadez endet die Straße, von nun an geht es weiter durch den Sand der Sahara. Ein Lastwagen steckt fest, die Vorderräder in den Sand gerammt, 150 Menschen saßen dort oben auf der Ladefläche und klettern nun herunter; sie müssen Matratzen und Wasserflaschen, all das, was sie mit Seilen an den Seitenwänden befestigt haben, lösen, damit sie den Wagen aus dem Sand hieven können. Es dauert Stunden, dann fahren sie weiter.

Die Drehscheibe für jene, die aus Niger nach Europa wollen, ist Agadez.

Und Agadez, das sind: 90 000 Einwohner, Wüstensand in den Straßen, sandbraune Häuser und im Zentrum die Moschee mit dem viereckigen, nach oben immer enger werdenden Turm, den man durch enge Gänge erklettern kann – von oben sieht man dann eine Stadt, die sich in immer größeren Kreisen in die Wüste hinausdehnt, man sieht Häuser hinter Mauern, welche die

Menschen hier vor den Sandstürmen der Sahara schützen sollen. Die Kunst der Architektur der Wüste lag schon vor Jahrhunderten darin, mit Löchern und Windungen, Spalten und Ritzen so viel Zugluft und zugleich so wenig Sand wie möglich ins Innere zu lassen. Und irgendwo im Gewirr dieser Gassen liegt jenes Haus, das einst für drei Monate der Hamburger Forscher Heinrich Barth bewohnte.

Barth, 1821 geboren und vom Vater zu »strenger Moralität, Gewissenhaftigkeit, peinlicher Ordnungsliebe, Sinn für Häuslichkeit und Familienliebe« erzogen, brach 1849 zu einer Reise durch die Sahara auf und reiste von Tripolis durch die Gebiete der damals ziemlich kriegerischen Tuareg zum Tschadsee und weiter nach Timbuktu. Er ernährte sich von »gestampfter Negerhirse«, so jedenfalls dichtete er. Fünf Jahre lang war er unterwegs in den Wüsten Afrikas, seine Begleiter Adolf Overweg und James Richardson überlebten die Reise nicht, starben »einen höchst ehrenvollen Tod im Dienste der Wissenschaft«, so Barth. Einmal, als er Diener und Träger verloren hatte und kurz vor dem Verdursten war, schnitt Barth sich die Adern auf und trank; »ich litt unsäglich an Durst, obgleich ich an meinem Blute sog«, so beschrieb er das. Barth, Abenteurer mit Backen- und Schnauzbart und am Kinn glatt rasiert, in Afrika aber in »halb arabischer, halb sudanischer Tracht« unter dem Namen Abd el-kerim unterwegs, hatte in Agadez einen Raum für sich, vier mal zehn Meter vielleicht, die Lehmwände so dick, dass es hier drinnen stets kühl war. Sein kleines Bett, 1,50 Meter lang, steht noch heute auf vier Klötzen, und an den Wänden hängen Pfeile und jene Satteltaschen, die in Niger »Ragama« heißen.

Agadez, so notierte Heinrich Barth, lag damals »mitten unter gesetzlosen, barbarischen Horden« und »an der Grenze der Wüste und der fruchtbaren Distrikte des fast ungekannten Innern eines großen Kontinents, gegründet an solchem Platze von alters her und beschützt als eine Stätte friedlicher Zusammenkunft und des Handelsverkehrs und Austausches der mannigfaltigsten Bedürfnisse zwischen Nationen der verschiedensten Charaktere«. Barth reiste damals in einer Karawane von sechs Kamelen, 35 Eseln und zwei Bullen hierher, er selbst hockte auf einem der Bullen mit dem Kompass in der Hand. Und er bekam schon damals den Eindruck »einer verödeten Stadt – eines Glanzpunktes vorübergegangener Zeiten. Selbst im wichtigsten Stadtteile, dem Mittelpunkt der ganzen Stadt, lagen die meisten Wohnhäuser in Ruinen und alles schien hier tot und still«.

Nur die Frauen nicht – die Frauen umgarnten den Fremden und »luden mich mit großer Einfachheit ein, mit ihnen lustig zu sein«. Sie waren »leidlich hübsch und gut gebaut, mit schwarzem, in Flechten herabhängendem Haar, ohne Überdruss von Fett, mit lebhaften Augen, heller Gesichtsfarbe und angenehmen Zügen. Die Stattlichste von ihnen war ganz in Weiß gekleidet. Sie gehen unverschleiert, ziehen aber gelegentlich, mehr aus Koketterie als aus Schamhaftigkeit, ein Obergewand über den Kopf; die Brust ist vollkommen bedeckt«.

Der Reisende widerstand dem Reize; und allen, die nach ihm planten, Afrika »unangetastet und angesehen« zu durchwandern, riet er zu »äußerster Vorsicht und Zurückhaltung in Bezug auf das weibliche Geschlecht«. Heinrich Barth zog sich in sein Quartier zurück, Finken flogen herein und leisteten ihm Gesellschaft, während er einsam und stolz an seinen Aufzeichnungen über Afrika arbeitete, ehe er seine Reise zu Ende und unsterblichem Ruhm führte und zehn Jahre später, 1865, starb.

Heute wächst Agadez wie alle afrikanischen Städte. Es gab ja in den meisten Ländern hier einen kurzen Rausch; in Nigeria war es das Öl, in Niger war es Uran, aber sie produzieren oder fördern in Ländern wie Niger immer nur einen Rohstoff. Diese Monokultur haben sie von den Kolonialherren übernommen, und darum sind die meisten dieser Länder abhängig von einem Produkt, und irgendwann brechen auf dem Weltmarkt die Preise ein. Es geschieht immer wieder in Afrika: Dann stehen sie da mit absurden Häusern, Palästen, Fabriken und Denkmälern aus der Zeit des Rauschs und haben nichts mehr zu essen – weil in den Boomzeiten natürlich alle in die Städte gegangen sind, weil Landwirtschaft mühsam ist auf diesem Boden und weil sie all die Waren, die sie nicht fördern oder produzieren, nun in Europa einkaufen müssen, aber keine Einnahmen mehr haben.

Afrika ist ein weitgehend grüner Kontinent von der Atlantikküste bis hinauf zur Sahara, aber es gibt in Niger spanischen Saft zum Frühstück, gepresst aus Orangen, die junge Afrikaner in Spanien pflücken für vier Euro die Stunde, weil diese jungen Afrikaner zu Hause in Afrika nicht überleben können. Und hier, in Afrika, können ihre Eltern den spanischen Orangensaft natürlich nicht bezahlen, getrunken wird er von Touristen aus Europa.

Auch das nennt man Globalisierung. Die für Waren gilt und nicht für Menschen.

Agadez ist Jahrhunderte alt, eine Handelsstadt, Ziel der Salzkarawanen und heute Zwischenziel der Migranten aus allen Staaten Westafrikas.

Es ist eine traurige Szenerie: Laden neben Laden im Busbahnhof, Poster hängen dort mit Weltkarten, Deutschland-Karten, Fotos vom Eifelturm, »In god we trust« steht darunter. Der Busbahnhof, Zentrum der Schlepper, Zentrum dessen, was in Europa »illegale Einwanderung« heißt, ist vielleicht 130 mal 80 Meter groß, fünf Ziegen laufen herum, und schwarze, verdreckte Männer mit kleinen Reisetaschen schlafen im Schatten. Am Eingang des Busbahnhofs verkaufen Trödler, was Reisende brauchen: Decken, Wasserflaschen, Turbane; es ist ein afrikanischer Markt für Europa-Reisende. In der Mitte gibt es ein Dach für die Wartenden, rundherum stehen ein paar Fahrzeuge, Lastwagen vor allem. Und an allen vier Seiten gibt es die Läden, Geschäft neben Geschäft, jeweils ein Raum hinter rostigen Eisentüren. Seite A, Laden A3: »Agadez – Tamanrasset« für 95 Euro. A10: Friseur. A 13: Algerien-Reisen leicht gemacht. A 18: Ghana Union Agence, Spezialgebiet Libyen-Reisen. A 19: »The Traveller Association Union«.

Es geht aggressiv zu, denn immer wenn ein Wagen Richtung Norden aufbricht, stellen sich alle im Halbkreis auf, die mitfahren wollen, und dann werden Namen aufgerufen – es ist, als wählten Halbstarke die Jungs für ihre Fußballmannschaft aus, und die Schwächsten bleiben draußen. Die, die keinen kennen, der ihnen hilft. Die ohne Geld. Und immer wenn ein Wagen aus dem Süden kommt, rennen die Männer aus ihren Läden und schreien auf die Neuen ein, »gierig wie Löwen, die eine Herde Antilopen kommen sehen«, sagt John Ampan. Sie schreien die Preise in die Nacht, bieten Quartiere an, und die Ankömmlinge gucken unsicher in die Runde, weil sie fremd sind und nicht wissen, wem sie trauen können.

Ein bisschen Geld für ein bisschen Sicherheit und viel Geld für die nächste Etappe nach Tamanrasset, das ist der Handel, um den es geht.

In Europa heißen die Leute, die in den Läden von Agadez hocken, Schlepper; nach dem Verständnis des bundesdeutschen Innenministeriums ist das, was sie tun, Menschenhandel, es ist organisierte Kriminalität. Auf 12 Milliarden Dollar schätzen Fachleute den weltweiten Umsatz von Menschenschmugglern; 800 000 Menschen sollen jährlich von Helfern illegal über internationale Grenzen gebracht werden.

Hier auf dem Busbahnhof ist es eine Dienstleistung. Und jeder hat etwas davon: Polizei und Militär kriegen Anteile, Händler verkaufen Wasserflaschen und Decken, Chauffeure verdienen ordentlich, und Reisende kommen voran.

Dämonisch? Mafiös?

Es ist eine Frage der Perspektive. Hier in Afrika sind Läden

159

wie die am Busbahnhof von Agadez Reisebüros, und die Leute in den Läden sind Makler: Der eine will reisen, der andere vermittelt die Reise, und deshalb bezahlt der eine den anderen.

Wisst ihr, dass ihr in Europa als Verbrecher geltet?

»Wieso? Wir sind Kaufleute. Es gibt eine Nachfrage, wir bieten an, was soll daran kriminell sein? Kriminell ist die Ausbeutung Afrikas.« Das sagt der Chef des Ganzen, Abdullah Habat. Als wir den Markt betraten, kamen sofort Polizisten und führten uns in den Befragungsraum in der hinteren Ecke des Busbahnhofs; Interviews und Fotos seien illegal, sagten die Polizisten, doch für 100 000 westafrikanische Francs (CFA), etwa 150 Euro, dürfen wir uns frei bewegen, und ein Interview mit dem Chef ist inklusive.

Darum hockt Abdullah Habat nun hinter dem Polizeigebäude auf den eigenen Fersen im Sand, grün ist sein Anzug, weiß der Turban, und die Sandalen sind braun vom Staub. Abdullah Habat malt mit einem Stöckchen Figuren in den Sand und erzählt, dass die meisten Flüchtlinge aus Nigeria und Ghana kämen. Und alle wollten nach Europa. Zahlen hat er nicht, »Tausende jeden Monat«, sagt Abdullah Habat, »jede afrikanische Familie will einen Sohn nach Norden schicken, und Großfamilien schicken zwei Söhne, damit wenigstens einer durchkommt«.

Abends sitzen wir in der Pension d'Azel, einer Oase der buntesten Blumen und der Singvögel inmitten der Wüstenstadt, bei Steak und Pommes frites und reden über die Menschen, die wir getroffen haben an diesem Tag, das tun wir immer. Heute bringt John drei junge Nigerianer mit, denen wir schon in Zinder begegnet sind, sie haben es nach Agadez geschafft, dreckig und müde, und John hat sie in sein Badezimmer eingeladen. Zum ersten Mal seit Wochen können sie duschen; wir hören sie pfeifen, lachen, singen, sie bleiben eineinhalb Stunden lang dort drinnen.

Ola Idris, 27, und seine Freundin Faith, 24, sind vor drei Wochen in Lagos aufgebrochen, drei Jahre lang hatten sie ihren

Plan diskutiert. Die Eltern hatten abgeraten, Freunde hatten zu-geraten – Ola hatte kein Geld für die Universität, und Arbeit fand er nicht, also sagte er, er würde gehen. Und Faith sagte, sie gehe mit. Ola trägt Jeans und Turnschuhe, er hat Dreadlocks und ist der Redner des jungen Paares. Faith trägt Jeans, Bade-schlappen und eine ärmellose weiße Bluse und spricht erst, wenn man ihr eine Frage zum zweiten Mal stellt.

Seit sie aufgebrochen ist, schläft sie nicht, isst sie wenig, »und ich habe ständig Angst«, das immerhin erzählt sie.

Was willst du machen, wenn du in Europa bist? »Als Friseurin arbeiten«, sagt sie und senkt den Blick. »Wir lieben uns, und Gott wird uns helfen. Ohne Gott werden wir untergehen«, sagt Ola. Seit er aufgebrochen ist, trinkt er Bier. »Ich liebe Alkohol«, sagt er.

»Die beiden«, das flüstert John, »wissen genau, dass Prostitu-tion ihre einzige Chance ist, aber das würden sie vor einem Wei-ßen niemals zugeben.«

Und der dritte, Robinson Izekor, 31, ist einer jener Verzweifel-ten, die nicht um eine bessere Chance auf Arbeit kämpfen, um ein etwas größeres Leben, sondern um alles, was ihnen noch etwas gilt. Um ihre Existenz. Leute wie er kämpfen um den Rest ihres Lebens.

Robinson, Ingenieur im gelben Trikot des brasilianischen Mit-telstürmers Adriano, war bereits in Europa, er hatte das Ziel schon erreicht, zusammen mit seiner Frau Jennifer. Sie hatten auf Lastwagen gesessen, waren gelaufen, hatten sich Schwimm-westen besorgt, weil sie nicht schwimmen konnten, und hatten es durchs kalte Wasser des Mittelmeers nach Ceuta geschafft, jene spanische Exklave in Nordafrika; das Baby war noch nicht geboren, Jennifer war schwanger im achten Monat.

Sie wurden aufs Festland gebracht, seitdem lebt Jennifer mit dem Baby in Algeciras; sie lebt in dem Haus, in dem auch Jane Aimufua untergekommen ist, die Mutter, die drei Kinder in Be-

161

nin City zurückließ. Weil Jennifer ein kleines Baby hat, dulden die spanischen Behörden sie; Robinson erhielt eine Bleibegenehmigung für ein Jahr, nicht länger.

Viele Afrikaner behaupten ja in Europa, sie hätten ein Kind; es ist eine der besten Geschichten, die Flüchtlinge erzählen können, und wer weiß schon, wann die Geschichte mal stimmt? Es ist eine dieser Geschichten, die eigentlich funktionieren müssten, aber weil zu viele die gleiche Geschichte erzählen, funktioniert sie nicht mal mehr, wenn sie wahr ist.

Rund 10 000 afrikanische Asylanträge bearbeiten allein deutsche Behörden pro Jahr, das sind 10 000 Versuche, die perfekte Geschichte zu finden; 1971 wurden in der Bundesrepublik 57 Prozent aller Anträge anerkannt, jetzt sind es noch 0,7 Prozent und bei Afrikanern 0,1 Prozent. Illegal, also ohne Papiere und Bleiberecht, sollen rund 5 Millionen Ausländer in der EU leben, und angeblich werden es mit jedem Jahr 500 000 mehr. Natürlich schaden diese Einwanderer Europas Gesellschaften, weil sie keine Steuern und Sozialabgaben zahlen – dass sie, legalisiert und mit großzügigen Quoten hereingelassen und integriert, den vom Kinderschwund geplagten Gesellschaften Westeuropas helfen würden, das ist eine jener Wahrheiten, die Politiker nicht gerne aussprechen.

Leider sind Afrikaner schwarz, das ist ihr Pech.

Robinson hatte keine Papiere mehr, nichts, was irgendetwas hätte beweisen können. Das eine Jahr verbrachte er in Madrid, weil er in Algeciras keine Arbeit finden konnte, in Madrid schnitt er in einer Backfabrik Weißbrot der Marke »Bimbo«. Und das Geld schickte er seiner Frau.

Er dachte, sie würden ihn vergessen.

Er dachte, sie könnten doch nicht ein Baby im Land behalten und den Vater nach Hause schicken.

Dann kam die Polizei und verhaftete ihn und setzte ihn ins Flugzeug, und einen Tag später war er in Afrika, zurück in der fremden Heimat. Er hat keine Freunde mehr in Lagos, seine Eltern sind schon lange tot.

Robinson muss zurück nach Spanien. Er sagt nicht viel, er hat lange gebraucht für seine Geschichte, und jetzt sagt er nur dies: »Ich muss.«

Wohin soll er sonst gehen? Er weiß, dass sie ihn dort für kriminell halten, »illegal«, das ist das Wort, das sie für einen wie ihn verwenden, und darum weiß er auch, dass es beim zweiten Mal nicht einfacher werden wird. Aber er träumt von seinem Sohn, der wahrscheinlich längst sprechen kann, er träumt, dass sein Sohn sagt: »Papa, wo bist du?«

Am nächsten Morgen, das sagen unsere drei Gäste, solle ein Lastwagen in Richtung Arlit fahren, wo sich ihre Wege trennen werden: Das junge Paar will zuerst nach Libyen fahren, und Robinson will nach Marokko und dann auf die andere Seite, die gute Seite.

»Für unser Land«, das sagt Mohammed Bachar, Geograf für die Gesellschaft für Technische Zusammenarbeit (GTZ) in Agadez, »heißt Migration, dass sehr viele Menschen aus westafrikanischen Ländern durchziehen, für die wir ein Transitland sind; und viele junge Leute aus Niger gehen für einige Monate fort, um in den Fabriken Algeriens oder Libyens ein bisschen Geld zu verdienen. Die meisten dieser Leute kommen zurück.«

Mohammed Bachar sitzt hinter seinem Laptop, hinter einem aufgeräumten Schreibtisch in seinem kargen Büro, an der Decke dreht sich der Ventilator, und jetzt sagt Bachar, dass das Schlimmste an dieser ganzen verdammten Geschichte der Flucht aus Afrika die Lügen und die Legenden und die falschen Hoffnungen seien. »Es ist in der Ferne niemals so, wie die Flüchtlinge es erwarten. Die Jobs sind schlechter. Niemand ist willkommen. Die Polizei jagt die Flüchtenden. Monatelang sitzen sie in den Bergen fest und warten nur. Aber zu Hause hören immer neue Leute immer neue Heldengeschichten derer, die angekommen sind, und immer noch glauben deshalb viel zu viele an das Paradies«, das sagt Mohammed Bachar, Geograf in blauem Gewand und mit ständigem verschmitzen Lächeln.

»Ein Brot in der Heimat ist immer besser als ein Teller Reis in der Fremde«, das sagt John Ampan, und der Geograf von der GTZ nickt.

Wasserleitungen, Straßen und Schulen, das sind die wesentlichen Aufgaben der Gesellschaft für Technische Zusammenarbeit in Niger. 38 Menschen arbeiten für das Programm, das sie »Struggle against Poverty«, »Kampf gegen die Armut« nennen.

John Ampans Afrikanisch für Anfänger:
10. Afrikanische Projekte werden immer mit viel Elan und viel Geld begonnen und niemals vollendet. Weil die Menschen verschwinden, die das Projekt gestartet haben. Weil das Geld ausgeht. Weil sich niemand um Wartung oder Reinigung kümmern will. Weil alles, was nach Geld aussieht, sofort geplündert wird. Unser Kontinent ist voll von Ruinen, die vor gar nicht langer Zeit ein Zeichen des Aufbruchs waren.

Wir bleiben drei Tage lang, und die Stimmung rund um den Busbahnhof verändert sich ständig. Wie Gezeiten. Wie das Wetter.

Mal sind die Menschen dort voller Vertrauen, in diesen Momenten möchten sie hören, wie es in Europa ist und ob wir ihnen helfen können. Dann wieder: Misstrauen, Skepsis und Furcht. Es ist schwer zu durchschauen, aber klar ist, dass dies eine Welt der Gerüchte ist, der schnellen Informationen über Routen, Kontaktleute, Ziele und des ebenso schnellen Widerrufs dieser Informationen, und jede Razzia oder jedes Gerücht von einer bevorstehenden Razzia beendet eine Phase des Vertrauens.

Wir suchen den Kontakt zu Schleppern. Garba ist ein Kerl auf einem Motorroller, er verspricht viel, erzählt von Lastwagen, die heute fahren, morgen und übermorgen, er will viel Geld, wir geben ihm ein wenig, aber er hat nichts zu bieten. Wir treffen Richard, und Richard kennt sich tatsächlich aus: Er weiß, wo die Ghanaer wohnen: in einem Haus, das fünf Minuten vom Busbahnhof entfernt ist, in einer Art Garage auf dem Hinterhof, 20 Leute hocken dort auf dem Fußboden und erzählen karg und knapp von ihren Reisen.

Von den Monaten auf der Straße, den Monaten in Unterkünften wie diesen. Den Kerlen, die Geld wollten und nichts zu geben hatten, die nur so taten, als wüssten sie Bescheid, als würden sie jemanden kennen. Von den Ängsten reden sie nicht, nicht von ihrer Sehnsucht, es ist nicht der Moment, nicht die Stimmung, es hören zu viele mit.

Ein Lastwagen verlässt den Busbahnhof von Agadez. 32 Männer sitzen auf der Ladefläche, einer streckt die Hand aus, flüstert: »Könnt ihr mir helfen? Ich bin der einzige Sudanese hier, der einzige, der Englisch spricht. Sie haben mein Geld genommen und mich auf den Wagen gesetzt, und ich weiß nicht, wohin …« Da kommt ein Polizist und tritt den Mann und schiebt ihn in die Mitte der Ladefläche, unter die anderen. »Halt's Maul«, ruft der Polizist auf Französisch. Und der Wagen fährt an, hinaus in die Wüste, und die anderen Männer hier auf dem Busbahnhof starren neidisch hinterher.

John geht in die Mitte des Platzes, zeigt nach links, sagt: »Da habe ich damals geschlafen«, und nichts ist dort, nur Staub. Er spricht die Männer für mich an, fragt sie, woher sie kommen, ob sie berichten wollen, und dann sagt John: »Seht ihr, wie tot ihre Augen sind? Und sie haben keine Ahnung, was vor ihnen liegt.« Wir sitzen eine Weile im Schatten, dann sagt John: »Es ist wie eine Rückkehr in ein anderes Leben. Es fühlt sich an wie damals.« »Sicherer?«, frage ich. »Wie damals«, sagt er, »aber sicherer, weil ich diesmal das Auto, das mich fortbringt, schon gefunden habe.«

Hunderte hängen in Agadez fest, weil ihnen das Geld ausgegangen ist. Sie sitzen in der Ecke und betteln, sie essen nicht, trinken nicht, weil sie jeden Franc brauchen, um voranzukommen. Sie sind seit Wochen hier, seit Monaten, einige seit Jahren, und kommen nicht weiter. Sie tragen Beckham-Trikots oder die Shirts des FC Chelsea, den Slogan »Fly Emirates« auf der Brust.

Vor allem Männer hocken hier, Frauen begegnen wir eher selten auf dem Landweg durch die Sahara; aber das muss eine Momentaufnahme sein, denn die International Organization for Migration belegt, dass die Zahl der Frauen unter Afrikas Emigranten steige, inzwischen seien es 47 Prozent.

Fußballer seien sie, das sagen die meisten Männer in Agadez, sie sind 20 bis 25 Jahre alt, und der Deal war ganz einfach: Die Familie hat die Reise bezahlt und wartet, eine Zeitlang geduldig und irgendwann gierig. Die Familie hat sich verschuldet, darum musste die Familie den Gläubigern die Rückzahlung der Schulden plus Zinsen versprechen, die Familie ist nun sehr stolz auf die Jungs.

Und voller Erwartungen.

Drei Kameruner stehen in einer Ecke, Erstliga-Fußballer, wie sie erzählen, und dann zeigen sie die Narben an den Händen, Narben vom Zaun von Ceuta.

Sie hatten es schon geschafft. Ein Jahr lang waren sie unterwegs gewesen, als sie vor dem Zaun von Ceuta lagen, dem letzten Hindernis vor dem Paradies. Dann kam die Nacht des 29. September 2005, und sie wagten es, und als sie oben auf dem Zaun hockten, wurden sie entdeckt und festgenommen und geschlagen und auf einen Lastwagen gebracht, der einen Tag und eine Nacht lang unterwegs war. In der Wüste wurden sie ausgesetzt. Jetzt haben sie kein Geld mehr, sie fangen von vorne an.

Die Jungs müssen ankommen, die Familien brauchen ihren Erfolg.

Ein grauer Toyota steht bereit. Ein Mann mit einer Liste steht vor dem Wagen, 34 Männer stehen in einer Schlange und warten darauf, dass ihre Namen gerufen werden. Dann treten sie vor, zücken das Geld, bekommen ein Ticket. Die Polizisten stehen daneben und kontrollieren die Fahrkarten, und nach und nach steigen 34 schweigende Männer auf die Ladefläche.

Diese Männer können nicht umkehren, sie dürfen nicht zurück. Sie würden abgelehnt von ihren Familien und ausgelacht in ihrem Dorf, und selbst wenn ihre Mutter sie vielleicht doch wieder in die Arme nehmen würde, so würden sie sich schämen, wären sie stigmatisiert als Gescheiterte und deshalb lebendig tot.

Nein, dies hier ist ihre einzige Chance, dies ist ihr einziger Schuss. Wer Mitte 20 ist und weiß, dass die durchschnittliche Lebenserwartung in seinem Land bei knapp über 40 Jahren liegt, der weiß auch, dass er nicht viel Zeit hat, der weiß, dass es schon bald in seinem Leben zu spät sein kann, der weiß: Jetzt oder nie, ein afrikanisches Leben kennt keine Generalprobe, es gilt jetzt und hier. 80 000 Migranten aus Schwarzafrika reisen Jahr für Jahr durch die Sahara nach Norden, nach Europa. Und sie wissen, dass sie allein sind, dass sie vielleicht Teile der Strecke gemeinsam bewältigen, sich gegenseitig helfen, manchmal, und sich vertrauen – aber letztlich ist jeder für sich.

Und für alle gilt, um es mit dem Agenten Jack Bauer aus der amerikanischen Fernsehserie »24« zu sagen: »Failure is not an option.«

Es gibt Reisen, die sind zugleich schillernd und beschämend, erbärmlich zum Beispiel in den Städten der Gestrandeten und funkelnd morgens um sechs in der Sahara. Wenn die Sonne aufgeht über den Dünen. »Hotel der Milliarden Sterne« nennen wir die Sahara am Abend und in der Nacht, wenn es leuchtet über uns. Tagsüber benennen wir sie nicht, tagsüber reden wir nicht, bewegen uns kaum, und die Menschen, denen wir begegnen, schweigen. Sitzen da, liegen da, warten, dass die Hitze weicht, der Tag vergeht.

Die Welt reduziert sich hier, Stille, Sand, Sonne, Sterne, die Hitze natürlich, mehr ist nicht mehr. Wir haben einen Wagen mit Allradantrieb, öffnen die Fenster, könnten aber auch die Klimaanlage einschalten. Die Migranten müssen auf Ladeflächen ausharren oder Fuß vor Fuß setzen. Unser Fahrer, Aghali, ist so lustig wie gut. Ihre Fahrer nehmen ihnen das Geld ab und sind froh, wenn sie die Fuhre los sind.

Bei Korry-Isakaan gibt es Bäume, die vor Millionen Jahren von der Flut gefällt und luftdicht unter Sand verschlossen wurden; darum verrotteten die Bäume nicht, wurden zu Stein, zu grauen Fossilien mit den Mustern von Blättern und Stämmen, Steinen mit Jahresringen.

Bei Dabous gibt es eine 5,4 Meter große Giraffe im Fels, vor 6000 bis 8000 Jahren von namenlosen Künstlern in den Berg gemeißelt. Und viele kleine Tiere gibt es auf all den Felsen ringsum, Kühe, Ziegen, und Jäger mit Speeren. Als Heinrich Barth einst die Kunst der Wüste entdeckte, die Darstellung der Jäger, staunte er sehr über Obszönes: »Zwischen den Beinen hängt ein langer Schweif von dem mageren Körper herab.«

Arlit, Nord-Niger, war eine blühende Stadt, bis die Uranpreise fielen. Zwei Minen haben sie hier, Cominac und Somair, wo sie das Uran untertage mit Sprengstoff abbauen. 65 000 Menschen leben noch in Arlit, 3600 Leute arbeiten noch für das Bergbau-Konsortium, das sich aus Franzosen, Japanern, Spaniern und der Regierung von Niger zusammensetzt; Schutzkleidung trägt niemand dort unten in den Gruben und Gängen, über Krebs redet niemand hier oben über den Minen.

Die Minen ernährten diese Stadt, zogen Tausende von Familien an. Dann kam die Wirtschaftskrise. Wer konnte, ging fort, und wer blieb, wurde arbeitslos. Deshalb ist Arlit heute ein Slum: Die Hälfte der Stadt hat weder Strom noch Wasser, Müll liegt zwischen den Häusern und wird niemals weggeräumt, wird nur zugedeckt von neuem Müll. Autos fahren nur selten hier, ein Moped ist Zeichen von Reichtum. Hotels oder Restaurants findet man nicht mehr; wenn es dunkel wird, fahren wir einige Kilometer hinaus in die Wüste und rollen die Schlafsäcke aus.

Die Häuser von Arlit sind rötlich-bräunlich wie der Lehm der Sahara, und als Boden nutzen die Leute hier den Sand der Wüste, auf den sie nur ein paar Mauern setzen, und obendrauf bauen sie ein Dach. Platz haben alle hier, weil die Wüste weit ist, aber es gibt keinen Meter Asphalt in Arlit, nur den heißen Sand und die Ruinen der Vergangenheit.

Arlit ist die letzte Stadt vor der Weggabelung: Gehen Sie am nördlichen Stadtrand nach links, dann kommen Sie in die Wüste und irgendwann nach Algerien; biegen Sie rechts ab, kommen Sie in die Wüste und irgendwann nach Libyen.

Falls Sie die Wüste überleben.

John wird schweigsam und immer schweigsamer. Er liest nicht, fragt nicht, erzählt nur noch, wenn wir ihn fragen. »Die Wüste«, sagt er, »ich denke an damals und spüre wieder, wie mich die Kraft verlässt.«

Und auch in Arlit sitzen junge Männer im Staub: Sie wollten nach Europa, haben ihr Geld verbraucht, haben zu Hause nichts mehr, weil sie dort alles verkauft haben, um die Reise zu finanzieren. Oder sie wurden in Ceuta vom Zaun gestoßen und deportiert in die Wüste und konnten sich hierher retten. Oder sie sind auf die Schlepper hereingefallen, weil sie zum ersten Mal unterwegs sind, und deshalb zahlten sie zu viel, und dann reichte ihr Geld nicht mehr für die nächste Etappe.

Der Kameruner Auguste Na Na, 23 Jahre alt, Maler und Fußballer, ist einer von ihnen, und er ist einer von denen, die dachten, sie würden niemals aufgeben.

Das erste Mal verließ Auguste seine Heimat als blinder Passagier auf einem Schiff namens »St. John«, er erreichte die Elfenbeinküste. Dort wurde er erwischt, und per Flugzeug kam er wieder nach Hause.

Das zweite Mal schlich er sich an Bord eines Ozeanriesen und versteckte sich mit fünf Flaschen Wasser und ein paar Keksen im Motorraum; 22 Tage dauerte die Überfahrt nach New Haven/Connecticut in den USA, aber schon nach fünf Tagen fanden Matrosen den blinden Passagier. Der chinesische Kapitän überstellte ihn der Einwanderungsbehörde, und der Richter lehnte seinen Antrag auf politisches Asyl ab. Fünf Monate Gefängnis waren die Strafe für illegale Einwanderung, und Auguste sagt, im amerikanischen Gefängnis sei es zivilisierter zugegangen als in Kamerun in Freiheit. Im September 2003 brachte eine Maschine der Delta Airlines Auguste Na Na vom John F. Kennedy-Flughafen New York nach Amsterdam, und KLM flog ihn heim nach Kamerun.

Heim?

Das dritte Mal verließ Auguste Na Na seine einstige Heimat im Sommer 2005. Er nahm Busse, Lastwagen, ging zu Fuß, diesmal reiste er wie Tausende andere Flüchtlinge. Er blieb eine Weile in Zinder in Niger, verliebte sich in Mary, wurde Vater, aber dann musste er weiter. Er fuhr nach Norden wie die anderen, wurde deportiert wie die anderen, nun sitzt er fest wie alle in Arlit.

»Und all das für nichts«, sagt er, »seit vier Jahren tue ich nichts, lebe ich nicht. Ich war nur unterwegs auf der Suche nach meinem Leben, und was habe ich gefunden?«

Männer wie Auguste Na Na hocken in dieser Geisterstadt in der Wüste in ihrem Ghetto. Die Kameruner sind unter sich wie die Nigerianer und auch die Jungs aus dem Kongo; jede Gruppe hat ihr Haus, ihren Hinterhof, ihre Kontakte zu Schleppern und Reisebüros.

Männer wie Auguste Na Na glauben, dass der Dritte Weltkrieg zwischen Arm und Reich, Schwarz und Weiß geführt werden wird, Migration und Asylpolitik werden die Auslöser sein. Männer wie Auguste verehren Robert Mugabe, Staatschef Zimbabwes, der zu Pogromen gegen weiße Farmer aufruft und »sich nichts gefallen lässt«, wie Auguste sagt. Männer wie er verbringen ihre Nächte mit 30 anderen Männern auf zwölf Quadratmetern und ihre Tage im Staub auf der Suche nach Arbeit in dieser Stadt ohne Arbeit, und kein Weg führt nach vorne und keiner zurück. Kluge Leute sind die meisten, Elektroingenieure, Ärzte, Lehrer, gebildet, witzig, arbeitslos und arm, darum versuchen sie ihr Glück. Es sind selten die Alten, die gehen – es gehen die Jungen, die Kräftigen, die Phantasievollen, die Mutigen. »Unsere Besten gehen und helfen Europa, den Abstand zu Afrika immer weiter zu vergrößern«, sagt Auguste.

Das hat Folgen. Afrikas »Intelligenz lebt mehrheitlich außerhalb Afrikas, in den USA, in London, in Paris. Von den unteren Schichten sind nur die Massen der dumpfen, eingeschüchterten, bis zum letzten Blutstropfen ausgepressten Bauern in ihren Ländern geblieben, und von den oberen Schichten eine korrumpierte Bürokratie oder arrogante Soldateska … Wie kann sich Afrika ohne Intelligenz entwickeln, an der großen Transformation der Welt beteiligen? Ohne eigene intellektuelle Mittelklasse?« Das schreibt Ryszard Kapuściński.

Es gehen Männer, die sind, wie John einstmals war.

Vor einem Friseurladen im Zentrum von Arlit sitzen Akeem Amusa, 30, und Kunle Lateef, 31, auf einer Bank. Der Friseurladen ist eine Bretterbude, drinnen hängt ein Poster von Real Madrid, Kinder von Einwanderern sind Millionäre wie Zinédine Zidane, Glückskinder.

Akeem und Kunle, zwei Nigerianer, haben frisch rasierte Schädel, ihre Haut ist trocken und schorfig; Akeem trägt ein graues offenes Hemd, Jeans und Badeschlappen, Kunle ist barfuß und trägt Stoffhosen und ein gelbes Poloshirt. Sie wollten nach Deutschland, denn dort, sagen sie, nur dort seien Afrikaner heute noch willkommen. Der Friseurladen gehört ihrem Freund Mohammed, einem Nigerianer, der nach Europa wollte, damals, vor 28 Jahren; seit 28 Jahren ist er hier.

Akeem: *Wir waren schon weit, wir waren an der algerisch-marokkanischen Grenze. Unseren Fahrer hatten wir bezahlt, er sollte uns in der Nacht auf die andere Seite bringen. Wir saßen auf der Rückbank, aber plötzlich bremste er und sagte, weiter könne er nicht fahren. Er setzte uns einfach ab, »geht von hier aus zu Fuß oder kommt wieder mit mir zurück«, sagte er, »ich habe kein gutes Gefühl«, und dann war er fort, und wir standen da und wussten nicht, wo wir waren. Kalt war es da oben im Norden.*

Kunle: *Ohne Essen, ohne Trinken, wir mussten einfach in irgendeine Richtung gehen, eine andere Chance hatten wir ja nicht.*

Akeem: *Ich glaube, die Orientierung haben wir nicht verloren, der Weg stimmte. Aber die Polizei passt auf, die haben uns schnell bemerkt.*

Kunle: *Die sind heiß auf Schwarze, die jagen uns richtig.*

Akeem: *Drei Tage lang hielten sie uns fest, dann hatten sie einen Lastwagen voller Gefangener zusammen und brachten uns zurück nach Süden, in die Wüste. Bis nach Tamanrasset und weiter bis Assamaka, das ist die Grenze von Algerien und Niger. Wir haben uns festgehalten, aber sie stießen uns hinab vom Lastwagen, in den Sand, und dann fuhren sie fort.*

Kunle: *Dann fanden wir den Weg zurück hierher, drei Tage Fußweg durch die Sahara waren das. Diese verdammte Reise ist eine bittere Erfahrung, das kann ich euch sagen, es tut weh. Mein Zuhause ist kein Zuhause mehr, ich habe mein Haus verkauft. Ich sitze hier fest, bettle um Geld. Wir sind Gestrandete.*

Akeem (weint): *Nicht vorwärts ... nicht rückwärts.*

Kunle: *Könnt ihr verstehen, dass wir Afrikaner nicht einsehen wollen, dass uns ein besseres Leben verboten sein soll? Von euch Weißen, von den Algeriern, von den Marokkanern? Welches Recht habt ihr, uns das zu verbieten? Unser Land, Nigeria, war vor 20 Jahren okay, aber es hat sich gedreht, und jetzt ist das Leben in Nigeria wie in einer Spirale, die in die Hölle führt.*

Akeem: *Nicht nur unser Land. Ganz Afrika ist kaputt. Unrettbar.*

Ich lasse die beiden erzählen, höre zu, einmal nur frage ich: Was habt ihr beide beruflich gemacht?

Kunle: *Elektrotechniker habe ich gelernt, aber ich habe nie Arbeit gefunden. Ich bin verheiratet und habe drei Kinder, sie sind drei, sieben und zehn Jahre alt. Ich habe mein Mobiltelefon und unser Haus verkauft, um die Reise zu bezahlen, die uns das Geld bringen sollte, damit meine Kinder zur Schule gehen können. Es gibt dort keine Arbeit für uns.*

Akeem: *Für mich auch nicht. Ich bin Elektroingenieur. Keine Chance ohne Beziehungen zu den richtigen Familien. Ich war mal in der Studentenunion, und wir haben uns damals für Frauenrechte eingesetzt – so etwas wird dir in Nigeria niemals verziehen. Du kannst dein Diplom zeigen und sagen, du würdest auch auf Baustellen Steine aufeinander schichten: Du kriegst nichts.*

Kunle: *Ich habe meine Frau um Verständnis gebeten und gesagt, in zwei, drei Monaten wäre ich in Europa, und dann käme das erste Geld. Die Zeit ist seit einem halben Jahr um.*

Akeem: *Und wir sollen es auch noch normal finden, wie Tiere behandelt zu werden. Sie pressen uns zusammen auf Lastwagen und halten es nicht für nötig, uns zu sagen, wohin sie uns bringen. Sie sperren uns ein, 40 Leute in einer Zelle ohne Toilette, weil Tiere ja sowieso auf den Boden scheißen. Sie stellen uns eine Schüssel mit Suppe in die Zelle, und alle greifen mit den Händen hinein, weil Tiere ja doch aus Näpfen fressen.*

Kunle: *Vielleicht ist der allmächtige Gott Europäer.*

Akeem: *Jedenfalls ist Gott weiß. Gestern habe ich meine Mutter angerufen und ihr von der Reise erzählt. Jetzt muss sie bei ihren Freundinnen betteln, damit sie mir Geld für die Rückreise schicken kann. Sie hat nur geweint.*

Kunle: *Es ist ein riskantes Spiel, das wusste ich vorher. Ein Hochrisiko-Spiel, klar. Aber ich habe nicht gewusst, dass es so sein würde.*

Akeem: *So erbärmlich.*

Kunle: *Erniedrigend. Keiner, den ich kenne, würde ein zweites Mal gehen, weil keiner erwartet hätte, dass diese Reise so sein würde.*

Akeem: *Ich sterbe lieber in der Fremde als gescheitert zu Hause.*
Kunle: *Ja.*

Aber das stimmt nicht. 40 Euro brauchen Akeem und Kunle für die Reise nach Lagos, zurück an den Anfang, und als wir ihnen 40 Euro in die Hand drücken, fallen sie auf die Knie und drücken unsere Hände und weinen.

Ich will mir die Haare schneiden lassen, sitze unter Beckham und Zidane, und Mohammed, der Friseur hat keine Schere – er rasiert Schädel, es sieht dann recht gewöhnungsbedürftig aus.

Am nächsten Morgen sind Akeem und Kunle fort.

Morgens um sechs wird der Himmel über der Sahara orange. Dann verblasst das Orange, und der Himmel wird rot dort hinten am Horizont, zunächst ist es ein blasses Rot, dann wird es dunkler und kräftiger. Die Sterne verschwinden in wenigen Minuten, das Rot verblasst wieder, und nun ist der Himmel blau.

Etwas mehr als eine halbe Stunde dauert dieser Sonnenaufgang.

Es ist kalt und klar hier am Ende der Nacht, es ist die schönste Stunde des Tages in der Wüste, weil die Sonne noch nicht brennt und nicht tötet.

Der Sand der Sahara ist lila, wenn die Sonne aufgeht, dann wird er orange, und erst am Ende der halben Stunde ist er gelblich wie Wüstensand. Und die Felsen, grau und gewaltig, geschmückt mit kleinen Gravuren von Elefanten, Giraffen und Kühen, liegen im Sand wie hingeworfen, Murmeln der Götter.

Als John Ampan in der Sahara rund um Arlit unterwegs war, 1993, betrat er Arlit nicht; der Fahrer hielt draußen vor der Stadt an, bei den Felsen. Sie warteten. Drei Pickups hatten sich in Agadez auf den Weg gemacht, 88 Flüchtlinge saßen und standen auf drei Ladeflächen. Morgens um 6.30 Uhr, kurz nach Sonnenaufgang, waren sie in Agadez aufgebrochen, John hatte eine Gallone Wasser, knapp fünf Liter, dabei, außerdem Kekse und Gari, ein Mehl, hergestellt aus der Cassava-Knolle; man mixt das Puder mit Wasser, und es wird zu Brei; schmeckt nicht besonders, aber es nährt.

Abgemacht war, dass die drei Fahrzeuge die 88 Flüchtlinge in der Nähe von Assamaka, der Grenze zwischen Niger und Algerien, absetzen und dass dort drei algerische Fahrzeuge warten würden; bezahlt hatten die 88 Menschen, 73 Männer und 15 Mädchen, auf dem Busbahnhof von Agadez eine Fahrt nach Tamanrasset in der algerischen Hochebene.

Hier in der Wüste rund um Arlit sammelten sich nun die drei Wagen, und dann fuhren sie weiter. Es war ein ständiges Streiten zwischen Fahrern und Passagieren: Die Fahrer wollten keine Pausen einlegen, es waren zwei Fahrer pro Wagen, sie wechselten sich ab und schliefen im Auto – die Menschen auf der Ladefläche aber saßen verkrampft, hielten sich fest, konnten sich nicht bewegen und mussten alle paar Stunden absteigen und sich strecken und einige Schritte gehen. Darum schlugen sie mit flacher Hand auf die Fahrerkabine. Und die Fahrer drehten drinnen die Musik auf und taten so, als hörten sie die Passagiere nicht.

Es war wackelig auf dem Dach. Niemand balanciert das Gewicht eines Flüchtlingslasters aus, die Mühe macht sich keiner vor der Abfahrt; das Fahrzeug hatte Schlagseite, hin und wieder fiel einer runter.

Es war auch eine Jagd und ein Versteckspiel. In jenen Tagen, als John Ampan unterwegs war, begann die Flucht aus Afrika erst, sie war noch nicht organisiert wie 14 Jahre später, und die Polizisten des Niger waren noch nicht kassierender Teil der Reiseindustrie. Sie hetzten die Flüchtenden.

Auf der Ladefläche sprachen sie Englisch und Französisch und einige Stammessprachen; sie kamen aus Ghana, Nigeria, Kamerun und Mali und redeten über ihre Träume. »Ich werde zwei Jahre lang in Europa bleiben, Geld verdienen und sparen, und dann werde ich nach Hause gehen und ein Haus bauen«, so etwas sagten die meisten. Ein Junge saß neben John, ein Junge aus Ghana, der Ashanti sprach und erzählte, dass er bereits in Holland gewesen sei, dass er ein Kind in Holland habe, dass sie ihn trotzdem ausgewiesen und deportiert hätten, weil ihm die Papiere fehlten, und jetzt war der Junge auf dem Rückweg zu seinem Kind.

Der Junge war 20 Jahre alt. Sie nannten ihn Kweku, das heißt »Geboren an einem Mittwoch«. Kweku sagte, es sei schon wahr, Europa sei wirklich das Paradies, denn es gebe dort Arbeit und Krankenhäuser.

Sie beteten auf der Ladefläche des Pickup, der sich meistens mit 40, 50 Stundenkilometern durch den Sand schleppte und hin und wieder 70, 80 Stundenkilometer fahren konnte – wenn der Sand der Sahara in Geröllflächen überging, flach und hart und gerade.

Kweku sagte, es gebe lächelnde Menschen in Europa, und die Menschen würden dort alt, doppelt so alt wie in Afrika.

John Ampans Afrikanisch für Anfänger:
11. Afrikanische Namen verraten Teile unserer Geschichte. Frauen tragen die Namen ihrer Männer mit, Söhne die ihrer Väter. Kweku ist das Kind eines Mittwochs. Der dritte Sohn einer Familie heißt Mensah, der vierte heißt Annani, und jeder Kofi ist an einem Freitag geboren, auch Kofi Annan.

Wir kaufen uns Tickets im Reisebüro, 40 000 CFA kostet eine Flucht von Arlit nach Libyen, etwa 60 Euro. Und dann sitzen wir auf einem alten Pickup und fahren durch die Sahara. Auf der Ladefläche 31 Männer aus Niger, Nigeria und Kamerun; zu Beginn sind sie vergnügt, zu Beginn erzählen sie noch Geschichten. Wir bleiben zusammen, das sagen sie, wir teilen die Einnahmen, sagen sie, und wenn wir reich geworden sind, kehren wir nach Hause zurück und verändern unser Land. Nach zwei Stunden werden sie still, starren vor sich hin, und irgendwann erdulden sie nur noch, was sie da tun.

Der Wagen ist ein Toyota von 1984. Die beiden Fahrer haben Decken über die Sitze gelegt und einen Stapel Musikkassetten auf das Armaturenbrett. Sie reden nicht mit den Flüchtlingen, warum auch, es gibt eine eindeutige Hierarchie, Oben spricht nicht mit Unten, es gibt nichts zu sagen. Das Geschäft ist längst abgemacht: 40 000 CFA für sieben Tage von Arlit bis an die libysche Grenze; dort werden die Männer abgesetzt, von dort an müssen sie laufen.

Wir fahren durch die Täler am Rande des Aïr-Gebirges; hier fanden die Tuareg im 11. Jahrhundert so etwas wie eine Heimat, und hier kämpften sie von 1990 an um ihre Rechte, hier rebellierten sie und schlugen die Regierungstruppen bis zum als Sieg gefeierten Friedensabkommen von 1995. Die Sahara dieser Gegend verändert sich ständig: Mal ist der Boden steinig und hart, ganz flach; Minuten später fahren wir wieder durch Dünen; kilometerweit gibt es keine Pflanzen, dann kommen Oasen, dann steht da, inmitten platter Flächen, ein Baum und biegt sich im Sandsturm.

Kamele stehen am Rand der Sandpiste und blicken uns nach.

Es rumpelt auf diesen Ladeflächen.

Es ist so eng, dass Füße und Hände einschlafen, ständig, man kann sie nicht bewegen. Wenn man sich doch rühren, ein Bein unter dem anderen hervorziehen will, dann müssen die anderen helfen, sich zur Seite pressen und das Bein, das eingeschlafene, in die gewünschte Position schieben. Will einer seine Schuhe ausziehen, übernehmen das die, die diese Schuhe erreichen können, und endlich kommt ein wenig Luft an dreckige, zernarbte Füße ohne Zehennägel.

Es gibt hier oben die Chefs, wie in der Schule, die sich mit ihren Kumpels die besten Plätze gesichert haben; hier oben sind die besten Plätze jene am Rand und nahe am Führerhaus, wo man die Beine baumeln lassen kann; Mouhamed aus Zinder ist einer dieser Chefs, weil er sich auskennt, weil er den Trip jedes Jahr macht, weil er nicht nach Europa will, sondern immer nur in Libyen ein bisschen Geld verdienen für den Rest des Jahres. Es ist seine siebte Reise nach Norden, nie ist er aufgegriffen, nie deportiert worden, und jedes Mal bleibt er sieben, acht Monate lang in der Ferne und kommt dann für vier, fünf Monate nach Hause und gibt sein Geld aus. Mouhamed trägt Sonnenbrille und Turban, Jeans und weiße Turnschuhe, und er sagt, er wolle in Libyen als Chauffeur oder als Koch arbeiten, »alles ist besser als keine Arbeit und kein Leben«, also ein Leben in Agadez.

»Just do it«, der Werbespruch von Nike, steht auf Mouhameds Reisetasche.

Und in der Mitte der Ladefläche sitzen die Schüchternen, die Stillen, die Schwächlinge – die anderen steigen über die Schüchternen hinüber, stützen sich auf ihnen ab, und manche der Schwächlinge finden nicht einmal mehr Sitzplätze; sie stehen dann auf der wackelnden Ladefläche und lehnen sich gegeneinander und halten sich gegenseitig und schwanken gemeinsam.

Das Schlimmste ist der Dreck: Alle hier oben tragen Jacken und Turban, aber der Wind und der Sand schaffen sie doch; sie sehen schon nach ein paar Stunden und damit sieben Tage vor der Ankunft aus wie Penner. Leere Augen haben sie, sie lassen geschehen, was geschehen wird. Und alle haben aufgeschürfte Hände, weiße Flecken auf zerkratzter Haut. Flüchtlinge sind keine schönen Menschen, Flüchtlinge haben nichts Strahlendes, und das wird es für sie nicht einfacher machen in der Ferne.

Dann steigen wir ab, nach Stunden der Lethargie und der Langeweile, die wenigsten wollten reden dort oben, sie konnten nicht reden, weil sie sich festhalten mussten und weil der Mund staubig wird, wenn man ihn öffnet. Unsere Route ist die andere, wir wollen nach Westen, nach Spanien.

Was fehlen wird, wenn diese Reise zu Ende geht: die Leidenschaft der Menschen, denen wir begegnen, das Fremde, diese andere Art zu leben. Die Kraft und die Herzlichkeit natürlich, der Optimismus, trotzdem. Und die Nächte in der Wüste.

Aghali, unser Fahrer, schläft auf einer Matte und macht Witze über unsere Moskitonetze. Aber er beneidet uns sehr um unsere Taschenlampen, die, die man mit Gurten an der Stirn befestigt. Wir essen Baguette und Thunfisch und Cornedbeef, wir trinken Wasser. Und wir liegen auf dem Rücken und sehen die Sterne heller werden und reden über die Kulturen unserer Kontinente, über Toleranz und Hass, über die Migranten des Tages. Alle zwei, drei Tage stehe ich mit dem Satellitentelefon auf einer Düne und

rufe meine Tochter an. Die beim Monopoly gegen ihre Groß-
eltern gewonnen hat. Die aus dem Schwimmverein austreten will.
Der diese Reise viel zu lange dauert.

Aber man kann auch Probleme bekommen, wenn man mit
Reisepässen der Europäischen Union durch Afrika reist, wenn
man abhängig ist von Grenzbeamten. Beinahe endet die Reise
auf den Spuren der Migranten, danach sieht es aus, als wir zwischen Niger und Algerien stehen, an der Grenze von Assamaka,
mit Visa, welche die Soldaten für nicht mehr gültig halten, und
John sogar ohne Visum, weil er gedacht hatte, er könne inzwischen problemlos durch Westafrika reisen mit seinen afrikanischen und europäischen Papieren, seinen zwei Pässen und der
Duldung der Europäer. Kann er nicht, jedenfalls nicht in dem
Teil, der sich für Weiß-Afrika hält und sich damit distanziert
von den Schwarzen dort unten, südlich der Wüste.

»Ihr könnt hier nicht einreisen«, das sagt der Soldat im
schwarzen Hemd mit Batikmustern, »zwei Weiße, die mit einem Schwarzen reisen, das ist nicht normal.« Über ihm hängt
ein Poster: »Sicherheit beginnt mit den Bürgern, die Polizei ist
nur ihr Instrument.«

Diesmal wollen wir sie bestechen, wir legen Geld auf den
Tisch, flehen und erklären, aber sie lassen uns nicht hinein in
ihr Land. Also müssen wir umdrehen, zurückfahren, 500 Kilometer Sahara für ein paar Stempel, bis nach Agadez, wo wir vor
einer Woche schon mal waren. Dort hilft dann der Anruf des
deutschen Botschafters in Algier; nach 24 Stunden haben wir
die Stempel, drehen um, zurück nach Norden, diesmal dürfen
wir einreisen, und nun müssen wir uns von Aghali verabschie-
den, und endlich sind wir in Algerien, und unser algerischer
Fahrer wartet an der Grenze, sein Name ist Ahmed.

Und Mouhamed und die anderen auf der Ladefläche des weißen Toyota sind jetzt auf dem Weg nach Libyen. Mouhamed
wird es machen wie immer. Er wird einen Job haben und eine

Frau für ein paar Monate, er wird auch Freunde auf Zeit finden und dann nach Hause zurückkehren, zu seiner Ehefrau und seinen wahren Freunden; Mouhamed ist einer jener Migranten, die sich arrangiert haben mit den Bedingungen und ganz gut damit leben können.

Die meisten der anderen werden es versuchen.

Sie werden ein Schiff suchen, das nach Italien fährt, nach Bari, nach Lampedusa, in jenes Italien, das keinen von ihnen will, das alles tut, und sei es noch so teuer, um sie fernzuhalten.

All diese Menschen, die ein Leben lieben, das sie nicht kennen.

Assamaka, Algerien, Kilometer 2710

Assamaka ist eine Stadt ohne Entwicklung, Stadt ohne Lachen, mitten in der Wüste. Die Grenze ist hier, 50 Häuser haben sie rund um den Schlagbaum gebaut, und die Menschen hier leben nur deshalb in Assamaka, weil hier eben der Schlagbaum ist.

Die Soldaten kontrollieren Pässe und lassen sich Aus- und Einreise bezahlen. Ihre Frauen nehmen das Geld und kochen, was sie finden können. Die Kinder verkaufen Zigaretten, eine Schule gibt es hier nicht. Wracks von Lastwagen liegen herum, Müll liegt hier, und Flüchtlinge schleichen durch die Stadt, deren Autos liegen geblieben sind.

Afrika war ja immer ein Kontinent in Bewegung: Über Jahrhunderte, Jahrtausende wanderten Afrikaner von Ost nach West und von Süd nach Nord und irgendwann wieder zurück – wenn eine Quelle austrocknete, ein Krieg begann, eine Seuche ausbrach, begann die nächste Wanderung. Afrikaner kannten das Rad auch lange nach seiner Erfindung noch nicht, weil dieser Kontinent zu groß und zu träge war für den Fluss von Daten und Wissen. Darum wanderten sie.

In der Sahara gab es Zugtiere, Kamele vor allem. Im Süden

gingen diese Generationen von Migranten barfuß auf Sand und barfuß durch den Dschungel. Natürlich erschwerte dies auch den Aufbau von Infrastruktur im 20. Jahrhundert: Es gab keine Straßen, wieso auch? Wofür?

Damals, 1993, erreichten 88 Flüchtlinge auf drei Pickups die Dünen vor Assamaka, und hier stiegen sie um. Drei algerische Wagen warteten auf John und die anderen, und nachdem sie die neuen Wagen beladen hatten, alle Taschen und Bündel festgeschnürt hatten, all das, was übrig war von ihrem alten Leben, konnten sie sich ein paar Stunden hinlegen, auf dem Boden schlafen, erst dann ging es weiter.

Sie hofften, dass die Fahrer wussten, was sie taten. Fehler verzeiht die Sahara nicht.

Sie verstummten, wenn es Mittag wurde. Dann saßen sie auf der Ladefläche, um sie herum die Glut der Wüste, weiß und gleißend, selbst der Fahrtwind brannte.

Sie fuhren 36 Stunden lang in Richtung Tamanrasset, abseits der Pisten, durch die Berge, durch Schlaglöcher, durch den Sand der Sahara. In Assamaka hatte John Wasser gekauft, zwei Kanister, zehn Liter.

Es war 10 Uhr morgens, das Datum weiß John nicht mehr, als ein Auto liegen blieb mit Motorschaden. Alle stiegen ab, die Fahrer standen zusammen und diskutierten, dann versuchten sie, das defekte Fahrzeug zu reparieren. Und scheiterten. Wieder standen die Fahrer zusammen, und die Flüchtlinge hockten auf dem Boden und warteten, und dann verschwand ein Auto, schnell und ohne Ankündigung. Holte der Mann Hilfe?

Sie warteten zwei Tage lang. Sie waren müde, es war 40 Grad heiß, sie lagen im Sand und taten nichts. Man kann einen ganzen Tag verbringen, ohne ein Wort zu sagen, Flüchtlinge lernen das schnell. Und man kann derart ausgezehrt sein, so durstig, träge, müde, erschöpft, dass man nicht mehr gehen kann, keine zehn Meter weit, dass man nichts mehr denkt, nicht redet, dass man nicht mehr glaubt, dass es anders werden kann, nichts mehr will, nicht hofft, dass man nur noch immer durstiger, träger, müder und erschöpfter wird.

Einmal stritten sie. Ihr wollt uns verrecken lassen, sagten die Flüchtlinge. Wir haben die Verantwortung für euch übernommen, sagten die Fahrer. Niemand hatte ein Satellitentelefon, kein Dorf war in der Nähe, John hatte keine Ahnung, wo er war.

Und am dritten Tag war das zweite Auto weg, plötzlich. Niemand hatte es bemerkt, auf einmal hatten die Fahrer drinnen gesessen, und Sekunden später waren sie fort.

Es vergingen zwei weitere Tage, seit fünf Tagen hockten die Flüchtlinge inzwischen hier. Einige der Männer hatten kein Wasser mehr. Einige tranken Benzin, weil sie nichts anderes mehr hatten, nach ein paar Minuten waren sie bewusstlos, und dann starben sie. John hatte noch Wasser, und er war diszipliniert; er spürte die Gier, aber er bewegte das Wasser im Mund hin und her, befeuchtete die Lippen, ließ das Wasser überall hinkommen, bevor er es schluckte. Und er verschenkte nichts. In der Kirche hatten sie etwas anderes gelehrt, teile, mein Sohn, aber wenn er geteilt hätte, wäre er gestorben.

88 Flüchtlinge, die vergessen wurden, allein gelassen von den Leuten, denen sie getraut und denen sie ihr Geld gegeben hatten, 88 Menschen auf der Suche.

Warten? Gehen? Aber wohin?

»In den Beziehungen zwischen Natur und Menschen gibt es nichts, was die Natur sanfter erschienen ließe«, schreibt Ryszard Kapuściński, »keine Kompromisse, kein Mittelmaß, keine Abstumpfungen. Die ganze Zeit über nur äußerste Anstrengung, Kampf, eine Auseinandersetzung auf Leben und Tod. Der Afrikaner ist ein Mensch, der vom Moment seiner Geburt an bis zu seinem Tod an der Front steht, sich gegen die feindliche Natur seines Kontinents zur Wehr setzen muss, und allein die Tatsache, dass er lebt und überhaupt existieren kann, ist sein größter Sieg.«

Und manchmal siegt er tagelang, wochenlang, aber irgendwann verliert er doch.

John und ein paar andere gingen. 25 Männer waren sie, Tony, Dapo und Ade waren dabei, an diese Namen kann John sich erinnern. Sie schlichen durch die Wüste, aber Kweku, der Junge, der auf dem Weg nach Holland war, zu seinem Kind, schaffte es nicht, er konnte nicht mehr. Er sank zu Boden, konnte nicht mehr gehen, konnte nicht mehr reden, und es dauerte nicht lange, dann war Kweku tot. Sie schaufelten ein Grab mit bloßen Händen, nicht tief, nur so tief, dass die Geier nicht an Kweku herankamen, und bevor sie ihn beerdigten, nahmen sie seine Schuhe und sein Geld. Es wäre Verschwendung gewesen, ihm das zu lassen, und das Letzte, was sich irgendwer in der Wüste leisten kann, ist Verschwendung.

John wollte nicht sterben. Nicht hier. Noch nicht.

Er dachte an seine Familie. Er hatte ihre Gesichter verloren, erinnerte sich an Schemen, aber die Gesichter und die Körper seiner Frau und seiner Kinder waren unscharf geworden. Er sah sich ihre Fotos an. Er spürte, wie verschwamm, was sein Leben gewesen war.

Am achten Tag wurden sie entdeckt, ein Lastwagen des algerischen Militärs fuhr vorbei, und die Flüchtlinge versteckten sich nicht mehr, sie schrien um Hilfe. Die Soldaten brachten sie in ihr Lager, sperrten sie ein, ein Zaun markierte das Gefängnis, Wüste unter blauem Himmel, doch die Soldaten brachten einen Topf Suppe. Heißes Wasser mit Gemüse, mehr war es nicht, aber für John und die anderen war die Suppe ein Geschenk und ein Festmahl.

Und die Soldaten stahlen Johns Portemonnaie und seine Sonnenbrille und die goldene Kette, die ihm seine Mutter geschenkt hatte. Im Portemonnaie waren seine einzigen Fotos von Vida und den Kindern.

Dann brachten sie John zurück nach Assamaka, auf die andere Seite der Grenze, zurück nach Niger. Ihn und die übrigen 23. John ist sich nicht sicher, aber er glaubt, dass 50 von 88 Flüchtlingen gestorben sind.

»Ich habe versucht, herauszufinden, was aus ihnen geworden ist«, sagt er, »aber ich konnte nirgendwo etwas erfahren. Niemand hat je wieder von ihnen gehört.«

John Ampans Afrikanisch für Anfänger:
12. Wir hören irgendwann auf zu lieben. Das geht nicht anders. Wenn du deine Familie zurücklässt und jahrelang nicht siehst, wenn du erlebst, was wir erleben, dann schläfst du mit Frauen, um nicht allein zu sein. Du wirst pragmatisch, du wirst nüchtern, du kämpfst täglich um Essen und Kleidung und einen Platz zum Schlafen. Du vergisst die Liebe.

Flüchtlinge sind nicht beliebt, nirgendwo auf der Welt, Flüchtlinge bringen Ärger und kein Geld. Flüchtlinge sind lästig, Regierungen wollen wenig mit Flüchtlingen zu tun haben, da Migration eines der Themen ist, bei denen Regierungen nur verlieren können. Wir sagen den algerischen Polizisten nicht, woran wir arbeiten, aber was können Journalisten in dieser Gegend schon anderes wollen?

Die Polizisten lassen uns nicht aus den Augen. Männer in grünen Uniformen stehen um uns herum, Markus darf nicht fotografieren, und »ihr dürft nicht allein nach Tamanrasset fahren«, sagen sie, denn Algerien ist ein Polizeistaat.

Sie verfolgen dich, sie haben ihre Spitzel, und sie horchen deinen Fahrer aus, falls der nicht sowieso zu ihnen gehört.

Endlich sind wir in Algerien, aber wir dürfen nicht weiterfahren; Polizisten sagen, sie wollten uns eskortieren, zu unserem Schutz, aber das gehe nicht heute, morgen gehe es vielleicht, so verlieren wir noch einmal zwei Tage. Um uns richtig beschützen zu können, müssen die Polizisten natürlich unsere Pässe einziehen. Und wir schlafen in der Wüste, dreckig und immer dreckiger, und warten, und das einzige Glück sind der Sternenhimmel, die Dünen und die Kochkünste unseres Fahrers.

Ahmed bereitet Pilzrahmsuppe auf offenem Feuer zu, dann Ziegenfleisch, Kamelfleisch und Kartoffeln, und hinterher kocht er den süßen Tee der Tuareg, den man aus kleinen Gläsern trinkt.

Die algerischen Polizisten kommen abends um acht zu uns ins Hotel der Milliarden Sterne, Kalaschnikows haben sie vor der Brust, und sie sagen, wir müssten noch einmal mitkommen zum Oberst. Markus hat die richtige Idee: »Nimm das Satellitentelefon und sag' irgendjemandem, was hier passiert«, sagt er; ich rufe meine Lebensgefährtin in Hamburg an, erzähle ihr von den Polizisten, erschrecke sie, aber der Anruf genügt, um den Kerlen zu zeigen, dass wir es ihnen nicht ganz so einfach machen werden. Sie sehen mich ins Telefon sprechen, warten einen Moment, dann sagen sie: »C'est bon, vous pouvez rester là«, alles gut, ihr könnt hier bleiben; keine Ahnung, ob es brenzlig geworden wäre ohne den Anruf, aber es waren seltsame Minuten. Ich rufe Ulrike an und gebe Entwarnung. »In was für einer Welt bist du unterwegs?«, fragt sie.

Ja nun: Algerien eben, Land der Wüste, Land der Steppen.

Algerien war immer umstritten, buchstäblich: immer, und oft war es umkämpft. Die Wandalen zogen durch das Land, die Araber, die Spanier kamen nach dem Sieg von Granada. Ab 1881 galt Algerien als französisch, 1942 wurde Algier zum Hauptquartier der Alliierten für das Mittelmeer. 1954 begann der Unabhängigkeitskrieg, 1962 ließ Charles de Gaulle die Unabhängigkeit zu, 1965 putschte das Militär. Es putschte immer wieder, Präsidenten wurden ermordet, und Bomben gingen hoch, aber so richtig begann das alles erst 1992: Da begann der Bürgerkrieg.

7000 Menschen verschwanden. 120 000 Menschen starben, vielleicht auch 200 000. Dörfer wurden niedergebrannt. Europäer wurden gezielt erschossen, Politiker, Widerstandskämpfer, Offiziere: Alle wurden gezielt erschossen.

Denn es ging in diesem Krieg wieder einmal um alles: um Glaube (der Islam ist Staatsreligion, aber seine Auslegung bleibt umstritten, und darum kämpfte die Bewaffnete Islamische Gruppe, kurz: GIA, gegen die Regierungstruppen), um Öl, um Macht, um die Organisation des Staates, um fruchtbare Gebiete, um die Rechte von Minderheiten. »Das dunkle Jahrzehnt«, so nennen die Algerier die Jahre des Tötens. 2000 endete der Krieg offiziell, denn Staatspräsident Abdelaziz Bouteflika unterzeichnete ein Amnestiegesetz für 2300 Anhänger islamistischer Gruppen; die Angehörigen all der Verschwundenen des Krieges heulten auf, aber sie hatten keine Lobby.

Und heute ist Algerien offiziell eine Demokratie mit mehr als 30 Parteien, tatsächlich jedoch noch immer eine Militärdiktatur. Wer in diesem Land schreibt, wie der Journalist Hafnaoui Ghoul, dass in einem Krankenhaus wegen Korruption und lausiger Behandlung 13 Kinder gestorben sind, muss wegen Verleumdung ins Gefängnis. Und wer über Migranten berichten will?

Am nächsten Morgen, 6 Uhr, kommen drei Polizeiwagen in die Dünen, unsere Eskorte. Endlich fahren wir wieder, weiter nach Norden, ein paar Kilometer auf Asphalt, dann wieder durch den Sand. Männer mit Spitzhacken bauen eine Straße durch Algerien, und mit dieser Methode wird das noch ein paar Jahrzehnte dauern.

Und dann gibt es die Momente auf dieser Reise, in denen man alles anhalten will und umdrehen und in denen man denkt, was machen wir hier, was soll das alles, was erreichen wir?

Olakunle Olumide, ein junger Nigerianer, wollte uns dabei helfen, Flüchtlinge in den algerischen Bergen zu finden. Er tat es, weil er etwas Geld verdienen wollte, um voranzukommen. Es ging alles schief. Wir hatten ihn noch nicht mal bezahlt, 500 Dinar sollte seine Hilfe kosten, viel Geld für ihn und ein lächerlicher Preis für uns, ein paar Euro nur.

Wir sind in Tamanrasset, endlich. Es ist ein anderes Afrika hier: Es gibt Mülleimer, Straßenlaternen, Kreisverkehre und asphaltierte Straßen ohne Löcher. Aber es gibt hier auch sehr viel Angst. In einer flachen, geduckten, blauen Kirche im Zentrum der Stadt – einer Kirche ohne Kreuz auf dem Dach, weil man die Kirche nicht erkennen soll in dieser islamischen Welt – kniet Bruder Antoine, weißhaariger Priester in weißem Gewand, ein Mann, von dem alle hier sagen, er helfe den Flüchtlingen; aber Bruder Antoine sagt nur zwei Sätze: »Es wäre nicht gut, ein Interview zu geben. Gehen Sie, bitte.« Und beim Essen im Hotel Tahat sitzen zwei Zivilpolizisten am Nebentisch und beobachten uns, und Ahmed, unser Fahrer, sagt, sobald Markus nur die Kamera hebt: »Ihr dürft hier nicht fotografieren, ihr habt keine Erlaubnis.« Es ist ein wenig kafkaesk mit dieser Erlaubnis: Die Polizei in Assamaka sagte, wir bekämen sie bei der Polizei in Tamanrasset, wo sie uns sagen, wir bekämen sie beim Tourismus-Direktor, der sagt, wir bekämen sie beim Gouverneur, dessen Sekretär sagt: »Nein, nicht hier, nur im Ministerium in Algier.« Und nein, man könne die Erlaubnis nicht faxen oder telefonisch einholen, man müsse zum Ministerium fahren, zweimal 2000 Kilometer für ein Stück Papier. Wenn wir es denn jemals erhielten. Wir beschließen, dass wir doch mal sehen wollen, wie weit wir ohne Erlaubnis kommen.

Darum geht John zu jenem Platz, wo die Flüchtlinge herumlungern, dieser Platz ist das ausgetrocknete Bett des Flusses Tahagat. Ziegen laufen dort herum, suchen im Müll nach allem, was sie fressen können, und Migranten stehen in kleinen Gruppen zusammen und unterhalten sich leise. Auf Arbeit warten sie dort, es ist das tägliche Spiel: Ein Algerier, der eine Mauer oder ein Haus bauen will, kommt her und holt sich drei oder vier Flüchtlinge; er zahlt ihnen für acht Stunden Arbeit 100 Dinar, etwa 1,10 Euro. Für 50 Dinar kriegt man in den Straßenbars einen Teller Reis mit Sauce, 50 Dinar kann man dann zur Seite legen für die Reise nach Norden.

Falls der Arbeitgeber zahlt.

Manchmal lässt der Arbeitgeber auch die Mauer oder das Haus fertigbauen, und wenn der Zeitpunkt kommt, da die Arbeit getan ist und der Arbeitgeber zahlen müsste, ruft er die Polizei und zeigt die Schwarzarbeiter an.

John steigt hinab ins trockene Flussbett, mischt sich unter die Flüchtlinge und spricht einige an; er bietet ihnen Essen und Getränke als Honorar für ein Gespräch an. Und zwei junge Kerle kommen mit, wir treffen sie im Hinterzimmer eines Restaurants, eines dieser Läden, in denen alte Frauen Reis und Nudeln in riesigen Töpfen kochen, ohne Fleisch, Hauptsache Nahrung, Hauptsache billig. Die beiden jungen Kerle heißen Olakunle Olumide und Bertin Domgmo. Sie kommen aus Ibadan in Nigeria und Duala in Kamerun.

Bertin Domgmo ist Händler, unterwegs in Afrika seit 1998. Er bringt Stoffe und Kleidung aus Kamerun hoch nach Algerien, und wenn er hier in Tamanrasset seine Waren verkauft und sein Geld zusammen hat, fährt er für ein paar Wochen wieder nach Hause. Es ist ein afrikanisches Vagabundenleben; jedes Mal, wenn er hier oben ankomme, sagt Bertin, überlege er, ob er weiterfahren solle nach Europa, »weil es nicht einfach ist in Algerien. Es ist ein rassistisches Land, und wir Schwarze, wir Nicht-Muslime, stehen ganz weit unten, außerhalb der Gesellschaft. Ständig machen sie Razzien, ständig taucht die Polizei hier auf, und dann seht ihr uns rennen. Aber man hört so viel Grausames von denen, die nach Europa wollten, es soll so kalt und gefährlich sein, stimmt das?«

Bertin hält einen Löffel Reis in die Luft, balanciert ihn auf dem rechten Zeigefinger, wartet, bis der Löffel im Gleichgewicht ist, sagt: »Die Wahrheit ist, dass ich Angst habe vor Europa. Und es geht auch so weiter, auch hier, ich lebe ja.«

»Aber es lohnt sich zu gehen«, sagt sein Freund Olakunle Olumide, der neben Bertin auf der dunklen Holzbank sitzt, den Eingang im Blick. »In Europa gibt es die Freiheit der Rede, die Freiheit zu arbeiten, alles ist frei«, sagt er, »du musst nur reinkommen.«

Olakunle ist Jahrgang 1966, er trägt Kinnbärtchen und Jeans und rote Turnschuhe und einen braunen Pullover, darunter ein weißes Sweatshirt, dessen Kapuze er sich über den Schädel gezogen hat. Olakunle war Soldat bis zum Sommer 2000, aber weil sein Sold nur selten ausgezahlt wurde, begann er mit seiner Nebentätigkeit; er half Flüchtlingen hinauf nach Norden, wurde Schlepper. Die Armee entließ ihn deswegen, und natürlich entstand so die Idee, und natürlich wurde die Idee größer und immer größer: Warum gehe ich eigentlich nicht selbst?

Er schaffte es bis kurz vors Ziel. Er schaffte es von Ibadan nach Agadez nach Assamaka nach Tamanrasset nach Rabat nach Tanger und dann hinein ins Schlauchboot mit 24 anderen. Es war Nacht, es war kalt, und als das Boot leckte und immer mehr Wasser eindrang, zwangen die Flüchtlinge den Bootsführer umzudrehen. Und an der marokkanischen Küste warteten Soldaten auf die Flüchtlinge; sie sperrten die Flüchtlinge auf einen Lastwagen und fuhren sie über die marokkanisch-algerische Grenze, und dort setzten sie sie ab. In der Wüste, ohne Wasser, ohne Karten. Er versuchte es ein zweites Mal, und manchmal ist es beinahe eine Erleichterung, wenn das Scheitern nicht so quälend zäh sich hinzieht – beim zweiten Mal gab er sein Geld einem Schleuser, der ihn ans Mittelmeer führen sollte, aber als die Nacht kam, kam der Schleuser nicht. Tauchte einfach nicht mehr auf. Das zweite Scheitern war verdammt unspektakulär. 2000 Euro hat Olakunle investiert für seine Odyssee, und hierher hat sie ihn geführt.

»Ich hatte sehr viel Glück, dass ich mich nach Tamanrasset durchschlagen konnte«, sagt Olakunle. Aber wohin jetzt? Seine Frau und sein Sohn leben zu Hause in Ibadan, und Olakunle schlägt sich noch immer durch. Seit zweieinhalb Jahren ist er nun im »Kaftan-Geschäft« tätig, wie er das nennt. Umhänge, die in Arlit in Niger billig genäht werden, schmuggelt er über die Grenze, um sie in Algerien zu verkaufen; er kann davon leben, aber es bleibt wenig übrig, was er der Familie schicken könnte, und was für ein Leben ist das?

Die westafrikanischen Flüchtlinge, sagt Olakunle, stecken hier fest, »weil im Moment die Grenzkontrollen so straff sind wie noch nie«; es scheint, als habe die europäische Strategie Erfolg, die darin besteht, das Problem so weit wie möglich nach Süden zu schieben. Die Europäische Union hat die Beziehungen zu Nordafrika verbessert in den letzten Jahren, sogar Spanien machte mit.

Spanien hatte lange Zeit wenig Interesse an guter Zusammenarbeit mit Nordafrika, es schien so, als seien die Regierungen in Madrid all die Probleme um Migration, Drogen, Fischereirechte und die Westsahara restlos leid. Und dann, im Juli 2002, besetzten auch noch zwölf marokkanische Soldaten die Petersilien-Insel, einen unbewohnten Steinhaufen, der zwar 200 Meter vor Marokko liegt, aber zu Spanien gehört, und eine Eliteeinheit musste die Isla del Perejil zurückerobern.

Die Zeiten sind andere geworden. In Scheveningen beschlossen die Innenminister der EU, Tunesien, Libyen, Algerien, Marokko und Mauretanien dabei zu helfen, gleichsam europäische Asylsysteme aufzubauen. 40 Millionen Euro zahlte die EU allein Marokko im Herbst 2005, 390 Millionen Euro für fünf Jahre stellten die Unterzeichner des Schengen-Abkommens 2004 bereit, um Sudan, Nigeria und die Staaten Nordafrikas zu schärferen Ausreisekontrollen zu bewegen. Marokko hofft gerade auf den Anschluss an den europäischen Wirtschaftsraum; 2012 kann es so weit sein, das Mittelmeerabkommen ist bereits unterschrieben, da soll nichts mehr dazwischen kommen. Und dann existieren in der Welt der internationalen Politik noch so interessante Dinge wie Kredite der Weltbank oder Schuldenerlasse, und mit dem Wohlwollen der EU kriegt man solche Sachen sehr viel leichter. Wie also erreicht man das Wohlwollen?

Das alles führt dazu, dass die Flüchtlinge nun vor Tamanrasset hausen, in einem Lager, das sie »The Rocks«, die Felsen, nennen oder »Château«, das Schloss.

Und dann bringt Olakunle uns hin.

Langsam und vorsichtig fahren wir aus der Stadt hinaus, es ist ein holpriger Weg. Passanten starren uns nach, einer greift zum Mobiltelefon. Wir fahren vier Kilometer weit. Unser algerischer Fahrer Ahmed sagt: »Ich kann hier nicht fahren.« Wieso nicht? Die Piste ist holprig, aber das ist nicht das Problem; Ahmed will hier nicht fahren, er weigert sich und bleibt stehen.

Wir steigen aus, sehen unseren Fahrer nicht an, schlagen die Türen zu und laufen los.

»Keine Fotos«, ruft Ahmed uns nach, »es ist verboten zu fotografieren.«

Ahmed, für wen arbeitest du?

»Für euch, ihr bezahlt mich«, sagt er, »aber ich muss euch beschützen.«

Es ist bergig hier, Tamanrasset liegt fast 2000 Meter hoch.

Steil geht es hinauf, graue Felsen liegen verstreut auf kargem Grasboden, ein paar Büsche gibt es, dann kommen die Steilwände. Und oben auf einer der Steilwände sitzen 50, vielleicht 100 junge, schwarze Männer, sie haben die Stadt und den Weg im Blick. Denn dies ist ihr Zuhause seit Jahren, hier hausen die, für die es keine Richtung mehr gibt, deren Reise einfach zu Ende ging, weil sie kein Geld mehr hatten, weil sie aufgegriffen und deportiert wurden.

Menschen ohne Rechte. Menschen ohne Lobby, ohne Netzwerk, fremde, dreckige, kranke Menschen. Menschen, noch immer.

Sie schreien dort oben und gestikulieren. Sie stehen dort mit geballten Fäusten, 20 Meter über uns, sie heben Steine hoch und brüllen ins Tal hinab. Olakunle und John rufen: »Wir sind Freunde, wir wollen nur mit euch reden.«

Doch es funktioniert nicht. Olakunle ist Nigerianer, aber er hat uns zu einer Gruppe Kameruner geführt, das war wohl der entscheidende Fehler; die Gruppen konkurrieren hier, weil sie um Arbeit und um Plätze auf den Ladeflächen kämpfen – Flüchtlinge solidarisieren sich nach Nationen und werden in der Fremde zu Patrioten und dann zu Gegnern. Es ist wie auf Europas Schulhöfen, es ist wie überall: Außenseiter sollten sich zusammenschließen, stattdessen bekämpfen sie sich. Weil sie denken, dass sie dort im Schatten miteinander um die wenigen Plätze im Licht ringen.

Ich denke noch, was für ein Kinderkram, ich rechne selten mit Gewalt, denke, man muss das doch regeln können, es gibt ja eigentlich gar kein Problem. Flüchtlinge erzählen ihre Geschichten ja gerne, weil sie froh sind, dass endlich jemand diese Geschichten hören will, und wenn wir sie dann duschen ließen bei uns im Hotel oder essen im Restaurant oder wenn wir ihnen etwas Geld gaben für das nächste Ticket, waren bisher immer alle zufrieden.

Heute nicht.

Heute sehe ich viel zu lange keine Gefahr, in aller Naivität.

Ich gehe ein paar Schritte weiter, und das genügt den Männern dort oben. Sie wollen nicht wissen, was wir vorhaben, scheinen nicht daran zu denken, dass sie profitieren könnten, falls sie mit uns sprechen würden, und jetzt fliegen Steine.

Große, kleine, schwere, scharfe Steine.

Sie treffen uns nicht, aber dann kommen die Männer heruntergerannt und gestürzt, sie stolpern, rennen weiter, und schnell sind sie da. Und sie reißen John die Kette vom Hals, ein Geschenk seiner Lebensgefährtin Isabel, nehmen seine Sonnenbrille, nehmen die Tasche, die er sich immer über die Schulter hängt und dann unter den Arm klemmt, die Tasche mit dem Pass und den Duldungspapieren der Europäischen Union, und erst jetzt verstehe ich, was für ein Risiko John mit dieser Reise eingeht, weil er ohne seinen Pass nicht zurückkommt nach Europa; nicht legal jedenfalls.

Die Männer schreien, ich verstehe kein Wort. Markus und mich, die Weißen, brüllen sie nur an, uns berühren sie nicht, aber sie zwingen John, auf die Knie zu sinken, und einer steht vor ihm und hebt einen Stein.

Und John kniet und faltet die Hände und fleht den Fremden an: »Wir sind Freunde, verletze mich nicht, bitte.« Es ist wie der letzte Moment vor der Hinrichtung.

Aber einer der Angreifer zeigt nun ins Tal hinab, und wir sehen ein Auto kommen – Polizei, exakt das, was hier oben noch fehlte. Irgendjemand muss uns gesehen haben, als wir herkamen, irgendjemand muss uns gemeldet haben. Olakunle rennt, lässt uns allein, läuft den Berg hinab, aber zwei Polizisten steigen aus und folgen ihm und werfen ihn zu Boden. Die Kameruner nehmen uns mit nach oben in ihr Versteck wie Gefangene, immerhin sehen wir so ihr Lager: Decken und Handtücher als Betten, zusammengerollte Pullover als Kissen, wer Glück hatte, hat einen Platz unter einem Felsvorsprung erwischt, die meisten schlafen unter freiem Himmel. Für 20 Minuten verstecken wir uns zusammen mit denen, die uns gerade noch angegriffen haben, aber sie wollen auch jetzt nicht mit mir reden.

Johns Pass geben sie heraus für 50 Euro.

Die Kette und die Sonnenbrille haben sie nicht, sagen sie. Beim letzten Mal, vor zwölf Jahren, wurde John von Soldaten die Kette geraubt, die ihm seine Mutter geschenkt hatte; diesmal ist es die Kette seiner Freundin.

John Ampans Afrikanisch für Anfänger:
13. Flüchtlinge schließen sich zusammen, weil die Existenz der Gruppe jedem Einzelnen nutzt. So bilden sie ein Ghetto, in den Bergen, in Europa, überall in der Fremde. Ich liebte das Ghetto, weil es meine Heimat wurde und weil ich nicht mehr einsam war. Das Ghetto ist unsere Universität, wo wir zu überleben lernen.

Dann klettern wir den Berg hinab, und unten, neben unserem Auto, parkt der weiße Land Rover der Polizei. Drei Männer in Uniform sitzen im Wagen, zwischen zwei Polizisten sitzt Olakunle auf der Rückbank, und ein großer Mann in Zivil, einem weißen Anzug, lehnt an der Motorhaube.

Er hält uns einen Ausweis hin, fragt: »Wer seid ihr? Wie heißt ihr? Was macht ihr hier? Für wen arbeitet ihr?«

Dann sagt er: »Der Staat Algerien ist für eure Sicherheit verantwortlich. Es ist gefährlich hier. Euch hätte etwas passieren können.«

Er fragt: »Wer hat euch hierher geführt?«

Ein Mann in der Stadt habe uns einen Hinweis gegeben, den Namen oder die Adresse wissen wir nicht, sagen wir.

»Ihr seid Profis«, sagt er und lächelt.

Wir fragen, wie er uns gefunden hat.

»Wir bekamen vor einer halben Stunde die Information, dass ihr hier seid«, sagt er.

»Sie sind Profi«, sagen wir, und alle lachen, aber nichts ist komisch hier, denn dann fragen wir, ob er Olakunle nicht freilassen könne, der Mann habe nichts verbrochen, wir seien selbst verantwortlich für das, was wir tun.

»Nein, nichts zu machen«, sagt der Profi, »dieser Neger hat keine Papiere für Algerien, wir bringen ihn zurück in seine Heimat.«

Was tun wir hier?

4. DIE FRONT

Ich bewege mich, also bin ich.
Paul Morand

Algier, Algerien, Kilometer 4705

Die nordalgerische Sahara ist anders als die Sahara im Süden. Felsen und Berge wechseln sich ab, gewaltige Bögen und Linien, monumentale Kunst der Natur, geformt in Jahrtausenden. Man kann alles in diesen Gebilden sehen: Tiere, Gebäude, Körperformen. Riesige Oberschenkel, Arme, Schultern, Brüste. »Nichts in der Welt ist so voll täuschender Gebilde als die von Sonnenglut erhitzten Täler und Flächen der Wüste«, das schrieb Heinrich Barth. »Du bist zu lange unterwegs«, sagt Markus, aber ich meine es so: fasziniert und verzaubert. Dünen werden nun seltener, aber wenn sie auftauchen, sind sie höher und größer als die Dünen im Süden und weit geschwungen.

Kein Geräusch. Es ist eine Stille in der Wüste, die sich nicht vorstellen kann, wer in einer europäischen Großstadt lebt; ist es derart still, »ist man nur noch beim eigenen Atem, bei den eigenen Schritten. Also ist man ganz bei sich. Dort ist man selten«. Roger Willemsen hat das geschrieben über die afghanische Steppe, und es gilt, wie dort, auch für die afrikanische Wüste.

Die Straße ist ziemlich gut hier im Norden, zweispurig mit weißem Mittelstreifen, stundenlang fahren wir einfach geradeaus, begegnen niemandem, nur den Polizisten und Soldaten. Alle 100 Kilometer gibt es eine Straßensperre und Passkontrollen, und immer wieder halten sie uns an und befragen John, weil ein Schwarzer auf dem Weg nach Norden immer verdächtig ist.

Die Soldaten und Polizisten leben in Kasernen aus Bauwagen, sie haben nur einen Zaun, einen Schlagbaum und die Weite der Sahara; manchmal haben sie zwei Fußballtore in den Sand gerammt, manchmal ein Volleyballnetz.

Ahmed raucht eine »American Legend« nach der anderen, das Lenkrad ruckelt seltsam; wenn Ahmed den Wagen starten will, schließt er zwei Kabel kurz. John hat eine Wunde am Hals, an der Stelle, wo sie ihm gestern die Tasche weggerissen haben.

Wir reden wenig, es geht einfach geradeaus in stiller Gemeinsamkeit.

Wir übernachten in In Salah, fahren weiter, übernachten in Ghardaia, wollen weiterfahren, dürfen aber nicht. Der Polizeihauptmann, grüne Uniform, schwarze Stiefel, vor dem Bauch die Maschinenpistole, hat unsere Kameras gesehen und ordnet einen Konvoi an, zwei Polizeiwagen und zwei Motorräder begleiten uns auf dem Weg in den Norden, und nach ein paar Stunden übergeben sie uns an die nächste Schicht, so geht es weiter bis nach Algier. »Beim letzten Mal reiste ich als Gefangener, und diesmal reise ich wie ein Präsident«, sagt John, »oder besser: wie der Hochkommissar der Vereinten Nationen für gestrandete Flüchtlinge.« Die Polizisten fahren Peugeot 307 und Motorräder von BMW, und für uns gibt es erst einmal keine Gelegenheit, die Straße zu verlassen und in den Bergen nach Flüchtlingen zu suchen.

Ich höre Rafik Schamis »Dunkle Seite der Liebe«, 21 CDs; Europäer können ihre Zeit gestalten, während sie reisen, Flüchtlinge harren einfach aus und warten auf das Ende der Flucht.

Die Frage ist ein Kind der Freiheit. Das höre ich. Und ich denke an ein westafrikanisches Sprichwort, das wir in Accra gehört haben und das ich dort und damals sehr mochte: »Die Weißen haben Uhren, wir haben Zeit.« Das stimmt, denke ich, und es stimmt zugleich nicht: Sie leben zwar in einer Welt, die nicht alles und jeden in den Kreislauf des Marktes einspeist, sie leben vermutlich sinnlicher, geistlicher, familienbewusster und ruhiger. Sie lächeln und palavern, langsam, gelassen, gleichmütig. (Das heißt: nicht »sie«, sondern viele Afrikaner, weitgehend.) Aber ihre Zeit vergeht dennoch schneller als unsere, und sie lassen sie vergehen, viel zu lethargisch; Leben muss ja nicht heißen, dass man jede Minute europäischeffizient zu nutzen hat, aber Leben heißt doch, dass sich Möglichkeiten bieten, dass man lernen kann, sich bilden und sich entwickeln, dass man Chancen sieht und diese Chancen zu nutzen versucht. Leben heißt frei zu sein, Entscheidungen zu treffen, Leben heißt Reisen und nicht Fliehen. Leben heißt: Zeit und Uhr zugleich zu haben.

Es wird kalt, verdammt kalt hier oben in den Bergen. Es muss gruselig sein für die Flüchtlinge, die hier durchkommen, Menschen, die die Hitze Westafrikas kennen und kein Geld für Kleidung haben und nachts auf den Felsen Algeriens hocken und frieren. Und sie dürfen nicht auf der Hauptstraße fahren, sondern quälen sich durch die Dünen, über die Felsen, durch Canyons und über Gebirge, immer wachsam, nie frei von Angst.

400 Kilometer vor Algier endet die Wüste, und eine andere Welt öffnet sich. Strommasten. Häuser. Werbetafeln. Kinder. Autos. Und die Geräusche unserer Welt.

Wir erreichen Algier, das Mittelmeer, schwarz in der Nacht, wir erreichen das »Sofitel« und damit: Seife, eine Badewanne, eine Bar, ein Telefon, Internet, weiße Bettdecken, ein Restaurant mit Wein und Couscous, das einst schon für Heinrich Barth »Schmauserei« und »unerreichbarer Leckerbissen« war; wir genießen es und reden über Afrika.

John Ampans Afrikanisch für Anfänger:

14. Es gibt in Afrika keine Beziehungen zwischen Menschen ohne Hintergedanken. Meine Familie ruft immer am Monatsende an, ganz zufällig, denn am Monatsende braucht sie Geld. Es geht in Afrika immer darum, was eine Beziehung einbringt, ob sie dir nutzt.

15. Afrikanischer Sex ist anders. Wir reden nicht, wir tun es. Es gibt kein langes Vorspiel, manchmal gibt es Liebe, aber niemals dieses endlose Zerreden. Afrikanischer Sex ist pragmatischer. Meine Lebensgefährtin in Spanien war irritiert, als ich sie auf Marktplätzen nicht in den Arm nahm, nicht anfasste; Afrikaner küssen auch anders, Küsse sind einfach nicht so wichtig bei uns.

Es geht immer um Geld für Flüchtlinge; viele von ihnen sind wegen des Geldes unterwegs, Geld bringt sie voran, und geht das Geld aus, ist ihre Reise zu Ende, vorerst und vielleicht für immer.

Dennoch: Es gibt etwas in dieser Welt, das genauso wichtig ist und in manchen Momenten noch wichtiger als Geld; die wichtigste Ware in der Welt der Flüchtlinge sind Informationen.

Wo legen Boote nach Europa ab und wann? Welche Boote sind sicher, welcher Kapitän weiß wirklich, was er tut? Wer verspricht nur, dass er dich über die Grenze nach Marokko bringt, und wer kann dieses Versprechen halten? Wo kann man schlafen? Wie Arbeit finden? Wie lange dauert die Fahrt zu diesem oder jenem Ort, und wie komme ich dorthin in dieser Wüste ohne Straßen und ohne Schilder? Welches Land in Europa ist gut, welches hasst Schwarze? Was braucht man dort?

Algier ist Hauptstadt, Hafenstadt, Tor nach Europa, Algier war das Zentrum vieler Konflikte und Bürgerkriege. Vieles mischt sich hier: französischer Kolonialstil, der Algier in vielen Ecken aussehen lässt wie Saigon, mit Moscheen mit »Nike«-

und »Levi's«-Shops. Vor Sacré-Cœur, der Kathedrale der Franzosen, liegt heute nicht der mondäne Platz, den die Besatzer gewünscht hatten – als sie unabhängig waren, ließen die Algerier hier eine Tankstelle bauen, denn so kann man Kirchen entweihen und entwerten, ohne Hand anzulegen. Dieses Algier ist eine Stadt auf Hügeln und zugleich Stadt am Meer, orientalisch und europäisch, arabisch und französisch, und vor allem ist Algier groß. Man kann ganz gut untertauchen hier, man kann sich verstecken, darum ist Algier die Nachrichtenbörse im Norden Afrikas. Hier kann man lernen:

Die Boote legen im Moment von Beni Saf ab, westlich von Algier und nicht weit von Oran.

Die Männer, die es tatsächlich schaffen, Flüchtlinge über die Grenze nach Marokko zu bringen, sitzen in Bars und Läden rund um das »Grand Hotel« im Zentrum von Oran.

Die Kontrollen an der Grenze sind scharf, aber man kann die Kontrolleure bestechen oder Glück haben, es gibt eine realistische Chance, durchzukommen. Die Grenze ist seit 1994 geschlossen, seit die marokkanische Regierung behauptete, Algerien stecke hinter einer Serie von Bombenanschlägen in Marrakesch. Seit zwölf Jahren gibt es keinen offiziellen Grenzverkehr mehr, aber natürlich gibt es Schmuggel: 23 Cent kostet der Liter Benzin in Algerien, dreimal so teuer ist er in Marokko – darum verliert Algerien Tag für Tag 600 000 Liter Benzin an Marokko, Schmuggel ist ein lohnendes Geschäft in dieser Gegend.

Und nachts fahren Wagen mit stillen schwarzen Menschen auf den Rückbänken, unter den Rückbänken, in den Kofferräumen über die Grenze. Legal kann hier niemand passieren.

Wir überlegen lange, ob wir wagen können, was wir vorhatten: illegal über die Grenze zu gehen. Wir können es wagen und wir würden es schaffen: wir Weißen. Wir würden ein bisschen Ärger bekommen, falls wir erwischt würden, eine Geldstrafe vielleicht, aber wahrscheinlich wäre nicht einmal das, weil wir uns herauskaufen könnten aus solchen Schwierigkeiten.

Für John Ampan wäre das anders. Wenn er erwischt würde, wäre ihm der Rückweg nach Europa verbaut, und selbst wenn nicht: Dann fehlte ihm der Einreisestempel Marokkos, und wenn er dann ausreisen wollte von Marokko nach Spanien, würde es heikel.

»Bitte nicht, bitte lasst es«, sagt John, und natürlich hat er Recht. Darum beschließen wir, nach Rabat oder Casablanca zu fliegen und dann von der anderen Seite wieder an die Grenze heranzufahren und von dort unsere Reise fortzusetzen.

Aber auch für den Flug braucht John ein Visum, und morgens sagt uns Marika in der marokkanischen Botschaft, Diplomatin mit kurzen blonden Haaren und langem, buntem Kleid, das Visum sei kein Problem; »wenn Sie heute Nachmittag wiederkommen und das Flugticket vorlegen, bekommen Sie Ihr Visum«.

Aber am Nachmittag sagt sie, das habe sie nie gesagt, sie habe am Morgen nur die Prüfung des Visumantrags in Aussicht gestellt, nicht mehr, nein, nein, sie habe nichts versprochen, das sei ein Missverständnis. Sie redet und redet und sieht nur mich an, nur den Weißen und nicht diesen schwarzen Mann, der in ihr Land reisen will, was sie zu verhindern hat. Das sei ein Sprachproblem gewesen heute Morgen, sagt Marika nun, aber sie spricht fließend Englisch und Französisch, genau wie John. Zwei bis drei Wochen dauere die Prüfung eines Visaantrags, sagt sie noch, tja, schade, leider nichts zu machen, es tue ihr sehr Leid, noch Fragen?

John zittert.

Es muss ein erbärmliches Gefühl sein, schwarz zu sein und trotzdem reisen zu wollen.

Wir entscheiden uns dafür, mit der Bahn knapp fünf Stunden lang die Küste entlang nach Oran zu fahren, um der Polizei und ihren Straßensperren zu entwischen, dann in die Berge und ins Grenzgebiet zu fahren, dann mit dem Schiff nach Spanien hinüber, von Spanien zurück nach Marokko und unsere Reise dort, jenseits der Grenze, forzusetzen.

John schläft im Zug nach Oran. Er trägt Laufschuhe, Jeans, links die Armbanduhr, er trägt eine graue, gefütterte Jacke aus Jeansstoff, eine graue Baskenmütze, eine etwas eckige Brille und auf der linken Wange dieses Zeichen der Fante, das aussieht wie ein Halbmond.

Ich wecke ihn. John, wie ging deine Reise weiter?

Es war Sommer 1993, und John Ekow Ampan, von algerischen Polizisten vor dem Tod in der Wüste gerettet, verhaftet und in der Wüste ausgesetzt, wollte aufgeben. Er wollte nach Ghana fahren, überlegte sich die Worte, dachte nach, wie er diese Reise Vida erklären könne, welche Worte existierten für diese Brutalität, den Durst, die Einsamkeit, wie konnte er beschreiben, was er gedacht hatte in diesen eineinhalb Jahren in der Ferne, wie seine Naivität, die Dummheit dieses Glaubens daran, dass er es tatsächlich schaffen könnte?

Dass er nicht für möglich gehalten hätte, wie allein man ist auf dieser Reise. Wie still die Reise ist, wie endlos. Wie sollte er erklären, dass man Angst bekommt vor anderen Menschen, vor Verrat und Fallen, vor Diebstahl, dass man roh wird und hoffnungslos, dass man einfach weitermacht ohne Lachen?

»Ich war müde, ausgezehrt, ich wollte nach Hause«, sagt John.

Ein wenig Geld hatte er noch, das hatten die Polizisten nicht gefunden. Er nahm einen Minibus nach Niamey, Hauptstadt des Niger, weiter nach Ouagadougou, Hauptstadt von Burkina Faso. Er wollte dann weiterfahren nach Accra, aber am Busbahnhof standen drei Jungs, die ihm von Mauretanien erzählten. Las Palmas, so heiße das aktuelle Paradies, sagten sie; Fischerboote legten in Mauretanien ab und brächten Flüchtlinge nach Las Palmas, das berichteten die drei, es sei eine sichere Sache, die Spanier seien noch nicht dahinter gekommen, es sei nicht weit und auch nicht gefährlich.

Vier Routen sind es, die von Afrika nach Europa führen. Von Libyen aus nach Italien, nach Lampedusa. Über die Zäune hinein in die spanischen Exklaven Melilla und Ceuta. Von der marokkanischen Küste aus nach Andalusien, aber dort wird scharf kontrolliert. Und die vierte Route führt von Mauretanien in Richtung Kanaren, das sind 1200 Kilometer in Fischerbooten, die »Cayucos« heißen, 1200 Kilometer bei wechselnden Winden und starken Wellen, drei bis vier Tage auf See. In sieben Monaten, von November 2005 bis Mai 2006, sterben auf dieser Strecke über 2000 Migranten, das errechnet der mauretanische Rote Halbmond.

»Okay«, sagte John.

Sie schlossen sich zusammen, vier Ghanaer mit einem Plan. Sie putzten Schuhe in Ouagadougou, wo nicht sehr viele Menschen Schuhe trugen und noch sehr viel weniger Menschen daran dachten, ihre Schuhe putzen zu lassen. Sie wohnten in einem Zimmer, aßen zusammen und teilten; wer Geld aufgetrieben hatte, zahlte für alle. Burkina Faso, 13 Millionen Einwohner, ist seit 1960 unabhängig von Frankreich, 60 Stämme leben hier mit 60 verschiedenen Sprachen. Sie leben friedlich zusammen, ohne Kriege, sie exportieren Baumwolle, sonst haben sie nichts. Als John hier ankam, war die kurze Periode der Hoffnung schon wieder vorbei.

Afrika kennt viele gefallene Staaten, es kennt ja die Welt von starken Gewerkschaften kaum und die Welt langfristig und kalkulierbar wirkender Parteien sowieso nicht, dieses ganze System von auf Zeit delegierter Macht und konstruktiver Kritik durch eine respektierte Opposition, das auch Europa mühsam lernen musste. Afrika kennt Militärjuntas, die Wahlergebnisse annullieren, Afrika kennt daher eine Menge Despoten, Männer wie Idi Amin oder Mobutu Sese Seko, »Väter der Nation« und Männer eben, die mit dem einzigen Ziel regierten, ihre Macht zu erhalten und zu erweitern. Aber Afrika kennt auch den Südafrikaner Nelson Mandela, Julius Nyerere aus Tansania oder den Ghanaer Kofi Annan, Männer, die mit Milde und Klugheit eine Politik der Gewaltlosigkeit und Toleranz durchsetzen wollten.

Es ist oft pathetisch, stimmt selten, aber hin und wieder darf man es sagen: Die Hoffnung hatte einen Namen, die Hoffnung all der 60 Ethnien, all dieser wegen der ewig trockenen Savannenlandschaft ewig zerstrittenen Viehzüchter und Ackerbauern von Burkina Faso hieß Thomas Sankara. Der war schlau und schlagfertig, ein Revolutionär, ein Kämpfer und erst 33 Jahre alt, als er sich 1983 im damaligen Obervolta an die Macht putschte. »Wir werden es wagen, die Zukunft zu erfinden«, das war eine seiner Losungen. Thomas Sankara brauchte drei Jahre, um 2,5 Millionen Kinder impfen, zehn Millionen Bäume pflanzen und seinen »Feldzug gegen das Analphabetentum« starten zu lassen. Er nannte das Land »Burkina Faso«: Land der aufrechten Menschen. Dorfobmänner und Chiefs wurden entmachtet, Tribute und Kopfsteuern abgeschafft, Angehörige von Beamten blieben Angehörige und wurden nicht automatisch auch Beamte, und die tatsächlichen Beamten sollten enthaltsam und pflichtbewusst sein, das predigte Sankara.

Wie sie ihn liebten dort unten im Volk! Wie sie ihn hassten da oben in den alten Eliten!

Sein Freund Blaise Compaoré, sein Gefährte aus den Tagen der Revolution, verriet Thomas Sankara und ließ ihn hinrichten, draußen vor den Toren Ouagadougous.

Burkina Faso hatte seine Zukunft bereits wieder hinter sich, als John und seine neuen Freunde kamen, Ouagadougou war längst wieder eine Stadt des Staubs und der Agonie geworden, und Blaise Compaoré, einstiger Fallschirmspringer, Hauptmann der Armee und Verräter, war der neue Präsident.

Zweimal hatte ich mit Burkina Faso zu tun, und so konnte ich ein wenig über das lernen, was nicht stimmt in diesem Land.

Beim ersten Mal begleitete ich Kofi Annan, Generalsekretär der Vereinten Nationen, auf einer Reise durch Afrika, seinen Heimatkontinent, und es war ein Mittwochabend, 20.30 Uhr, in Ouagadougou, als Kofi Annan vor das Mikrofon und vor 300 Menschen trat. Er stand im Garten des Präsidentenpalastes, Säulen und Palmen umgaben ihn, ein Scheinwerfer stand hinter ihm und umrahmte seine grauen Haare wie mit einem Heiligenschein.

Von Ägypten aus war Annan einmal über Afrika hinweggeflogen, er hatte im Sudan gestoppt (wo die Armee ihn zu einer Zwischenlandung zwang) und im Tschad (wo sein Pilot tanken musste), war über rote Teppiche gegangen, hatte Tee mit Ministern getrunken, war weitergeflogen. Neun Stunden lang war er wegen dieser Rede unterwegs gewesen in seiner alten, weißen Boeing 727 mit dem Schriftzug »United Nations«, und nun wollte er sie halten, aber das Mikrofon war kaputt. Man konnte ihn nicht hören.

Annan spricht nicht besonders gut Französisch. Er war heiser. Und niemand traute sich, ihn zu stoppen und das Mikrofon zu reparieren, hin und wieder hörte man etwas: »... suis ... heureux ... très ... d'être ...« Und Kofi Annan sprach einfach zu Ende, dann setzte er sich, und die Leute klatschten, und Kofi Annan saß nun neben dem Präsidenten Blaise Compaoré, und die beiden hatten nichts zu bereden. Sie aßen und schwiegen, und das Volk sah zwei traurigen Gestalten beim Essen und beim Schweigen zu. Aber dann grinste Compaoré, lachte, winkte Fotografen herbei: Seht, das sagte er mit jeder Bewegung, hier ist der Friedensnobelpreisträger, hier ist einer der größten Männer der Welt, und er ist gekommen, um mich zu beehren.

Denn das ist, was zählt für Herrscher wie Blaise Compaoré: der Auftritt, die Wirkung, der Schein. Ouagadougou war eine Stadt der Bettelnden, eine Stadt, in der alte Frauen, die in ihren Dörfern der Hexerei beschuldigt worden waren, in das grausige Ghetto »Secteur 12« gesperrt wurden, eine Stadt ohne Schulen, eine Stadt mit schlammigem Trinkwasser, mit Strom nur für Reiche, Strom aus Generatoren, und darum war das Dinner für Kofi Annan und die 300 Gäste, vier Gänge, französische Weine, nichts als eine Perversion.

Beim zweiten Mal, bei Recherchen über die World Trade Organization (WTO), lernte ich, wie schwierig es für ein Land wie dieses ist, in der Welt unserer Zeit Schritt zu halten. Und wie unmöglich es für Burkina Faso sein wird, aufzuholen, jemals den Anschluss zu schaffen.

Es war in Genf, und der Tag, der die Weltwirtschaft zum Beben brachte, der Tag, an dem Boeing gegen Airbus in den Handelskrieg zog, der Tag, an dem die Vereinigten Staaten von Amerika die Europäische Union verklagten, war kein besonderer Tag für Moussa B. Nebie. Moussa B. Nebie arbeitete. Er saß in Genf, Chemin Louis Dunant Nummer 7, in seinem engen, dunklen Büro im Erdgeschoss, er saß vor der Fahne von Burkina Faso, vor einem Foto seines Präsidenten und telefonierte mit der Heimat. Er traf seine afrikanischen Kollegen. Er schrieb Berichte. Über Baumwolle, nicht über Boeing.

»Es geht um Baumwolle für uns, es geht für uns immer und ausschließlich um Baumwolle«, sagte Moussa B. Nebie, Botschafter der Republik Burkina Faso. Es geht deshalb immer und überall um nichts anderes als Baumwolle für Burkina Faso, weil in Burkina Faso drei Millionen Menschen, ein Viertel der Einwohner, abhängig sind von Baumwolle, abhängig im stärksten Sinne: Es ist eine Frage von Verhungern oder Überleben für sie.

Doch weil die amerikanische Regierung von der Agrarlobby der Südstaaten durch ihre Wahlkämpfe getragen wurde, erhalten 25 000 Baumwoll-Farmer in Texas oder Arkansas eine Milliarde Dollar Subventionen pro Jahr, was etwa so viel ist wie die gesamten Einnahmen Burkina Fasos in einem Jahr, und wegen der Subventionen fallen weltweit die Preise, und deshalb kann ein Land wie Burkina Faso seinen einzigen Exportartikel nicht gewinnbringend exportieren.

Stolz war der Botschafter darauf, dass sein Land Versuche mit gentechnisch veränderter Baumwolle zugelassen hat, ein neues Gen soll vor gefräßigen Schädlingen schützen; Burkina Faso ist der erste Staat Westafrikas, der so weit dachte, das ist viel und doch zu wenig, da es beim Verkauf der Baumwolle auch nicht hilft. Amerika und Europa, so sah es Moussa B. Nebie, reden sehr viel von offenen Märkten, und damit meinen sie die Märkte der anderen: »Sie wollen den Zugang.« Gleichzeitig wollen Amerika und Europa die anderen von den eigenen Märkten fernhalten, um die eigenen Landwirte zu schützen. »Darum geht es, nur darum: dass Liberalisierung irgendwann für alle das gleiche bedeutet«, sagte Moussa B. Nebie, und deshalb versuchte er an diesem Tag wie an allen Tagen in Genf, die Koalition der Schwachen, die Baumwoll-Koalition von Mali, Tschad, Benin und Burkina Faso zusammenzuhalten.

Welthandel hilft gegen Armut, weil freie Grenzen und der Fall von Zöllen allen nutzen, und darum ist Welthandel ein Spiel, in dem alle gewinnen können. Dies ist die Lehre, das ist die Theorie der WTO, der Welthandelsorganisation. Das ist ihre Religion.

Burkina Faso gegen die USA, das ist die Wirklichkeit. Und ein Mann wie Moussa B. Nebie muss verhindern, dass sein Land auf eine der Schwarzen Listen von Genf kommt, die Listen mit den Namen all derer, die den USA nicht genehm sind. Er muss sicherstellen, dass kein Amerikaner in Ouagadougou anruft und sagt, der Botschafter sei leider ein schlechter Botschafter, der abzuberufen sei, bevor die bilateralen Beziehungen Schaden nehmen. Er muss verhindern, dass Politiker seines Landes sich ihre Meinung abkaufen lassen oder dass irgendwann, demnächst, in einem Hinterzimmer in Genf oder Hongkong ein Dokument ausgehandelt wird, in dem Baumwolle nicht auftaucht.

Irgendwann während seiner Reise fiel John auf, dass Migranten ohne diese Dinge reisen, die einen Menschen der Moderne ausmachen: ein Schlüsselbund. Papiere. Geld. Oft lassen Migranten sogar ihren Namen zurück. Und natürlich Fotos und Telefonnummern, all das. Und dass ihnen diese Dinge fehlen, das trägt dazu bei, dass sie so unsichtbar sind. Manchmal ist es auch andersherum: Sie lassen diese Dinge zurück, damit sie unsichtbar reisen können, keine Spuren ziehen, damit niemand, der sie entdeckt, Schlüsse ziehen und sie zurückschicken kann. Wieder sichtbar zu werden, dachte John, das ist das Ziel von Migranten. Wieder sagen zu dürfen, wohin man will, woher man kommt, wie man heißt.

Immerhin hatte er nun wieder Begleiter.

Charles hieß der Wortführer der kleinen Reisegruppe, Bright hieß der Cleverste, und dann war da noch ein stiller Lehrer, der seinen Job verloren hatte und nun Lehrer in Europa werden wollte, den Namen hat John vergessen.

Sie reisten nach Westen, zunächst durch Mali: Das berühmte Timbuktu passierten sie nur. Timbuktu, Kosename »Königin der Wüste«, war von Tuareg einst gegründet worden als Sammelplatz für Diebesgut und getauft nach einer Sklavin, die auf den Ort aufpassen sollte: »Frau mit dem großen Nabel« – »Tin Boktu«. Heute ist Timbuktu nicht viel mehr als sandfarbene, bunkerähnliche Häuser, die in der Sahara zu versinken scheinen. Sie fuhren durch die Hauptstadt Bamako, nach Gao, dann Kaye, staubige Metropolen eines dieser gequälten Länder der Wüste. Zwölf Millionen Menschen leben in Mali, Baumwolle, ein paar Tiere und einen Hauch von Gold haben sie hier. Und Dürre. Wüste. Heuschreckenplagen, immer wieder. Die niedrigste Einschulungsquote der Welt und die höchste Geburtenrate (über sieben Kinder pro Frau). Aber Mali hat auch etwas, was wenige afrikanische Staaten haben: Demokratie. Stabilität. Toleranz. Obwohl Mali muslimisch ist, baden nackte Frauen im Niger, und die Männer sitzen am Ufer und trinken Bier.

Das liegt vor allem an Amadou Toumani Touré, hier in Mali »ATT« genannt. Der war Oberstleutnant, damals, 1991, als der Diktator Malis, Moussa Traoré, auf Demonstranten schießen und über 100 Menschen töten ließ. Moussa Traoré hatte 26 Jahre lang geherrscht, wie so viele afrikanische Herrscher herrschen: narzisstisch, despotisch, grausam, und das meiste von dem wenigen Geld, das Mali einnahm, hatte er auf die Seite geschafft. Die Schüsse aufs eigene Volk allerdings waren zu viel, der Offizier Touré führte den Militärputsch an und sagte hinterher das Übliche: »Ich will dem Volk dienen, ich will Mali die Freiheit bringen.« Aber ATT tat nicht das Übliche, sondern exakt das, was er angekündigt hatte: Er übernahm nicht die Macht, sondern ließ wählen, trat selbst nicht an, und erst nach den zwei Amtszeiten des Historikers Alpha Oumar Konaré verließ General Amadou Toumani Touré die Armee, kandidierte und wurde gewählt. »Seriös, selbstbewusst und entschieden« nannte Jürgen Chrobog vom Auswärtigen Amt den Präsidenten Touré, der im Sommer 2003 bei der Befreiung von 14 europäischen Geiseln geholfen hatte. Der Schweizer Afrika-Korrespondent Georg Brunold hat ziemlich liebevoll über den Kontinent berichtet, und vielleicht dachte er ja an Tourés Mali, als er schrieb: »Was sich viele andere Gemeinschaften auf dem Globus am Schwarzen Kontinent zum Vorbild zu nehmen hätten, ist nicht nur Afrikas Lebenslust. Darüber hinaus ist es Afrikas ganz unbekannter Fundus an Toleranz und Afrikas unerschütterliche Selbstverständlichkeit der unwahrscheinlichsten Koexistenzen.

Den Kontinent, der Wunden nicht nur schlägt, sondern auch heilt, der seine Millionen von Flüchtlingen nicht nur hervorbringt, sondern stets auch beherbergt und nicht nur so viel sagenhafte Mobilität, sondern auch alle seine übrigen Probleme erträgt – diesen grenzenlosen Kontinent und seine Vitalität gibt es.«

Dann fuhr Johns Reisegruppe weiter nach Senegal und immer weiter; sie sprangen auf Lastwagen und Züge, fuhren in Bussen mit, redeten viel, und es war das erste Mal seit Jahren, dass John dachte, er sei nicht allein. Die Grenze zwischen Senegal und Mauretanien überquerten sie bei Rosso per Fähre, nun hatte John kein Geld mehr, aber die anderen drei halfen ihm weiter. Sie erkämpften sich Plätze in einem Peugeot 404 Kombi, drei Leute saßen vorne, drei dahinter, drei im Kofferraum.

Einfach war es nicht, voranzukommen in der Sahelzone und dann in der Westsahara. Überall Löcher und Abgründe. Überall Wanderdünen. Und tiefer, rutschender Schotter. Felsen auf der Piste. Überall Sandstürme, die die geplante Strecke in Minuten verschütteten.

Sie sahen keine Tiere mehr, keine Büsche, keine Menschen. Nur Sand, Steine, Lehm. Hin und wieder sahen sie eine Siedlung aus Lehmhütten, aber die Bewohner zeigten sich nicht.

Die Hitze der Tage, dieses Feuer, diese kaum auszuhaltenden, glühenden, grellweißen Mittagsstunden. Und später dann die Kälte der Nacht – in den Nächten wärmten sie sich aneinander, wehrten Kakerlaken und Skorpione ab, denn nachts fuhren sie nicht, weil ihr Chauffeur die Geister der Dunkelheit fürchtete.

Um halb sechs wurde es hell, um acht Uhr wurde es langsam warm, um elf Uhr wurde es heiß, dann kam das nächste Feuer.

Meter für Meter ging es voran, manchmal fand ein Rad des Autos Halt, während die anderen durchdrehten oder versackten, und immer wieder mussten sie aussteigen und den Wagen ausgraben.

Und dieser ständige Durst. Ungefähr acht Liter Flüssigkeit verliert man in der Sahara pro Tag, man schwitzt und schwitzt, und das können Flüchtende ohne Geld kaum ausgleichen. Tage ohne Quellen waren gefährliche Tage.

»Das Leben hier ist ein dauernder Kampf, der immer neue Versuch, das gestörte, brüchige, schwankende Gleichgewicht zwischen Überleben und Untergang zu finden«, das schreibt Ryszard Kapuściński.

Aber nach zwei Wochen erreichten die vier Männer aus Ghana Nouakchott, Hauptstadt Mauretaniens seit der Unabhängigkeit (1960). Auch Mauretanien ist ein erbärmliches Land. Es hat eine Million Quadratkilometer Fläche, dreimal so viel wie die Bundesrepublik, aber vor allem Sand und Geröll; es hat nur drei Millionen Einwohner, die im Schnitt von einem Euro pro Tag leben, und es hat permanent Kriege und ständig neue, aber stets korrupte Regierungen aushalten müssen. Die Sklaverei wurde erst 1980 abgeschafft, offiziell; 80 Prozent der Mauretanier sind arabisch-berberischer Herkunft, 20 Prozent Schwarzafrikaner, und die Schwarzafrikaner sagen, die Sklaverei sei noch längst nicht abgeschafft. Und auch Mauretanien ist ein verlogenes Land: Der Oberst Ely Ould Mohamed Vall, der im August 2005 den gewählten Präsidenten stürzte und einen »Militärrat für Gerechtigkeit und Demokratie« einsetzte, um »endlich Frieden zu bringen und das Unrecht zu beenden«, wie er verkündete, war in Wahrheit jener Oberst, der zuvor für eben jenen Präsidenten den Sicherheitsdienst geleitet und sich vor allem um die Hinrichtung Oppositioneller gekümmert hatte. Die »Bidan«, so genannte weiße Mauren, sind eine Minderheit, 40 Prozent der Bevölkerung nur, aber sie herrschen ziemlich gnadenlos.

Die mauretanische Wüste rückt jedes Jahr um neun Kilometer vor. Andreas Altmann schrieb über dieses Land: »Die Mauretanier, so scheu und so weltfremd. Und so fatalistisch. Sie leben mit nichts und ertragen fast alles. Am Strand die Fischer, die das

Netz einholen. Ihre blutigen Hände, die sie mit der Asche ihrer Zigaretten desinfizieren. Die Kinder, die Krabben mit einem Halsband aus Draht spazieren führen. Der Junge und der blinde Alte, die, mit einer Eisenkette verbunden, greinend durch die Stadt ziehen. Unzertrennlich, die Schlüssel für die Vorhängeschlösser hat der Alte weggeworfen. Der Kleine, sagt er, ist mein Augenlicht. Seit sieben Jahren waren sie keinen Moment getrennt. Erst der Tod des Alten wird den Jungen befreien.«

Die Hauptstadt Nouakchott leidet unter dem Problem aller Hauptstädte der Wüste: zu viele Menschen, zu wenig Wasser. Ende der achtziger Jahre wurde die Wasserversorgung für 80 000 Menschen angelegt, doch jetzt leben 900 000 hier, und sie haben Durst. Das Wasser kommt per Hochdruckleitung aus dem 50 Kilometer entfernten Trerza in den Turm neben dem Präsidentenpalast, und weil kein Leitungssystem existiert, rollen dann Karren und Tankwagen durch die Gassen. Und Menschen stehen mit Eimern, Schüsseln und Bechern da und warten auf Wasser, oder mit leeren Ölkanistern, und keiner sagt ihnen, wie giftig das Wasser sein wird, das sie ihre Kinder aus diesen Dingern trinken lassen. Folge der Wasserknappheit ist das Verbot von Gemüseanbau; jetzt verdursten die Menschen nicht nur, jetzt verhungern sie auch.

Und hier fanden John und seine Freunde einen Landsmann, Wota Atta, einen Friseur, der schon in Frankreich gelebt hatte, aber ausgewiesen worden war und nun hier festsaß in diesem rassistischen, kriminellen, käuflichen Staat an der Westküste Afrikas, einem der am wenigsten stabilen Staaten des Kontinents, was sehr viel heißt in einem Kontinent wie diesem.

Sie nannten Wota Atta »Onkel«, das war ein Zeichen des Respekts. Drei Nächte blieben sie bei ihm, dann nahmen sie sich ein Zimmer und suchten Arbeit. Es gab keine. Sie erfanden sich Arbeit. Morgens um fünf Uhr machten sie Donuts, süße frittierte Ringe, und auf den Köpfen trugen sie ihre Berge von Donuts durch Mauretanien, Staat armer Leute, und verkauften Süßspeisen. Es funktionierte. 50 bis 100 Dollar verdiente John im Monat, das war viel in diesem Land, das meiste davon konnte er sparen. Und ein Freund eines Freundes hatte einen Freund, der Fahrer suchte für seine drei Taxis – John erzählte von seiner Zeit als Chauffeur in Lagos und hatte nun einen zweiten Job.

Zu Hause in Accra rief er selten an, wie hätte er erklären können, was er tat, was sollte er sagen? Er wollte sein Geld nicht für Pausen des Schweigens am Telefon verschwenden.

Er hatte zu tun, konnte es schaffen, er glaubte es nun wieder.

Aber dann verhafteten ihn die Polizisten, holten ihn einfach aus dem Taxi heraus, weil er fremd aussah; und natürlich hatte er keine Aufenthaltspapiere, wer hatte die schon? Zwei Tage lang saß er im Knast, dann kauften ihn seine drei Freunde heraus, aber dann trennte sich die Bande. Charles wollte es versuchen, das mit Las Palmas, obwohl sie alle inzwischen gehört hatten, dass die Wahrheit etwas anders war als die schönen Gerüchte: Militärboote patrouillierten draußen im Atlantik, und die Fahrt von Nouadhibou aus war teuer, 1500 Dollar für einen Versuch.

Charles wagte es, und falls stimmt, was John später gehört hat, kam Charles tatsächlich durch.

Bright und der stille Lehrer hatten nicht genug Geld und fuhren stattdessen nach Gambia, von ihnen hat John nie wieder gehört.

John fand einen anderen Freund, der Mann hieß Harbour View, Hafenblick, seine Eltern hatten ihn nach einem Hotel in Accra getauft. Harbour View und John hatten das Geld für den Trip nach Las Palmas nicht, aber sie hatten genug von Mauretanien, und darum warteten sie auf den Zug aus dem Süden Mauretaniens, der Eisenerz aus der Mine Zouérat in den Norden brachte, 700 Kilometer weit, und als der Zug kam, sprangen sie auf; es war tiefe, afrikanische Nacht.

»Es ist gefährlich auf so einem Eisenstapel auf so einem Zug, und kalt ist es, es gibt keine Deckung, keinen Schutz«, sagt John.

Sie erreichten die Hafenstadt Nouadhibou im Norden Mauretaniens, wo die Polizei sie schon im Bahnhof festnahm. Warum? Keine Ahnung, keiner sagte es, war ja auch egal, denn sie mussten keine Fragen beantworten, bloß das Problem lösen, »to settle« war das Zauberwort, und nach der Bezahlung waren sie wieder draußen. John fand auch hier einen Job als Taxifahrer, es brachte nur nicht viel in dieser verdammten Stadt in der Einöde. In Nouadhibou hockten ziemlich viele Westafrikaner und warteten auf ein Boot, das sie zu den Kanaren bringen würde; »Bidonvilles« hießen die Slums aus Beton und Wellblech und Plastikfolien; es gab eine »Boulangerie Mondiale«, die Weltbäckerei, die aber bloß eine Bretterbude mit einem Loch war, durch welches das Brot gereicht wurde. Sandig waren die Straßen, 400 Holzboote lagen im Hafen, Pirogen, in die sich 60 bis 80 Leute quetschen können. Grünlich war das Meer, windig war es, und die Polizisten klagten, dass sie keine Funkgeräte, keine Schnellboote und schon gar keine Hubschrauber hatten, um die Flüchtlinge zu fangen.

Harbour View war ein geschickter Kerl, Lebenskünstler, er war hier in Nouadhibou aufgewachsen, und mutig war er auch. In einem islamischen Staat Gin zu destillieren und frei Haus zu liefern, das war ziemlich gewagt, aber Harbour View sagte, damit könne man reich werden, und er fragte John, ob der sich beteiligen wollte an der kleinen Firma, und John war dabei.

Die Fabrik war ein einsames Haus in der Wüste. Drinnen standen zwei große Fässer und ein kleines, und afrikanischen Gin macht man so:

Man nehme
1 Paket Zucker,
4 Tüten Backhefe,
Wasser.

Man vermenge die Zutaten und lasse sie neun Tage unberührt; man mache ein kleines Feuer unter dem Gemisch, verbinde eine Pfeife und ein Rohr mit dem Behälter, in dem sich das Gemisch befindet, und führe das Rohr durch kaltes Wasser hindurch. Das Feuer erhitzt das Gemisch, es zischt und blubbert, und die Flüssigkeit, die aus dem Rohr tropft und in einer Flasche landet, hat einen Alkoholgehalt von 40 bis 45 Prozent.

Nur darum ging es, weniger um den Geschmack, nur stark musste das Zeug sein, Geschmack wäre Luxus gewesen.

Ein Jahr lang ging es gut, beide verdienten eine Menge Geld, weil auch mauretanische Muslime gerne mal richtig besoffen waren. Aber dann gab irgendein Nachbar oder vielleicht auch ein frommer Muslim der Polizei einen Tipp. Die Polizei verhaftete zunächst Harbour View und folterte ihn mit Schlägen und Peitschenhieben; und dann, als er gerade 20 Liter Gin dabei hatte und seine Kunden beliefern wollte, um 2 Uhr morgens, standen in einer Bar Polizisten vor John; sie hatten auf ihn gewartet.

Sie wollten alles von ihm wissen, wem gehörte die Schnapsfirma, wer machte mit, wo war die Fabrik? Aber sie waren mit den Namen durcheinander gekommen, weil ihr Spitzel ihnen gesagt hatte, der Mann, den sie suchten, heiße Ekow; John Ekow Ampan sagte ihnen, er heiße nur John. Sie waren sich nicht ganz sicher, ob sie nur einen Boten oder wirklich den Schnapsbrenner vor sich hatten. Sie verbanden John die Augen, fesselten ihn und fuhren ihn hinaus in die Wüste.

Zwei Stunden, sagt John, dauerte die Folter. Sie prügelten ihn, traten ihn, legten ihn auf die Erde, an ihren Land Rover gebunden, und fuhren los und zogen ihn durch den Sand. Aber John erzählte ihnen immer noch, er wisse nichts von einer Schnapsfabrik; heute sagt er, er hätte alle verraten unter der Folter, aber nicht seinen Freund Harbour View, weil der ihn gerettet hatte, weil der ihm vertraute, weil Harbour View längst ein Bruder geworden war.

Sie töteten John nicht, ließen ihn nur ein paar Stunden im Ungewissen, fuhren ihn zurück in die Stadt. 150 Dollar verlangten sie für den Transport, und er zahlte. Die 20 Liter Gin konfiszierten sie, natürlich. Dann ließen sie John am Straßenrand liegen, und der ging heim, wusch sich und legte sich ins Bett und blieb eine Woche lang liegen.

Das reicht nun, dachte John, er hatte genug von Mauretanien, er wollte weiter. Ein paar Nächte schlief er in der Schnapsfabrik, versteckte sich dort und destillierte so viel Alkohol wie möglich, um so schnell wie möglich so viel Geld wie möglich zu verdienen; dann kaufte er sich für 150 Dollar einen Pass. Britisch war der Ausweis, »Morris, Sandra« stand da; er war nun Mr. Sandra Morris und klebte sein Foto in den Pass.

Das Ticket für den Land Rover, der ihn nach Marokko brachte, kostete 180 Dollar.

Er erreichte die Westsahara bei Dakhla, dort lagerten Friedenstruppen der Vereinten Nationen, und die ließen niemanden ins Land. Die Westsahara ist umstrittenes Gebiet, immer wieder mal Kriegsgebiet, und weil die Sahrauis dort noch immer einen eigenen Staat gründen wollen, die »Demokratische Arabische Republik Sahara«, erkennen Deutschland und die EU diese 266 000 Quadratkilometer nicht als Teil Marokkos an, obwohl Marokko sie längst vereinnahmt hat und zu seinem Territorium zählt. Es war, es ist ein heikles Gebiet, voller Minenfelder.

Vier Tage lang wartete John an der Grenze, dann wurde sie wieder geöffnet, und er durfte auf die andere Seite gehen.

Und Europa war nah.

Müll liegt neben den Bahngleisen. Rostige Waggons stehen im Bahnhof herum. Die Häuser von Oran sind fünf- oder sechsstöckig. Ostblock-Schick. Wäsche hängt an den Balkonen. Satellitenschüsseln stehen auf den Dächern.

Oran ist eine verfallende Stadt, aber man sieht noch, wie hübsch sie mal war: Weiß sind die Fassaden alter Kolonialhäuser, grün ihre hölzernen Fensterläden, zwischen den Häusern der Altstadt stehen Bäume, überall gibt es kleine Parks.

Oran liegt auf den Bergen in einer Bucht am Mittelmeer, Oran war mal französisch, natürlich, und es hat noch ein wenig von diesem französischen Charme, aber der schwindet, weil Oran zugleich aussieht wie seit 50 Jahren nicht gestrichen oder gereinigt. Das Grand Hotel zum Beispiel war eine Schönheit, man ahnt es noch, und ist doch längst eine Ruine; braun sind Dusche und Waschbecken, jedes Zimmer ein Kleintierzoo.

Die Stadt ist muslimisch. Verschleiert gehen die Frauen durch die Straßen, die Männer tragen Jeans oder Trainingsanzug. Die katholische Kathedrale haben sie entweiht: Ein Café, einen Markt und eine Bücherei haben sie dort drinnen eingerichtet.

Die Flüchtlinge leben im Schattenreich dieser Stadt.

Man sieht sie nicht sofort, weil sie sich verstecken. Europa ist nicht mehr fern, sie dürfen hier nichts mehr riskieren, sie tauchen kurz auf und sofort wieder ab; ein paar Minuten verbringen sie im Licht, nicht mehr. Migranten müssen so sein: unauffällig und brav, anonym und gehorsam, fleißig und still. Sie dürfen niemals die Polizisten kritisieren, die sich bestechen lassen, nicht die Politiker, die sie mal locken und mal jagen. Von unten nach oben schimpft nicht, wer dort unten so viel zu verlieren hat, weil er das Ziel schon sehen kann. Sie wohnen in Hotels wie dem »Badr« im Stadtteil Dischidia, Männer wie

William und Anthony aus Lagos, denen wir in einem Café begegnen und die uns bei einem Glas heißer Milch von ihrem Leben erzählen.

Zu fünft hausen sie in einem Zimmer mit Doppelbett und gehen nur vor die Tür, wenn sie unbedingt gehen müssen, und dann blickt einer nach hinten und einer nach vorne, und immer sind sie bereit zu rennen. Das Zimmer kostet 300 Dinar, und jeden Tag beginnen sie bei null. Sie kriegen 50 Dinar, wenn sie für Frauen Taschen vom Markt schleppen dürfen, 50 Dinar durch acht Stunden Betteln, irgendwie haben sie ihre 300 stets zusammen, wenn der Abend kommt, aber sie schaffen es nie, Geld für die Reise zu sparen.

Es ist ein Leben im Untergrund, ohne Netz. Die Algerier würden Leute wie William und Anthony jagen, verhaften, ausliefern, berichten die beiden, dreimal seien sie bereits eingesperrt worden, und Dosenmilch mit Wasser sei die einzige Nahrung im Knast gewesen, und dreimal seien sie anschließend deportiert worden, dreimal zurückgekehrt, das berichten sie, und immer fänden sie jemanden, der ihnen Quartier gebe, solange sie Geld haben, aber immer gebe es auch jene, die sie verrieten. »Unsere Freunde zu Hause haben wahrscheinlich immer noch kein Geld, aber sie haben einander, sie haben vermutlich geheiratet und führen eine Art Leben«, sagt Anthony. »Ein Leben ohne Kleidung, Essen, Freunde ist ein Leben ohne Lachen und ohne Würde«, sagt William, »die Welt will nicht, dass Schwarze strahlen und Erfolg haben.«

Und wir finden zwei Liberianer, einstige Kindersoldaten, sie belegen das mit ihren Marken, die sie noch immer am Hals tragen, und ihren Ausweisen. Wir laden die Krieger zum Essen ein.

Indoveh Sam, 32, isst Pizza mit Oliven und Wurstscheiben, er trägt eine Camouflage-Mütze und eine blaue Puma-Trainingsjacke, seine Augen stehen weit auseinander, sein Blick flackert, ständig wandert dieser Blick zur Tür und zu den Fenstern. Indoveh Sam, geboren in Freetown, Sierra Leone, fiel durchs nationale Examen, und darum war die Armee seine einzige Aussicht auf irgendeine Zukunft. Er lernte das Handwerk der liberianischen Soldaten im Behguma Training Center, B. T. C., in Monrovia, acht Jahre lang war er dann Soldat, am Ende Staff Sergeant. »Ich habe diesen Schlächter verteidigt, und er kannte mich nicht mal«, das sagt Indoveh über seinen Staatschef Charles Taylor, »als Kämpfer hatte ich Macht, aber letztlich hatte er in jeder Sekunde die Macht über mich. Am Ende haben sie mich noch nicht mal bezahlt. Jahrelang wurden wir hingehalten, und dann hieß es, es sei kein Geld mehr da, sorry, nichts zu machen.«

»Mein Geburtsland«, das ist alles, was John sagt, dann verschwindet er aus dem Gespräch; seit Jahrzehnten war er nicht im Land seiner Geburt.

Liberia, Land des Goldes, Land der Diamanten, Land tropischen Dschungels und Hunderter kleiner Stämme, ist eines jener afrikanischen Länder, die von Jahren des Krieges, Jahren dieser afrikanischen Kriege ohne Hemmungen oder Tabus, verändert und gequält und letztlich zerstört wurden. Wie Ruanda, wie Sudan, wie Sierra Leone, Somalia, Kongo, Äthiopien. Früher gab es mal Häuser in Monrovia, aber dann kamen Zehntausende von Flüchtlingen in die Hauptstadt, und immer wenn ein Haus in die Luft flog oder ausbrannte, kamen die Flüchtlinge und sammelten die brauchbaren Reste ein und bauten daraus ihre Verschläge. Heute ist Monrovia eine Stadt der Hütten und Ruinen, ohne Türen, ohne Fenster, Grau ist die Farbe dieser Stadt.

Die Geschichte des liberianischen Krieges beginnt 1821. Damals brachte ein Schiff Robert Stockton nach Monrovia, den Gesandten der American Colonization Society, und Stockton drückte König Peter, dem Häuptling des größten Stammes der Gegend, einen Revolver an die Schläfe und zwang ihn, sein Land zu verkaufen. Für sechs Musketen und eine Kiste Glasperlen. Das Motiv des Amerikaners war durchaus edel: Um die Verbrechen der Sklaverei zu kompensieren, wollte seine Gesellschaft all die einstigen Sklaven dorthin zurückbringen, woher sie gekommen waren.

Bis 1847 hatten sich 6000 Menschen auf den Weg gemacht, und die Republik Liberia entstand. Aber es kam etwas anders, als die Amerikaner sich das vorgestellt hatten: Die einstigen Sklaven kannten nur eine Gesellschaftsordnung – Sklaverei; und darum versuchten sie, in der Heimat ihrer Vorfahren nun eine solche Gesellschaft zu errichten, aber diesmal sollten sie selbst die Herren sein. Vielleicht ist es ja wirklich so, dass Freiheit und Demokratie nicht schätzen kann, wer in Knechtschaft aufwuchs und nichts anderes kennt. Die Verbrechen, »die der afrikanische Kontinent gegen seine eigene Art begeht«, seien »von einem Ausmaß und, unglücklicherweise, auch von einer Art, die ständig die Erinnerung wachzurufen scheint an jene historischen Verbrechen, die dem Kontinent von anderen zugefügt wurden«, schreibt der nigerianische Literatur-Nobelpreisträger Wole Soyinka.

Es war dann wie üblich: Die einen erklärten sich zu Übermenschen und alle anderen für minderwertig. Die Amerikoliberianer sagten, nur sie seien Bürger Liberias; 99 Prozent der Einwohner, alle Ureinwohner, wurden damit zu »tribesmen«, zu Wilden erklärt. Lange Jahre lebten die beiden Gesellschaften zumindest noch nebeneinander, räumlich getrennt. Die Herrscher blieben an der Atlantikküste, trugen Frack, weiße Handschuhe und Melone und gingen als gute Baptisten in die Kirche. Und die Stämme blieben im Landesinnern. Aber schon damals war Heirat zwischen Oben und Unten verboten, schon damals also entstand ein System der Apartheid, und ausgerechnet einstige Sklaven befeuerten es. Und wenn sich irgendein Häuptling dagegen erhob, rückten Strafexpeditionen aus der

Hauptstadt an, Ernten wurden verbrannt und Rebellen enthauptet. Und alle Gefangenen wurden zu Sklaven und auf Märkten verkauft.

Es herrschte die True Whigs Party, die einzige Partei Liberias, die Partei der Übermenschen. 101 Jahre lang blieb sie an der Macht, und sie bestimmte über alles, was in diesem Land geschah. Der Parteichef war Staatschef, automatisch, und die Ureinwohner durften natürlich nicht beitreten.

In den siebziger Jahren des 20. Jahrhunderts herrschte William Tolbert, und wie so viele Regierende des Kontinents nutzte er seine Macht vor allem zur Anhäufung von Reichtümern. Tolbert handelte mit Autos, Reisepässen, Gold, und immer wenn er ein Amt vergab, irgendein Privileg, ließ er sich dafür bezahlen. Doch im April 1980 stürmten 17 Soldaten Tolberts Palast; sie hackten den Präsidenten in vier Stücke und warfen seine Eingeweide in den Hof, wo die Hunde bellten. Kommandeur der Gruppe war Sergeant Samuel Doe vom winzigen Stamm der Krahn.

Samuel Doe war einer jener Männer gewesen, die in Liberia »Bayaye« heißen, einer dieser jungen Arbeitslosen, die vom Land in die Stadt kommen, dort in einem Viertel ohne Strom und Wasser hausen, ohne Perspektive. Leute wie Doe sind leicht anzuheuern von Warlords, die Armeen aufbauen wollen.

Samuel Doe war einer dieser »Analphabeten in Uniform« (Kapuściński). Er ernannte sich zum Präsidenten und beschäftigte sich zunächst einmal mit Hinrichtungen. Die 13 Minister der Regierung Tolbert mussten sterben, ihre Unterstützer, alle Feinde, alle mutmaßlichen Attentäter, alle. Läden wurden geschlossen, Menschen versteckten sich. Der Stamm der Krahn entwickelte sich zur Kaste der Mächtigen, die Waldmenschen zogen in die Villen Monrovias, der Rest des Landes erstarrte. Keine Straße wurde gebaut, nichts entwickelt, Samuel Doe hockte in seinem Palast, trug goldene Brillen und spielte Dame mit seinen Kriegern und ließ sich Frauen bringen. Und die Krahn töteten alle, die ihnen den Luxus neideten – mit dem Segen des Präsidenten. Ein Teil der Wahrheit, wie fast immer in Afrika, war die lausige Rolle, die Europa und Amerika spielten: Weil Samuel Doe ein treuer Alliierter im Kampf gegen die Kommunisten war, Verbündeter im Kalten Krieg, stützte ihn Ronald Reagan mit vielen Millionen Dollar.

Im Dezember 1989 erhob sich Charles Taylor gegen Samuel Doe; Taylor war ein einstiger Gefolgsmann des Präsidenten, in Ungnade gefallen, weil er Doe beraubt hatte, er war nach Amerika geflohen, dort Wirtschaftsstudent und Tankstellenwart in Boston gewesen, inhaftiert wegen Betrugs, ausgebrochen und in der Elfenbeinküste wieder aufgetaucht. Zunächst hatte Taylor nur 60 Leute, aber bald war es eine Armee. Als es einen Streit gab über die Verteilung künftiger Beute, setzte sich Taylors Stabschef Prince Johnson ab, und nun kämpften drei Armeen um Macht und Rohstoffe.

Im September 1990 ging Samuel Doe seinen Mördern in die Falle. Im Hafen von Monrovia erwarteten ihn Johnsons Krieger, und die ermordeten alle Leibwächter, schossen Doe in die Beine, fesselten ihn, brachten ihn fort.

Was dann geschah, kann man heute noch sehen.

Es gibt ein Video, man kann es kaufen auf den Marktplätzen Afrikas.

Es verkauft sich gut.

Da sitzt nun Prince Johnson, fett und schwitzend, neben ihm steht eine junge Schöne und schwenkt einen Fächer. Prince Johnson hält eine Bierflasche. Und vor ihm liegt Samuel Doe, nackt und blutend, wimmernd, das Gesicht geschwollen, die Arme seltsam verrenkt. Und dann schreit Johnson, Doe solle seine Kontonummer verraten, das ist das Einzige, was nun wichtig ist: Wo ist das Geld? Doe sagt, er wolle es ja sagen, aber da schreit Johnson schon: »Schneidet ihm das Ohr ab.« Und Soldaten treten den Präsidenten und schneiden ihm mit dem Bajonett ein Ohr ab. »Das andere Ohr«, schreit Prince Johnson.

Es ist ein Blutrausch. Doe, ohne Ohren, blutüberströmt, richtet sich auf, kippt nach vorn. Johnson sieht angeekelt aus und gelangweilt. Gute 100 Minuten lang ist der Film, angeblich lebt Samuel Doe noch vier Stunden lang.

Hinterher war es ein Duell. Prince Johnson gegen Charles Taylor. Einige afrikanische Staaten konnten sich aufraffen, eine Interventionstruppe zusammenzustellen, es gab grausame Kämpfe, dann hatte die Interventionstruppe Monrovia erobert. Aber Johnson und Taylor herrschten über das Land, und Taylor war der Geschicktere: Er besetzte die Gebiete, in denen die Diamantenminen lagen; er formte Armeen mit Kindersoldaten, denen er Crack und Heroin geben ließ; er verkaufte die Diamanten und kaufte Waffen und gab die Waffen seinen Kindersoldaten und sagte ihnen: »Nun holt euch etwas zu essen.«

Das ist auch eine Art Erziehung, das lernen Kinder in Ländern wie diesem: Schule lohnt sich nicht, Arbeit lohnt sich nicht – ich kriege Geld, ich werde satt, ich bin stark, und alle haben Angst vor mir, sobald ich mein Gewehr auf sie richte.

Charles Taylor war ein klassischer Warlord. Er beraubte die Ärmsten, um reich und immer noch reicher zu werden. »Wir bewegen uns hier in einer Welt, in der die Not die einen zum Tode verurteilt und die anderen zu Monstren macht«, schreibt Ryszard Kapuściński. Und Indoveh Sam erzählt von diesem Charles Taylor, Waffenhändler, der stark und stärker und schließlich stärkster Mann eines Landes wurde, das arm und ärmer wurde, das brannte, in dem keiner mehr irgendjemandem traute, in dem jeder jederzeit beraubt, vergewaltigt, ermordet werden konnte.

Dieser Taylor, 1948 geboren, wurde 1997 mit 75 Prozent der Stimmen zum Präsidenten Liberias gewählt. »Er hat meinen Vater ermordet, er hat meine Mutter ermordet, ich wähle ihn«, riefen seine Anhänger in den Straßen Monrovias. Und wie immer, wie überall auf dem Kontinent schufen diese Anhänger einen Kult um ihren Führer: Gottgleich war Charles Taylor nun. Unverwundbar. Eine reine Seele, vor Kugeln geschützt von seinem göttlichen Schild. Weise natürlich. Fehlerlos. Gütig.

Ungefähr 300 000 Menschen starben in Taylors siebenjährigem Krieg. Die Diamanten, den Kautschuk, das Tropenholz seines gequälten Landes verkaufte er, und von den Einnahmen kaufte er neue Waffen für seine Kindersoldaten, und was übrig war, packte er auf seine Konten im Ausland. Zwischen 70 und 100 Millionen Dollar, Einnahmen aus Steuern und aus dem Handel mit Holz und Diamanten, soll Taylor auf die Seite geschafft haben – pro Jahr. Auf drei Milliarden Dollar schätzten Ermittler Taylors Vermögen Ende des Jahrhunderts. Er trug seinen Krieg auch über die Grenzen nach Sierra Leone, weil er sich von Sierra Leone verraten fühlte. Ruud Lubbers, ehemaliger Hochkommissar des Flüchtlings-Hilfswerks der Vereinten Nationen, sagt, Liberia sei das »Epizentrum der Krise in Westafrika«.

Im Jahr 2002 wurden auf der Welt 30 Kriege geführt, elf davon in Afrika. Als wesentliches Problem dessen, was sie »neue Kriege« nennen, machen Soziologen das Verschwinden des staatlichen Gewaltmonopols aus; eine Geschichte des ererbten Hasses, ein Streit um Wasser, Rohstoffe, Land und eine Polarisierung der Bevölkerung durch Glaube oder ethnische Ursprünge befeuere das Kriegsgeschehen; in kollabierten Staaten brauchten Rebellen nicht viel Geld und nicht einmal besonders viel Überzeugungskraft, um einen Krieg zu beginnen, und dieser Krieg rechtfertige dann Raub und Mord, rechtfertige die Existenz der Rebellentruppen, rechtfertige sich immer wieder selbst.

2003 trat Charles Taylor zurück, nachdem er für sich ein pompöses Exil in Nigeria herausgeschlagen hatte; 2004 zogen 15 000 Blauhelm-Soldaten aus 49 Ländern in Liberia ein;

500 000 der 3,2 Millionen Menschen Liberias leben noch immer in Flüchtlingslagern; und im Frühjahr 2006 wurde Taylor in Nigeria verhaftet und nach Sierra Leone überstellt, weil er wegen Kriegsverbrechen und Verbrechen gegen die Menschlichkeit in elf Fällen demnächst vor ein Tribunal der Vereinten Nationen gestellt werden soll.

Es gibt lange Pausen in diesem Gespräch über Liberia. Indoveh behauptet, dass er von Israelis, Südafrikanern und Nigerianern ausgebildet worden sei. Er sagt, dass er nicht »über das Töten sprechen« könne. Sein Bruder sei erschossen worden im Kampf, so viele Freunde seien gestorben, »wenn du von der Waffe lebst, stirbst du durch die Waffe«, das immerhin sagt er. Was für ein kluger Satz.

Warst du selbst Mitglied der Todesschwadronen, die in die Dörfer gingen, um zu vergewaltigen und zu morden?

»Ich kann darüber nicht reden«, sagt Indoveh Sam, und darum redet sein Freund.

*

Colonel Rahim Touré, Soldat Nummer 0054619, Monrovia, Liberia: *Als Kind in Liberia hast du nur gelernt zu schießen. Nichts sonst. Unschuldige zu töten, einfach so, weil irgendwer es befahl, sonst lernst du nichts, sonst kannst du nichts, und irgendwann fühlst du dabei nichts mehr, dann tötest du nur noch. Ich bin sechs Jahre lang zur Schule gegangen, aber ich begann mit dem Töten, als ich 13 Jahre alt war. SBU, Small Boys Unit, hieß unsere Einheit. Jetzt bin ich 22, ich bin es leid, ich bin müde.*

Das ist kein Leben, das war nie ein Leben, aber mit der Waffe hatte ich immer zu essen, und ich war nicht schwach. Jetzt habe ich keine Waffe mehr, und was bin ich jetzt? Jetzt bin ich Bettler.

Und Angst habe ich, Angst vor dem Meer. Wir kommen ja langsam voran, es ist eine zähe Reise. Aber irgendwann werden wir an der Küste stehen, ins Boot steigen, und ich kann nicht schwimmen. Und das Meer ist dunkel und tief, und ich habe gehört, es ist sehr, sehr kalt.

Dieses Meer ist bedrohlich für einen, der nur zu töten gelernt hat, aber niemals zu schwimmen.

The Valley, Algerien, Kilometer 5240

Es gab viele Dinge auf dieser Reise, die anders waren, als wir sie erwartet hatten, und eines davon ist das Gefühl, dass Europas Strategie der Abschreckung, die Offensive gegen die Einwanderer, der Einsatz von Militär und Stacheldraht und Nachtsichtgeräten und Mauern und unendlich viel Geld, auf gewisse Weise tatsächlich funktioniert. Vorher hatten wir gedacht, und genau dies sagen ja auch die Flüchtlinge immer wieder, dass Einwanderung nicht zu stoppen sei; egal, wie hoch die Mauern und wie modern die Technik – die Afrikaner würden immer einen Weg finden.

Jetzt sind wir nicht mehr so sicher.

Klar, einige werden weiterhin durchkommen; die griechischen Inseln zum Beispiel sind nicht zu schützen, es sind zu viele, und langsam kommen sie in Mode. Doch dort werden weniger Afrikaner ankommen, weil die Wege länger sind, die Zahlen werden sinken, und bald werden die europäischen Minister den Erfolg ihrer Strategie preisen.

Es ist aber nicht so, dass die Leute deshalb zu Hause blieben und dort etwas aufbauten; sie brechen weiterhin auf, doch irgendwo auf der Strecke stranden sie. Sie wandern durch Afrika, nach Libyen, nach Algerien, immer dorthin, wo es laut jüngstem Gerücht gerade Jobs gibt und Schlupflöcher. Männer wie Lamin aus Gambia sind das, der auf dem Markt von Maghnia steht und Stoffe verkauft; der Markt von Maghnia ist ein einziges Überangebot an Tomaten, Orangen und Textilien, Altkleidern aus Deutschland, Raubkopien von Markenjeans, und Lamin steht mittendrin, kriegt von seinem Chef 50 Dinar für einen Tag (87 Dinar sind 1 Euro), hat seltsame Flecken auf der trockenen Haut und kein Geld für den Arzt und sowieso kein Geld für die Reise.

Was für eine Verschwendung von Arbeitskraft und Jugend, von Gesundheit und Leidenschaft; Menschen wie Lamin sind Menschen, die keiner braucht, Menschen, die gehofft hatten, anderswo würde es besser sein, anderswo würden sie begrüßt, wären sie willkommen, aber was lernen sie? Zu Hause waren sie nur wirtschaftlich nutzlos und darum überzählig und für die Gesellschaft nicht wichtig, aber irgendjemanden gab es dort, der sie liebte – jetzt sind sie nutzlos, überzählig und den Menschen um sie herum entweder lästig oder ganz und gar egal.

Verschwendete Leben.

Und es sind Tausende, die vor den Grenzen lauern: auf Geld, auf diese eine Chance, die doch jeder Mensch in seinem Leben bekommen sollte, wenigstens eine. Sie wohnen dort in kleinen Städten. »The Valley« im algerisch-marokkanischen Grenzgebiet ist so eine Stadt.

»The Valley« liegt fünf Kilometer vor Maghnia. Es ist ein Canyon, ungefähr 20 Meter hoch sind die Felswände. 160 Menschen leben hier, die meisten kommen aus Ghana und die anderen aus Mali, Senegal, Gambia, Kamerun, Nigeria, Kongo, Burkina Faso und Elfenbeinküste.

Sie hausen in Hütten aus Pappe. Die Pappe wird gegen Holzlatten genagelt, ein Wellblechstück kommt obendrauf, und wer Zeitungen hat, klebt sie von innen gegen die Wände. So wohnen sie. Jahrelang. Zehn mal fünf Meter ist eine Hütte groß, in manchen schlafen zehn, in manchen 20 Leute. Natürlich machen sie in ihren Hütten Feuer, weil es kalt ist in den algerischen Bergen, und diese Feuer sind gefährlich – immer wieder brennt eine

Hütte ab. Diese Menschen können nicht vor und nicht zurück, und ihre Städte sind Ghettos, hier findet man die, die in der Wüste ausgesetzt wurden, die Abgeschobenen, die, die von den Schleusern ausgetrickst wurden, die, die kein Geld mehr haben.

The Valley hat einen Fußballplatz, löchrig und holprig, aber mit zwei Toren; The Valley hat einen Präsidenten, eine Polizei, einen Knast, Soldaten, ein Sekretariat, einen Justiz- und einen Verteidigungsminister, eine Leibwache für die, die hinausgeschickt werden, um Wasser zu holen, ein Gericht und Regeln. Nicht stehlen, nicht töten, keine Korruption, das sind die Gesetze. Kurz vor The Valley, am Eingang des Canyons, stehen die Wachen, acht Mann und vier Hunde. Und das Gute ist, dass dieses Tal der Verzweifelten den Leuten wieder ein bisschen Würde gibt und eine Aufgabe. All diesen 20-, 25-Jährigen, diesen Kräftigen, Klugen, Jungen, die in unserer Welt keine Aufgabe haben und sowieso keine Würde.

»Das hier ist Ecowas, der wirtschaftliche Zusammenschluss der westafrikanischen Staaten«, sagt Präsident N. Adam Progress, »das hier ist in Wahrheit der perfekte afrikanische Staat.« Präsident Progress hat eine Weltkarte in seiner Hütte hängen, fünf Mobiltelefone und zwei Fernbedienungen liegen auf seinem Schreibtisch, viele gelbe Zettel kleben hinter ihm an der Wand.

Der Präsident war unser Gast, und wir waren seine Gäste. N. Adam Progress brach 2001 in Ghana auf, er ging zu Fuß, er fuhr, wann immer er es sich leisten konnte, und 2003 erreichte er The Valley. Seitdem ist er hier, wartet auf die Gelegenheit, weiterzugehen, oder wartet er gar nicht mehr? N. Adam Progress trägt Rastazöpfe und das rot-gelb-grüne Reggae-Armband; begleitet wird Präsident Progress von Hassan Adam, Titel: Berater des Präsidenten, und J. O. Awuah, Sekretär des Präsidenten.

Die beiden Assistenten hatten es schon bis nach Melilla geschafft, spanische Exklave in Marokko, sie waren dabei beim

Sturm auf die Zäune von Melilla, als viele Flüchtlinge durchkamen, weil sie in Gruppen anrannten und sich gegenseitig hochhalfen; aber dann kamen die Soldaten mit dem Tränengas, und Hassan Adam und J. O. Awuah blieben hängen auf dem Zaun und wurden hinuntergestoßen von spanischen Polizisten und sahen, wie drei Afrikaner erschossen wurden von Marokkanern in Uniform. Die beiden wurden festgenommen, Geld und Mobiltelefone mussten sie abgeben, dann wurden sie deportiert und ausgesetzt. Sie schlugen sich hierher durch. Hassan Adam hat seinen Sohn inzwischen seit vier Jahren nicht gesehen; seine Frau, die auf sein Geld warten wollte, auf ihn warten wollte, nachkommen wollte, hat inzwischen einen anderen geheiratet.

»Afrika ist der Kontinent«, sagt Hassan Adam, »wo ein Mann seine Familie nicht ernähren kann und gehen muss und seine Frau nicht auf ihn wartet und den nimmt, der ihr zu essen gibt. Das ist unser wunderbares Afrika.«

*

Präsident N. Adam Progress, Tamale, Ghana: *Wir sitzen hier, weil wir nicht nach Hause reisen können. Es wäre Scheitern, Versagen, Niederlage, es geht nicht; wer mit leeren Händen nach Hause kommt, muss aufs Neue aufbrechen, bis er Erfolg hat, warum also sollte man überhaupt nach Hause gehen?*

Weggegangen bin ich, weil ich das Visum, das ich beantragt hatte, nicht bekam – ich wollte mein Leben trotzdem selbst planen, wollte etwas erreichen. Ich bin Computeringenieur und Video- und Fototechniker. Wenn ich Arbeitsmaterial und auch nur winzige Aufträge gehabt hätte, wäre ich geblieben, aber es gab nichts. Gar nichts. Und ich wollte einen Ort erreichen, wo ich überleben kann, ist das zu viel verlangt? Wo ich arbeiten und ein bisschen Geld verdienen kann, das ist doch nicht größenwahnsinnig, oder?

Es gibt drei Möglichkeiten, wenn man gegangen ist: erfolgreich sein, sterben, scheitern.

Wir hier im Tal sind die Gescheiterten.

Aber wir sind weit gekommen. Es gibt Gruppen, 30 Mann, von denen nur zehn hier ankommen, der Rest hat es nicht durch die Sahara geschafft. Kein Mensch erfährt jemals von denen, die in der Sahara sterben, dort oder später im Meer. Keiner kennt ihre Namen, keiner die Zahl.

Was wir uns hier in diesem Ghetto in diesem Tal geschaffen haben, ist ein Afrika, wie es sein könnte. Wir kommen zusammen und helfen uns. Es gibt Probleme, klar, die haben immer mit Geld zu tun. Aber wenn einer eine Waffe zückt, geht er für fünf Tage in den Bau, und ehrlich gesagt: Nein, wir haben hier weniger Probleme als sonstwo in Afrika, weil wir zusammenhalten und uns nicht gegenseitig bekämpfen.

Aber es wird nicht ewig gut gehen. Wir wissen, dass sie uns hassen. Die Algerier. Sie sind gekränkt, weil sie selbst keine Arbeit mehr haben, und sie würden uns töten, wenn sie könnten. Und ihr Europäer helft ihnen bei der Jagd auf uns, ihr gebt ihnen immer mehr Geld und fordert sie auf, uns zu jagen. Diese Aggressivität, diese Wut, das sind die Dinge, die ich nicht verstehe. Wie kann irgendwer einen Menschen fangen und ihn in der Sahara aussetzen, einfach so? Wie kann man das tun? Einfangen, wegbringen, aussetzen, sterben lassen. Das machen die Marokkaner, das machen die Algerier, und ihr Europäer zahlt dafür, wie kann irgendjemand so etwas beschließen?

Zwei Dinge sage ich euch. Erstens: Die Weißen haben Afrika als illegale Einwanderer betreten, oder hatte irgendein Sklavenjäger ein Visum? Zweitens: Die afrikanische Odyssee wird niemals gestoppt werden. Wenn ihr uns stoppen wollt, dann baut eine Mauer mitten im Meer, und baut sie bis hinauf in den Himmel.

*

Aber es hat ja einen Effekt, was die europäischen Innenminister vorantreiben. Die Afrikaner werden eingeschüchtert, fern gehalten, fortgestoßen. Es werden nicht weniger Flüchtlinge aufbrechen, aber irgendwann werden weniger Flüchtlinge durchkommen, weil Afrika diesen Kampf, Finten und Phantasie gegen Schnellboote und Nachtsichtgeräte, nicht gewinnen kann.

Darum werden die europäischen Innenminister irgendwann denken, ihr Konzept gehe auf. Und Afrika wird allein bleiben, denn das nötige Konzept, eine echte Idee für Afrika, wird aus Sicht Europas nicht mehr nötig sein.

Die Gestrandeten, die Gescheiterten werden die Zukunft Afrikas sein.

Elie Wiesel schreibt: »Flüchtlinge leben in einer geteilten Welt, zwischen Ländern, in denen sie nicht leben können, und Ländern, die sie nicht betreten dürfen.«

Und dann rufe ich Andrea an, Leiterin der Reisestelle des »Spiegel«, und spreche mit ihr Fähr- und Flugverbindungen durch, sage ihr, was wir brauchen, denn wir haben ja europäische Pässe und Kreditkarten, und Andrea bucht, und morgen geht es weiter. Es ist das erste Mal, dass uns diese Perfektion und dieses Tempo des Reisens peinlich sind.

Der Zoll im Hafen von Ghazaouet: Sie kontrollieren John, sie glauben den Stempeln in seinem Pass nicht, glauben nicht, dass er zu uns gehört. Es dauert eine halbe Stunde, aber dann dürfen wir das Fährschiff »Ciudad de Salamanca« betreten. Wir machen diesen Schlenker nach Spanien und von dort wieder zurück nach Marokko, um Johns Aufenthaltsgenehmigung für Europa nicht zu gefährden.

Auf dem Schiff: 3 Sandwiches, 1 Cola, 1 Limonade, 1 Kaffee = 15 Euro. Wir haben nur 10 Euro, aber eine Menge Dinar und CFA, aber die akzeptieren sie hier nicht. John bekommt einen Wutanfall, so haben wir ihn noch nicht erlebt. Er schreit den Mann hinter der Bar an: »Ihr macht Geschäfte mit Afrika, fahrt mit euren Schiffen unseren Kontinent an, aber alles darf nur zu euren Bedingungen geschehen. Wie soll ein Algerier hier auf diesem Schiff bezahlen? Das, genau das ist die europäische Politik. Wir sind noch immer in einem afrikanischen Hafen, und ihr nehmt allen Ernstes nur Euro?«

»Nein, Dollar nehmen wir auch«, sagt der Mann hinter der Bar.

Und dann liegt Afrika für einige Stunden hinter uns, grüne Berge, Hügel, Nebel und Wolken darüber. Was für eine Art des Reisens, verglichen mit dem, was die Flüchtlinge aushalten: Weil wir die geschlossene algerisch-marokkanische Grenze fürchten, machen wir einen Abstecher über Europa und kehren dann nach Afrika zurück – und die Flüchtlinge hocken weiterhin vor dieser Grenze in den Bergen.

Flucht: Wenn Normalität kein Begriff mehr ist, der irgendeine Aussage enthält. Wenn man gerade aus Hunger und Durst, aus Schmutz und vor allem aus der Einsamkeit und dem Fremdsein seine Kraft entwickeln muss.

Denn wer das nicht schafft, scheitert.

5. DAS MEER

*Wir verlassen hiermit Afrika, um späterhin seiner keine
Erwähnung mehr zu tun. Denn es ist kein geschichtlicher Weltteil,
er hat keine Bewegung und Entwicklung aufzuweisen.*
Georg Wilhelm Friedrich Hegel

Tanger, Marokko, Kilometer 5740

Sie starten überall an der Küste Marokkos. Man kann Europa
sehen von hier, es liegt nahe, 20 Kilometer entfernt nur, tü-
ckisch nahe. Man riecht Europa noch nicht, man riecht nur die
Freiheit des Meeres, diese gefährliche, riskante Freiheit. Man
hört Europa noch nicht. Man sieht die Windräder Andalusiens
von hier, man sieht Häuser und Buchten und abends die Lichter, aber man sieht nicht, wie gefährlich das Mittelmeer ist, wie
stark der Wind und die Strömung sind in einer Meerenge wie
dieser. Man sieht nicht, welche Kraft die Tanker haben, die hier
durchfahren, und wie hoch ihre Bugwellen sind und wie tief die
Wellentäler am Heck, all das sieht man nicht.

Die Sterbenden sieht man nicht, die Wracks, die Schlauch-
boote, deren Motoren ausgefallen sind und die auf den Atlantik
hinausgetrieben werden; oder jene, die kentern in den Bugwellen der Tanker, und auf den Tankern sieht man die Schlauch-
boote nicht, weil kein Radar sie anzeigt.

Und so ruhig sieht das Meer aus, so harmlos und Europa so
greifbar.

Karsghir, 76 Kilometer vor Tanger, ist eines der Dörfer, in
denen sie starten. Eine alte Burg steht über der Bucht, elegant

geschwungen ist der Sandstrand, »La Plage« steht auf einem Wegweiser.

Nacht für Nacht starten sie von hier. Man kann von hier aus die Polizisten nicht sehen, die drüben in Spanien in geheizten und klimatisierten Türmen sitzen und mit ihren Nachtsichtgeräten Afrika und die Meerenge von Gibraltar im Blick haben, diesen »immensen Friedhof«, wie der päpstliche »Osservatore Romano« schreibt; 236 Millionen Euro kostet die EU das »Integrierte System der Außenüberwachung« (Sive), die modernste Grenzkontrolle der Welt, inklusive Langstreckenradar, Nachtsichtgeräte, Wärmebildkameras und Hubschrauber.

Sie brechen dennoch auf. Und wenn die marokkanische Polizei wieder einmal Boote einsammelt, stapelt, anzündet, wenn dieser Scheiterhaufen der *Pateras* dann lodert, dann bedeutet das ein praktisches Problem: Boote fehlen, Geld geht verloren, aber es schreckt keinen ab.

In Tanger, Metropole Nordafrikas, Hafenstadt und Handelsstadt, sammeln sich die Flüchtlinge in den Teestuben und Gassen der Medina, der Altstadt, rund um das Hotel Continental, einen weißen Kolonialbau mit grünen Jalousien.

Tanger wurde jahrzehntelang »Perle des Nordens« genannt und war so etwas wie eine zweite Heimat der Beatgeneration: Paul Bowles schrieb hier, Jimi Hendrix und Bob Marley spielten und kifften hier, denn Tanger, heute noch eine Stadt der Streuner, war einst eine Metropole der Dandys. Im »El Muniria« ließen sich Allen Ginsberg, Jack Kerouac und William S. Burroughs nieder. Ginsberg war frisch aus der Psychiatrie entlassen, Kerouac war ein Alkoholiker, der 50 Blätter aneinander klebte, um schreiben zu können, ohne mit seinen zitternden Fingern ständig neues Papier einspannen zu müssen, und Burroughs hatte gerade seine Frau erschossen. Hier in Tanger schrieb er »The Naked Lunch«.

Heute allerdings fragt »Le Monde«: »Tanger, eine Fabrik des

Terrorismus?«, weil aus Tanger sechs der mutmaßlichen Attentäter des 11. März 2004 stammten, die in Madrid 192 Menschen töteten. Über 700 000 Menschen leben inzwischen hier, die meisten zwischen Rost und Müllhalden in den roten Ziegelsteinhäusern von Vorstädten wie Houmat Saddam, und viel zu viele arbeitslose junge Leute hocken dort, denn jedes Jahr suchen 300 000 Jugendliche nach Arbeit, aber es gibt nur 150 000 Stellen.

Marokko ist laut Verfassung von 1996 eine »konstitutionelle, demokratische und soziale Monarchie«, und das Wichtigste dieser fünf Wörter ist zweifellos »Monarchie«. Der König ist Staatsoberhaupt, Oberbefehlshaber über 196 000 Soldaten, 744 Kampfpanzer und natürlich 30 Millionen Untertanen, er ist angeblicher Garant von Einheit und Stabilität und oberster Herr über den Glauben dieses islamischen Staates. Der König ernennt und entlässt Premierminister. Der König schließt Sender, öffnet Zeitungen, lässt einsperren und hinrichten und begnadigt. Der König heißt Mohammed VI.; bevor er König wurde, war er Student, promovierte mit Auszeichnung über »Die Zusammenarbeit zwischen der EU und dem Maghreb«, war Assistent von EU-Kommissions-Präsident Jacques Delors und Generalmajor des Heeres. Im Juli 1999 starb sein Vater Hassan II., und Mohammed VI. bestieg den Thron. Das Volk nennt ihn »M 6« und schätzt es, dass der König seine Kolonne vor roten Ampeln halten lässt; sein Vermögen wird auf knapp 5 Milliarden Dollar geschätzt. Verheiratet ist er mit der Computerfachfrau Salma Bennani, und als am 8. Mai des Jahres 2003 das Thronfolgerchen Mulai Hassan geboren wurde, erließ der mächtige Vater eine Amnestie für 47 899 Strafgefangene.

Und in der Altstadt von Tanger stehen an jeder Ecke Händler, die Haschisch, Antiquitäten und Frauen anbieten. »Woher kommt ihr?«, fragt einer, »ich habe alles, was ihr wollt.« Wir sagen nichts, und darum fragt er: »Seid ihr Rassisten?«

Steht man auf der Terrasse des Continental, blickt man hinab in den Hafen von Tanger, und vor dem Hafen liegt das Terminal für die Lastwagen, die auf die Überfahrt warten, Fahrzeug neben Fahrzeug neben Fahrzeug. Auch dies ist ein Brennpunkt in der Migrantenwelt, auch dies ist ein Ziel der Flüchtlinge.

Einer der Fahrer ist Frank, auf Reisen geschickt von der Osnabrücker Spedition Meyer & Meyer; Frank ist ungefähr 1,95 Meter groß und hat stoppelige graue Haare. Er sitzt in seiner Zugmaschine, Marke MAN, »ein Scheißding«, sagt Frank, »weil die Fenster zu hoch sind, es kommt zu viel Licht rein, es blendet und ist zu grell«. Er trinkt abwechselnd Tee und Kaffee, raucht L&M. Frank raucht sehr viele L&M, seine Fingerspitzen sind gelb von den vielen Zigaretten.

*

Frank, Lkw-Fahrer, Deutschland: *Sie kommen ständig. Wenn man für einen Moment nicht aufpasst, sind sie schon drin. Sie kriechen überall hinein, wo Kabel heraushängen, und immerhin, sie sind vorsichtig, damit sie nichts kaputt machen – so ist es nämlich nur illegale Einwanderung, sonst wäre es auch noch Sachbeschädigung, sobald sie erwischt werden.*

Sie halten sich oben auf dem Hänger fest und versuchen mit Blechschneidern das Dach zu öffnen wie eine Konservendose; meines ist aus Stahl, da haben sie natürlich verloren, das knacken sie nicht. Oder sie biegen hinten die Ladeklappen auf, einige stemmen die Klappen mit den Füßen auseinander, und die anderen flutschen dann hinein wie die Zäpfchen. Du musst deine Türgriffe deshalb mit Extraklemmen sichern, sonst kannst du das nicht kontrollieren. Oder sie klettern über die Reifen rein und quetschen sich in den Getriebetunnel, neben den Luftfilter – fährst du dann einen steilen Berg hoch, wird es dort richtig heiß, dann sind sie gegrillt.

Immer wieder bin ich angesprochen worden, ob ich nicht offiziell oder, na ja, natürlich inoffiziell, aber eben richtig und konsequent mitmachen will. Also beim organisierten Menschenschmuggel. Es geht vor allem um Frauen, klar, die dann in die Bordelle gesteckt werden in Europa, da ist richtig Geld drin und noch mehr Geld, wenn es Jungfrauen vom Land sind. Und Nordafrikaner sind begehrter als die Dunklen, die Dunklen machen leichter Probleme. Ein Einfamilienhaus, das hat man in ein paar Jahren zusammen, wenn man mitmacht, aber mein Kollege Otto sitzt nun im Knast in Spanien, weil: Es reicht ja, wenn ein einziger Flüchtling aussagt, dass du das organisiert hast, dann bist du dran, und deine Zugmaschine wird beschlagnahmt, und deine Chefs haben dich am Arsch.

Früher ist es passiert, dass wir Kolonne gefahren sind, raus aus Afrika, und dann fiel vom ersten Lkw einer runter, und dann sind alle anderen drübergerollt. 30 Tonnen auf deinem Körper, danach siehst du nicht mehr gut aus. Und einmal war ich in einer Polizeikontrolle, und ein Polizist winkte mir, ich sollte anfahren, und ein zweiter winkte, also fuhr ich an, aber da wollte noch schnell ein Flüchtling rauskriechen, und da bin ich dann mit zwei Achsen über ihn drüber. Zehn Tonnen waren das plus Ladung, der Kerl ist jetzt ein Krüppel.

Wir rollen hier auf die Fähren und fahren rüber nach Spanien, und die Kontrollen dort werden immer schärfer. Die haben jetzt CO_2-Sensoren, damit messen sie den CO_2-Gehalt im Container, dadurch können sie feststellen, ob Lebewesen drin sind. Aber es bleiben natürlich Stichproben, mehr können die an der Grenze ja gar nicht leisten. Es sind zu viele Lkw.

Wenn die Flüchtlinge erst mal drin sind im Laster, dann sind ihre Chancen gar nicht so übel.

*

In Tanger warten die Flüchtlinge, denn Tanger ist vieles zugleich für sie: Nachrichtenbörse vor allem, aber auch ein Ort für Träume, Aussichtsplattform kurz vor dem Ziel, Versteck, Wohnzimmer, weil man hier immer einen aus der Heimat trifft. Es ist noch nicht lange her, da wohnten die Flüchtlinge in Tanger in Pensionen. Zwei Meter breit sind die Gassen in der Medina von Tanger, es ist ein Irrgarten, und in jedem dritten oder vierten Hauseingang geht es hinauf in eine dieser Pensionen. Sie heißen »American«, »Colon«, »Sevilla« oder »Schengen«. Oder »Agadez«, das ist jene Pension, in der Jane und Peter Aimufua aus Benin City darauf warteten, dass sie genug Geld haben würden, um das Mittelmeer zu überqueren.

Aber vor einigen Monaten kam das Militär nach Tanger, Razzia folgte auf Razzia, all die Pensionen wurden geräumt, und die Flüchtlinge verschwanden.

Jetzt wohnen sie privat, zahlen Miete an irgendeinen Hauseigentümer, der für sehr viel Geld 20 Männern ein zwölf Quadratmeter großes Kellerloch zur Verfügung stellt. Dort hocken sie tagsüber und warten auf das Boot, das sie hinüberbringen soll, und kommen nur abends heraus. Was für eine Existenz ist das, wenn jeder deiner Schritte bedeuten kann, dass du zurückgeworfen wirst an den Ausgangspunkt deiner Reise?

Wir streifen durch die Gassen der Medina. Hans, der Leiter des Goethe-Instituts von Tanger, führt uns durch Märkte und Cafés und Hinterhöfe, wir fragen uns durch, und in der Rue Mohammed Bergach finden wir schließlich eine Gruppe schwarzer junger Männer. Sie stehen herum, werfen Steinchen gegen eine Mauer, reden wenig. 20, 25 Jahre alt sind sie, und auf einmal schreit ein Marokkaner vom Balkon herab, ein Weißer im Unterhemd, wirr liegen die wenigen Haare auf seinem Hinterkopf. »Ruhe, verschwindet, geht in euren Urwald«, schreit er, dann wirft er eine Bierflasche nach den Schwarzen, die Flasche zerspringt, und einen von ihnen, Victor, treffen die Scherben, die vom Boden hochfliegen.

Der Mann dort oben schließt nun das Fenster, doch eine Minute später ist er hier unten und schwingt einen Baseballschläger. Markus fotografiert ihn, der Mann geht auf Markus los, und wir alle halten ihn fest und schieben ihn in den Eingang seines Hauses zurück.

»Das ist ein elendes, verficktes, rassistisches Scheißland«, sagt Felix Justin, »der einzige Grund, warum irgendwer freiwillig herkommt, ist der, dass wir durchreisen müssen, um nach Europa zu kommen.«

Felix Justin, 36, lehnt an einer Hauswand, seine Freunde und er haben eine Methode entwickelt, um Tanger zu überstehen: Sie gehen mindestens zu viert vor die Tür, laufen eilig und verharren nur an den Kreuzungen der Altstadt; dort schaut dann jeder in eine Richtung, und sobald einer einen Polizisten sieht oder jemanden, der vielleicht ein Polizist sein könnte, pfeift er, und alle rennen.

Nun aber redet Felix Justin, während vier Kumpel Wache halten.

Felix trägt Jeans, einen schwarzen Pullover, weiße Turnschuhe und einen Vollbart. Er hat sein Studium an der Universität von Lagos vor zehn Jahren abgeschlossen, zehn Jahre lang suchte er anschließend Arbeit und fand keine. Er ist nautischer Ingenieur, geschult für die Arbeit auf Bohrinseln, und er hatte Vorstellungsgespräche bei Shell und ExxonMobil, aber er hätte die Leute dort bestechen müssen, um einen Job zu bekommen, sagt er, und das konnte er nicht.

36 Jahre alt, gut ausgebildet, seit zehn Jahren arbeitslos – »was hättest du getan?«, fragt er.

Felix hatte genug Geld, um den ersten Teil der Reise mit dem Flugzeug hinter sich zu bringen, Accra – Casablanca, das erspart dem Reisenden die Sahara. Vielleicht liegt es daran, jedenfalls hat Felix Justin genug Selbstvertrauen, um sich sicher zu sein, dass er es schaffen wird. »Wir sind kluge Jungs«, sagt er, »wir wissen, dass wir gegen Militär kämpfen, aber wir sind schlau und vielseitig. Wir haben Ingenieure, Elektrotechniker, Physiker. Wir werden die Patrouillen beobachten und herausfinden, wo die Lücken sind. Sollen dort doch Millionen Kameras stehen, sollen dort Zäune gebaut werden, die bis zum Himmel reichen, sollen dort zehn Millionen Soldaten sein – wir werden nach Ceuta kommen, mein Freund, ganz sicher. Ein kleines Loch wird uns genügen, und das kriegen wir hin. Wir haben keine Angst, wir sind verzweifelt. Hier kämpft Technik gegen Verzweiflung, und ich garantiere dir, Verzweiflung ist stärker.«

Wir verbringen den Tag mit Felix Justin und seinen Freunden. 30 Nigerianer sind sie in der Altstadt von Tanger, 30 Leute, die auf das Boot warten, das sie nach Europa bringen wird, oder auf den Weisen, der ihnen einen Weg durch die Mauern von Ceuta weisen kann.

Bis es so weit ist, haben sie nichts zu tun. Geld zu verdienen ist kaum möglich für diese Menschen in dieser Stadt, und deshalb geht es darum, kein Geld auszugeben, den Tag zu ertragen, den Tag hinter sich zu bringen, ohne verhaftet zu werden. Der Tag heute hat immerhin ein Ziel: Um 19.45 Uhr beginnen die Spiele der Champions League, und im Café Arisha an der Place Ouad Ahardame gibt es eine Leinwand und einen Fernseher, oben im ersten Stock.

Um 15 Uhr sitzen die Nigerianer dort, auf harten Holzstühlen, Reihe hinter Reihe ausgerichtet auf einen Bildschirm und eine Leinwand, und nichts ist zu sehen, da der Wirt die Geräte noch nicht einschaltet. Felix und die Jungs haben kontrolliert, dass die Luke zum Dach nicht verschlossen ist; wenn unten die Polizei hereinmarschiert, muss es oben einen Fluchtweg über die Dächer geben. Einige der Männer haben den Kopf in die Hände gelegt und schlafen, einige starren auf den Boden, ein paar legen Geld zusammen und kaufen für 10 Dirham, knapp einen Euro, einen Joint, schneiden ihn vorsichtig auf, schlitzen fünf, sechs Zigaretten auf, verteilen das Haschisch auf die Zigaretten und rauchen.

Ich gebe eine Runde aus, und alle bestellen »American«, heiße Milch mit Teebeutel. Sechs Stunden lang werden sie vor diesem Glas hocken und alle 30 Minuten mal nippen.

Eze Obisi, 27, ist hier, der eine Odyssee hinter sich hat wie wenige andere. Eze ist seit 1999 unterwegs, damals brach er in Nigeria auf, um nach Europa zu kommen, aber er wurde dreimal aufgegriffen und verschleppt und in der Wüste ausgesetzt. Es wurde dann ein Leben zwischen Mali, Niger, Libyen, Algerien und Marokko, immer wieder ging es hinauf und hinab, und als er zum dritten Mal in Rabat angekommen war und sich als Schuhmacher durchschlug und ein paar Schlepper beim Teetrinken traf, erzählte Eze, dass er sich inzwischen ganz gut auskenne. Er stieg in ihre Firma ein und wurde eine Art Reiseleiter. Seitdem bringt er Flüchtlinge aus dem Süden nach Marokko, weist ihnen den Weg durch die Wüste, hilft ihnen über die Grenzen, bringt sie nach Tanger, führt sie ans Mittelmeer, und wenn er eine Reisegruppe abgeliefert hat, fährt er wieder hinunter nach Mali und holt die nächste ab.

Er hat zwei Kinder, John und Joseph, wird er sie wieder sehen? »Irgendwann fahre ich selbst hinüber nach Europa«, sagt Eze Obisi, »bald wird es so weit sein.« Es ist 18 Uhr.

Der Wirt schaltet den Fernseher ein, eine Quizshow. Ein Händler kommt herein, er hat einen Beutel voller hart gekochter Eier dabei. Fünf Dirham kostet ein Ei, es ist die einzige Mahlzeit des Tages für die Männer hier.

Der Wirt kommt hoch, es ist 19.40 Uhr, Spielbeginn in fünf Minuten, und er schaltet den Fernseher aus, auch die Leinwand ist dunkel, und er brüllt die Schwarzen an: Sie müssten etwas verzehren, sonst dürften sie nicht fernsehen. Zwei Männer bestellen sich eine »Fanta«, das genügt dem Wirt. »Scheißafrikaner«, sagt er, als er die Wendeltreppe hinabsteigt zum Schankraum.

Und das hier ist jener Ort in Tanger, der ein bisschen Heimat bietet, der Ort, wo sich die Nigerianer treffen, weil sie sich hier noch am ehesten wohl fühlen.

»Alles andere ist schlimmer«, sagt Felix Justin.

Chelsea gegen Liverpool läuft auf der Leinwand, es spielen Schatten, das Bild ist vage, die Schatten spielen 0:0.

Der Wirt kommt hoch, er verdient nicht genug, er hat eine Bierflasche in der Hand und zerschlägt sie am Treppengeländer. »Ich will euch hier nicht mehr sehen«, brüllt er.

AC Mailand gegen Schalke läuft im Fernseher, es fällt das 3:2.

Die Männer fragen viel. Sie wollen wissen, wie sie deutsche Frauen finden können, wie kalt es in Deutschland ist, ob Deutschland Nigerianer liebt, welche Städte schön und welche Berufe die bestbezahlten sind. Und miteinander sind sie rauh, sie verständigen sich mit wenigen Worten, nennen ihre Routen, die Preise – was sie unterwegs erlebt haben, erzählen sie nicht. Zurückhaltung, Lässigkeit, das ist die Art des Umgangs mit der eigenen Leidensgeschichte und der Leidensgeschichte der anderen.

Kelly Osaro ist hier, der uns bittet, seinen Bruder anzurufen, sobald wir nach Spanien kommen, und diesem Bruder zu sagen, dass Kelly sich ein Bein gebrochen habe und dringend Geld brauche.

Kelly, wir sollen für dich deinen eigenen Bruder anlügen?

»Ich sitze fest, und ich brauche das Geld wirklich, und wenn er von dir hört, dass ich im Krankenhaus liege, dann wird er mir das Geld schicken.«

Schlusspfiff, sie gehen nach Hause in ihre Keller, in Vierergruppen, jeder hat eine Gasse im Blick. Und morgen ist ein neuer Tag, morgen ist ein Tag ohne Fußball.

John Ampans Afrikanisch für Anfänger:
16. Ich kenne eine Fähigkeit, die ihr Europäer habt und die uns
Afrikanern fehlt. Es ist die Fähigkeit zur Selbstkritik. Ihr hinter-
fragt Fehler, ihr sucht Schwächen, korrigiert euer Verhalten, wenn
ihr herausgefunden habt, dass es falsch oder destruktiv war. Wir
machen andere verantwortlich für das, was geschieht: Fremde,
Götter, Ahnen, Feinde. Und natürlich euch Europäer.

John Ekow Ampan, der einen britischen Pass auf den Namen
Sandra Morris mit sich führte, fuhr mit einem Konvoi der Vereinten Nationen nach Marokko hinein, dann mit dem Bus nach
Agadir und Marrakesch, wo er für drei Tage Pause machte auf
einem Campingplatz, und weiter mit dem Zug nach Casablanca
und schließlich nach Tanger.

Er glaubte, er könne es riskieren, glaubte, es sei ein Spiel ums
eigene Glück, glaubte, es könne zwar schief gehen, könnte jedoch genauso gut klappen. Die Chancen standen fünfzig zu
fünfzig, das war, was John glaubte, und darum kaufte er sich
eine Fahrkarte nach Spanien, ein Fährticket.

Er sah sein Schiff, kam Europa sehr nahe, ein paar Meter waren es noch, aber dann war es nicht einmal knapp. Es genügten
den Grenzern ein Blick in den Pass und ein Blick in sein Gesicht.

Sandra Morris?

Sie verhafteten ihn vor dem Schild mit der Aufschrift »Immigration«, und sie sagten ihm, sie glaubten ihm nicht: Das Bild
im Pass sei ausgetauscht, man sehe das. John kam für vier Tage
ins Gefängnis von Tanger, dann vor Gericht: Zwei Wochen bekam er für seine Fälschung und den Versuch der illegalen Ausreise. Und als John wieder draußen war, ziemlich allein in den
Straßen von Tanger, begegnete er einem Priester der Anglika-
nischen Kirche, Kaplan Gregory. Der ließ ihn im Haus Gottes
arbeiten, John putzte und restaurierte nun Möbel und Fenster.

50 Dirham verdiente John pro Tag, und nur 10 Dirham kostete sein Anteil an dem Zimmer im Hotel »Olid«; das Olid war
eine dieser Pensionen, in denen damals fünf, sechs, manchmal
auch 10 oder 15 Menschen in einem Zimmer hockten und niemals vor die Tür gingen und hofften, dass der Portier nicht von
der Polizei geschmiert war. Das Olid war nicht weit vom be-
rühmten Hotel Continental, also in Hafennähe.

Und abends saß John mit seinem Freund Albert, einem Sene-
galesen, auf dem Fußboden, sie diskutierten ihre Pläne und beschlossen: Lass uns versuchen, nach Ceuta zu kommen.

Sie schafften es schnell, beinahe. Es gab damals noch keine
Mauer rund um Ceuta, nur einen niedrigen Zaun und Soldaten
auf beiden Seiten. Da standen sie nun, sahen sich an, das Ziel
war nah. »Unscheinbar war dieses Europa«, sagte John, »nach
so vielen Jahren war das Ziel so klein und nicht der Rede wert.«

Es würde einfach sein, dachten sie, es waren nur ein paar
Schritte, aber sie irrten sich. Die Gelegenheit war verpasst, vielleicht hatten sie zu lange gewartet, einen Moment zu lange gezö-
gert. Es waren marokkanische Soldaten, die John und Albert
mit Suchscheinwerfern erwischten und verfolgten und am
Ende festnahmen. Die Soldaten brachten die Flüchtlinge nach
Tetouan – für John war der Traum vom Leben zerstört, für sie
war es Routine. In Tetouan gab es ein Gericht für Angelegenhei-
ten wie diese, einen schmucklosen weißen Bau; das Urteil: eine
Woche.

Als die beiden frei waren, gingen sie zurück nach Ceuta, noch
in derselben Nacht, ganz nahe kamen sie auch diesmal dem
Zaun, aber dann standen sie wieder im Scheinwerferlicht. Und
der Richter im weißen Gericht von Tetouan, es war derselbe wie
vor einer Woche, warnte sie: »Diesmal gibt es zwei Wochen für
euch, beim nächsten Mal werden es sechs Monate sein.«

Albert und John berieten sich, und dann gaben sie es auf,
kehrten zurück in die Gassen von Tanger, ins Olid, und dort

trafen sie auf einen dieser Männer, die viel versprechen und behaupten, sie wüssten alles über das Geschäft der Flüchtenden.

Konnten sie dem Kerl vertrauen? Was aber konnten sie sonst tun?

Irgendjemandem muss man vertrauen, irgendjemandem muss man sich öffnen, sich darbieten. Flucht ist ein Spiel, immer wieder. Man spielt um ein Leben, das man für das wahre hält, obwohl man es nicht kennt. Manche kommen durch und werden reich, manche kommen durch und bleiben arm, manche kommen nicht durch und sind am Ende froh darüber, manche kommen nicht durch und sterben. Warum? Wenig im Leben der Flüchtlinge ist deutbar, es gibt keine lineare Entwicklung, nur Zufälle. Manche machen Fehler, manche wissen zu wenig, und viele haben ganz einfach Pech und wenige ein bisschen Glück.

»Reisen ist eine Gemeinheit. Es zwingt dich, Fremden zu vertrauen und wegzugehen von der Wärme deines Zuhauses und deiner Freunde. Du bist ununterbrochen aus dem Gleichgewicht. Nichts gehört dir, nichts als die absolut notwendigsten Dinge – die Luft, der Schlaf, die Träume, das Meer, der Himmel – alles Dinge, die mit Ewigkeit zu tun haben.« Das schrieb Cesare Pavese im »Handwerk des Lebens« – und er erzählte vom ganz normalen Reisenden und nicht von einem Flüchtling.

Der Fremde verlangte 100 Dollar pro Person, und sie gaben ihm das Geld. Sie fuhren Richtung Ceuta, versuchten es zu Fuß, und wieder waren da die Scheinwerfer der Soldaten, aber der Fremde führte John und Albert aus dem Lichtkegel heraus und hinein in die Wälder und fort von der Gefahr. Sie fuhren zurück nach Tanger, warteten eine Woche, dann war der Fremde wieder da, wie versprochen, es begann der zweite Versuch.

Sie kletterten über Berge. Rannten über Äcker und Wiesen. Schlichen durch das Niemandsland des Grenzgebiets, kahle Streifen ohne Deckung, aber kein Scheinwerfer erwischte sie.

Und um 6.30 Uhr am frühen Morgen, es war ein Tag im November 1995, war John Ekow Ampan in Europa.

Er war fast vier Jahre lang unterwegs gewesen.

Er hatte keine Zeit, Luft zu holen, sich zu freuen, sich zu entspannen. Europa war fremd, kalt, niemand war unterwegs auf den Straßen, wie sollte ein junger Mann aus Ghana sich willkommen fühlen, hier und jetzt? John und Albert hatten von einem Flüchtlingslager gehört, Caramancaro, einem Lager aus Zelten, das war ihr Ziel. Doch ein Wagen der Guardia Civil rollte vorbei, einer der Beamten fuchtelte mit den Armen, der andere stoppte, und dann saßen John und Albert im Polizeiauto.

John dachte, die Beamten brächten ihn zum Roten Kreuz oder ins Flüchtlingslager, denn die Beamten waren freundlich. Aber dann sah John die Grenze, und die beiden Beamten stießen John und Albert hinaus, drückten sie, wollten sie hinüber nach Afrika schieben, und die beiden Afrikaner weigerten sich. »Nein«, schrie John, »nur über unsere Leichen.«

Die Anstrengungen waren zu groß, das alles war zu viel gewesen, ich gehe niemals zurück, das dachte er, eher sterbe ich.

Und dann verstanden John und Albert, wo sie jetzt waren: Sie standen auf dem Streifen zwischen Marokko und Ceuta, zwischen Afrika und Europa, im Niemandsland. Marokkanische Soldaten waren dort hinten, Gewehre in der Hand, sie wollten die Flüchtlinge nicht zurückhaben. Und spanische Soldaten standen auf der anderen Seite, Gewehre in der Hand, auch sie wollten die Flüchtlinge nicht, fort mit denen. Heißer, staubiger Sand, das war das Niemandsland, kein Schatten nirgends, und dann kamen andere Flüchtlinge. Fünf in der ersten Nacht. Zehn in der Nacht danach.

200 waren sie nach einem Monat. Es entstand das erste Lager zwischen den Kontinenten, es war eine Zeit des Streits zwischen Marokko und Spanien, und die Flüchtlinge hockten dazwischen.

Lästige Menschen, sonst nichts mehr.

John Ampans Afrikanisch für Anfänger:
17. Afrikaner behandeln Europäer mit Respekt, also anders, als ihr
uns behandelt. Ihr behandelt uns von oben herab, haltet mich auf
der Straße an, nur weil ich einen Suzuki fahre – sehr verdächtig,
muss geklaut sein, ein solches Auto fahren Schwarze nicht. Ihr be-
handelt uns, als wären wir automatisch arm, dreckig, dumm und
gefährlich. Wir behandeln euch, wie ihr es nicht verdient: als Über-
legene, als Meister.
18. Afrikaner vergessen niemals, dass sie schwarz sind. Wie könn-
ten sie das vergessen in dieser Welt?

Eine kurze Geschichte der Völkerwanderungen (II)

Flüchtlinge, das schrieb Hannah Arendt, sind heimatlos, staa-
tenlos, rechtlos. 40 Millionen Flüchtlinge zogen 1945 durch Europa, ungefähr 14 Millionen Deutsche wurden aus Osteuropa
vertrieben. Und bis zum Bau der Mauer, 1961, emigrierten
oder flohen Jahr für Jahr 207 000 Menschen aus der DDR in die
Bundesrepublik.

Die Konvention der Vereinten Nationen über die Rechtsstel-
lung von Flüchtlingen, kurz: Genfer Konvention, wurde im
Sommer 1951 verabschiedet, und ein Flüchtling ist danach jede
Person, die sich wegen »begründeter Furcht vor Verfolgung wegen ihrer Rasse, Religion, Nationalität, Zugehörigkeit zu einer
bestimmten sozialen Gruppe oder wegen ihrer politischen Überzeugung außerhalb des Landes befindet, dessen Staatsangehö-
rigkeit sie besitzt, und den Schutz dieses Landes nicht in Anspruch nehmen kann oder wegen dieser Befürchtungen nicht in
Anspruch nehmen will«; alle Staaten, die die Konvention unter-
zeichnen, verpflichten sich, Flüchtlinge nicht in jene Länder
und Regionen auszuweisen, in denen sie bedroht sind – dies immerhin setzten die Franzosen durch, welche die anderen an das

Schicksal der Juden und damit auch an das eigene Versagen erinnerten.

Es ist natürlich ein edler Text, aber, so ist es immer bei den Vereinten Nationen, es ist jener Text, auf den sich die Unterhändler, die ja immer die Interessen ihrer Nationalstaaten vertreten, gerade noch verständigen konnten. Und schon damals gab es Privilegien und Ausnahmen: Der ursprüngliche Text sprach nur von Flüchtlingen aus Europa; und damit in den Jahren danach möglichst viele Länder unterzeichneten, wurden viele geografische Einschränkungen gestattet. Als Flüchtling gilt für das Flüchtlingshilfswerk der Vereinten Nationen, UNHCR, noch heute nur, wer politisch verfolgt wird: »aufgrund von Rasse, Religion, Nationalität, Mitgliedschaft in einer bestimmten sozialen Gruppe oder politischer Überzeugung«.

Und wer vor Armut flieht, vor Seuchen, vor Dürre, vor Naturkatastrophen – der zählt nicht, der ist kein offizieller Flüchtling. Wer heute vor Terror flieht, vor religiösen Fanatikern, vor paramilitärischen Truppen, die Dörfer niederbrennen – nun, zählt der? Das ist manchmal Auslegungssache, je nachdem, diese so genannte nicht-staatliche Verfolgung wird mal so und mal anders verstanden, das hat mit politischen Bündnissen, mit wirtschaftlichen Interessen und mit öffentlicher Wahrnehmung zu tun.

Es ist der in der Welt der Diplomaten so quälend übliche Streit um Worte: Wann ist ein Massenmord ein Völkermord? Wann erwägt die internationale Gemeinschaft die Androhung von Sanktionen, wann beschließt sie die Androhung von Sanktionen, wann beschließt sie Sanktionen, und wann sanktioniert sie endlich? Oder eben: Wann ist ein Mensch, der aus seiner Heimat flieht, tatsächlich ein Flüchtling?

Und deshalb gibt es heute Ausländer erster und zweiter Klasse. »Flüchtling« ist, offiziell, wer nicht in sein Land zurückkehren kann; »Migrant« ist, wer theoretisch könnte. Unter den 191

Millionen Migranten, die Kofi Annans Kommission gezählt hat, sind nach dieser Definition nur 9,2 Millionen Flüchtlinge. Um Flüchtlinge muss man sich nämlich kümmern, dazu verpflichtet internationales Recht, Migranten gehen ja freiwillig, die darf man sich selbst überlassen. Das Flüchtlingshilfswerk UNHCR hat eine Menge Kraft und Glaubwürdigkeit verloren über die Jahre, was weniger an den Leuten liegt, die dort arbeiten, sondern vor allem am Mandat. »Nicht zuständig«, das sagen die UNHCR-Leute immer wieder, wenn es um die Flucht aus Afrika geht. Nur 4,6 Millionen der 17 Millionen Menschen, die in Afrika auf der Flucht sind, werden vom UNHCR betreut – mit 50 Dollar pro Flüchtling pro Jahr. Die Dritte Welt ist heillos überbevölkert, Aids zerstört Gesellschaften und Familien, Tsunami, Erdbeben, Hungersnöte treiben Menschen in die Fremde – Flüchtende zweiter Klasse, ihre Flucht gilt nicht. Weit über 25 Millionen Menschen in über 50 Ländern irren heimatlos umher, »I. D. P.«, »internally displaced person«, das ist das Etikett der Hilfsorganisationen für diese Menschen, und leider sind diese Menschen innerhalb ihrer Landesgrenzen unterwegs – »nicht zuständig«, sagen die UNHCR-Leute. Müssen sie sagen.

Denn das erste Interesse der Staaten, die die Strategien der Vereinten Nationen und ihrer Organisationen vorgeben, ist: so wenige Flüchtlinge in den Statistiken, so wenig Einwanderung, so wenig Asyl wie eben möglich. Es sind Zeiten wirtschaftlicher Enge, es sind Zeiten des Terrors. Und Zeiten der Angst vor dem Terror.

Das deutsche Asylrecht war einst gedacht als Wiedergutmachung und als Kompensation nach dem Zweiten Weltkrieg, als Symbol einer neuen deutschen Liberalität. »Politisch Verfolgte genießen Asylrecht«, Grundgesetz, Artikel 16a, Absatz 1, das ist ein Satz wie ein Fels.

Aber schon 1973 beschloss die damalige SPD/FDP-Regierung einen »Anwerbestopp«, weil ihr der deutsche Arbeitsmarkt »gesättigt« erschien.

Damals kamen neben den Gastarbeitern pro Jahr etwa 100 000 Flüchtlinge in das Gebiet der heutigen EU. Mal waren es mehr, Mitte der siebziger Jahre zum Beispiel, als über eine Million Menschen aus Indochina flohen, die »Boat-People«; dann waren es sehr viel weniger, sie kamen aus Äthiopien, Rhodesien, Sri Lanka, Iran und Irak. 200 000 Menschen beantragten 1976 Asyl in Europa, 1 585 000 waren es fünf Jahre später. »Es galt ein stillschweigendes Laisser-faire, es galt der Grundsatz: Wer's nach Europa schafft, der schafft's«, so sagt es Stefan Telöken von der Berliner Niederlassung des UNHCR, »und dieses Einverständnis ist inzwischen aufgekündigt worden.« Denn in den Achtzigern verdoppelten sich die Zahlen, und in den Neunzigern, während der Balkankriege, kippte die Stimmung. Massenarbeitslosigkeit war ein europäisches und ein deutsches Problem geworden, die Wiedervereinigung kostete Geld, und Energiereserven und Wohlstand, das zeigte sich langsam, können endlich sein. Flüchtlinge werden meist zugleich als Opfer wie als Bedrohung wahrgenommen, und das Gefühl, dass Europa sich vor der Bedrohung schützen müsse, setzte sich durch.

Es gab natürlich nicht weniger Krisen in der Welt, es gab Irak, Tschetschenien, Ruanda, Sierra Leone, Liberia, Somalia, und es gab Hungersnöte in Äthiopien und anderswo. Aber Flüchtlinge waren nun immer weniger Opfer und immer stärker Bedrohung. Dabei brauchte niemand so sehr eine Lobby, so sehr ein Sprachrohr wie die Schwächsten, denn wer keine Lobby hat, der kriegt auch nichts. In Afrika gab der UNHCR 1989 ein Zehntel dessen aus, was er auf dem Balkan investierte.

Auf dem Balkan waren die Medien. In Afrika waren Afrikaner.

Franz Josef Strauß erfand den Begriff »Wirtschaftsflüchtlinge«. Christdemokratische Innenminister versuchten die Einwanderung einzuschränken, 1993 beschloss der Deutsche Bundestag mit großer Mehrheit die Einschränkung des Rechts auf

Asyl; die Verfahren wurden beschleunigt, die Hürden für die Anerkennung höher, und Bewerber erhielten kein Geld mehr und durften trotzdem nicht arbeiten, selbst nach der Anerkennung nicht. Und noch immer sagte der Sozialdemokrat Otto Schily: Das Asylrecht »ufert aus«. Die hessische CDU des Roland Koch hatte fulminanten Erfolg mit ihrer Propaganda gegen die von SPD und Grünen geplante doppelte Staatsbürgerschaft. Das Zuwanderungsgesetz wurde gefleddert, es ist heute zwar ein Gesetz, doch eher ohne Zuwanderung.

Die Deutungsmacht lag auch hier immer in den Definitionen: Wer ist verfolgt? Wer ist in Gefahr? Wer hatte ein Recht zu fliehen oder auszuwandern? Deutschland war jahrelang das einzige EU-Mitglied, das die Opfer nicht-staatlicher Verfolgung als nicht asylwürdig ablehnte.

Als ob Not sich derart kategorisieren ließe. Als ob ein Tutsi aus Ruanda erst dann ein echtes Opfer wäre, wenn die Hutu die Regierung stellen, nicht aber vorher. Als ob es nicht genauso Teil der Wahrheit wäre, dass die Tutsi sich rächten und deshalb auch Hutu Opfer und Verfolgte waren. Als ob irgendwer in Bonn oder Berlin oder einem der vielen Ämter deutscher Provinz mit diesen sehr feinen, sehr klaren Trennungen dem gerecht würde, was in Afrika, in Asien oder anderswo auf der Welt geschieht.

Belgien, Frankreich, Luxemburg, die Niederlande und Deutschland unterzeichneten 1985 einen Vertrag auf einem Moselschiff bei einem luxemburgischen Winzerdorf namens Schengen, und dieser Vertrag bewirkte im Wesentlichen zwei Dinge: An den Binnengrenzen gab es immer weniger Kontrollen, und schon bald gab es für EU-Bürger keine Binnengrenzen mehr; die Außengrenzen aber wurden verstärkt zu modernen Burgwällen. Liberalisierung unter seinesgleichen, Protektion gegen Fremde, das ist der Geist von Schengen. Und nach und nach traten fast alle EU-Staaten bei, und heute ist das Schengenland mit 33 Mitgliedern etwas größer, aber quasi deckungsgleich mit der Europäischen Union (Ausnahmen sind zum Beispiel Island oder Norwegen, Schengen-Staaten, doch nicht EU-Mitglieder). Zum Vertrag gehörte vor allem die Einrichtung eines Visumzwangs für viele, vor allem viele afrikanische Staaten; Daten werden gespeichert und ausgetauscht; zuständig für einen Asylantrag ist nun immer das erste Land, das der Bewerber betritt, und alle anderen Schengen-Staaten akzeptieren dann die Entscheidung dieses Landes. Aus Schengen wurde eine EU-Strategie: Asyl- und Ausländerpolitik seien zu »vergemeinschaften«, das steht im neuen EU-Vertrag.

Stefan Telöken arbeitet seit 19 Jahren für das UNHCR, seit 1999 in der Zweigstelle in Berlin-Mitte. Er hatte Schal und Wimpel des 1. FC Köln in seinem Büro aufgehängt, als wir uns trafen, er trug ein weißes Hemd unter blauem Pullover, ovale Brillengläser, die Haare zu beiden Seiten aus der Stirn gekämmt. Stefan Telöken sagte, dass die Schengen-Staaten zügig und konzentriert ihr Ausländer- und Asylrecht anpassten, »und dabei wird überall nach unten korrigiert«.

In der EU-Sprache heißt das »Harmonisierung«, was für ein schönes Wort.

Für die Migranten des 21. Jahrhunderts, die nach Deutschland wollen, sind drei Regeln die Konsequenz:

Die »Herkunftsstaatenregelung« bedeutet, dass Asylbewerber, die aus einem nach deutschem Verständnis sicheren Land wie Ghana oder Senegal kommen, für ihren Einzelfall eine konkrete politische Verfolgung darlegen müssen. Das ist fernab der Heimat meistens nicht möglich. Also werden sie zurückgeflogen.

Die »Flughafenregelung« bedeutet, dass Asylbewerber ohne Pass oder aus sicheren Herkunftsländern im Transitbereich deutscher Flughäfen bleiben müssen, bis über ihren Antrag endgültig entschieden ist. Nach spätestens 19 Tagen muss das Verfahren beendet sein: Ist der Antrag abgelehnt, startet das Flugzeug zurück zum Ausgangspunkt der Reise.

Und dann ist da vor allem die »Drittstaatenregelung«, die bedeutet, dass Ausländer, die aus einem sicheren Drittstaat, also etwa aus Spanien oder Italien, nach Deutschland kommen, keinen Asylantrag mehr stellen und sofort in diesen Drittstaat zurückgebracht werden können. Praktisch für die Bundesrepublik: Sie ist umzingelt von sicheren Drittstaaten. Afrikaner, die per Schiff oder Boot nach Deutschland wollen, müssten nun an Spanien und Portugal, Frankreich, Belgien und den Niederlanden vorbeifahren und bei Cuxhaven an Land gehen, um eine Chance auf Anerkennung in Deutschland zu haben – dann allerdings könnte die Herkunftsstaatenregelung herangezogen werden.

Für Deutschland heißt das: geschlossene Gesellschaft, ihr müsst draußen bleiben. »Es geht also tatsächlich«, sagte Stefan Telöken, »Grenzen können dicht gemacht werden, Migration kann gestoppt werden. Es gibt für Afrikaner so gut wie keine legalen Eintrittsmöglichkeiten für Deutschland mehr.«

Die Zahlen belegen das. 127 937 Menschen bewarben sich 1995 in Deutschland um Asyl. 98 644 waren es 1998. 50 564 waren es 2003, 35 607 waren es 2004, und nur noch 28 914 Asylanträge waren es 2005, das war der tiefste Stand seit 1983. Vor 30 Jahren wurde die Hälfte aller Anträge anerkannt, heute kommt jeder Hundertste durch. Und nur noch jeder tausendste Afrikaner.

32 000 »registrierte Schleusungen« von Nordafrika durchs Mittelmeer verzeichnete das deutsche Innenministerium 2004. Die Industriestaaten sollten sich fragen, »ob nicht durch die Einführung immer neuer restriktiver Maßnahmen gegenüber Asylsuchenden viele Frauen, Männer und Kinder, die vor Verfolgung fliehen, vor verschlossenen Türen stehen«, sagt der UN-Flüchtlingskommissar António Guterres; die Zahlen zeigten jedenfalls, dass die Diskussion »über ein wachsendes Asylproblem nicht der Realität entspricht«.

Und natürlich versuchen die Migranten es weiterhin. Wenn Politiker legale Migration erschweren, kommen die Migranten auf illegalen Routen; wenn der ehrliche Weg zum Grundrecht Asyl verbaut ist und wenn der Visumzwang schon die legale Einreise verhindert, dann ebnen die als kriminell gebrandmarkten Schlepper die Wege.

Es ist menschlich. Migranten träumen. Sie wollen Frieden. Sie wollen leben.

Der Abstand zwischen Arm und Reich wird immer größer. Vor 50 Jahren verdienten die Menschen in den reichsten Ländern der Erde 50-mal so viel wie jene in den ärmsten; heute verdienen sie 130-mal so viel. Natürlich ist das attraktiv. Es lockt. Es ist eine Folge der Globalisierung, dass in der armen Welt von heute bekannt ist, wie die reiche Welt lebt. Natürlich halten arme Menschen es nicht für gottgegeben, dass Europa reich und unerreichbar und Afrika arm und bis zum baldigen Tod ihre Heimat sein muss. Wer verfügt, dass der Geburtsort eines Menschen auch sein Wohnort zu sein hat? Dass Analphabeten Analphabeten bleiben müssen, dass der Mensch ohne Strom und Wasser nicht ein Recht hätte aufzuschließen zu dem modernen Menschen, für den Computer, Mobiltelefon und tägliche Flüge längst nichts mehr sind, worüber er nachdächte? Dass der arme Mensch dem reichen Menschen nicht mal mehr begegnen soll?

Schaden Migranten unseren Gesellschaften? Wenn sie nicht integriert werden, nicht toleriert werden, wenn sie mit dieser ganzen gewaltigen Scheinheiligkeit behandelt werden, dann jedenfalls profitiert niemand von Migration. Wenn sie außerhalb der Sozialsysteme leben, dann kosten sie eine Menge Geld und zahlen keine Steuern. Aber so muss es nicht sein. 50 Prozent der Migranten arbeiten, das war eines der Ergebnisse der Weltkommission, und sie tragen ungefähr zwei Billionen Euro zur Wirtschaftsleistung der Gastländer bei. Von 1990 bis 2000 waren

Migranten für 89 Prozent des Bevölkerungswachstums in Europa verantwortlich, ab 2010 werden es 100 Prozent sein; ohne Migration wäre die Bevölkerung des Kontinents im Zeitraum von fünf Jahren um 4,4 Millionen Menschen geschrumpft. Migranten seien »risikobereit, belastbar, kreativ«, sagt Rita Süssmuth; und sie tragen auch aus der Ferne die Lasten ihrer Heimatländer: 150 Milliarden Dollar schickten sie 2004 über Banken zurück (das ist fast das Dreifache der weltweit gezahlten Entwicklungshilfe) und noch einmal geschätzte 300 Milliarden auf anderen Wegen. In Somaliland, dem Norden jenes zerstörten Staates, der einstmals Somalia war, verdoppeln die Rücküberweisungen die Haushaltseinkünfte, in Lesotho machen sie 27 Prozent des Bruttoinlandprodukts aus.

Man müsste nur die Bedürfnisse zusammenlegen: das europäische Interesse an einem Ausgleich der demographischen Entwicklung und an einer Lösung der Rentenkrise mit dem afrikanischen (und asiatischen) Interesse an Auswanderung. Und dann müssten Quoten her. Regeln. Fairness. Und Ehrlichkeit. Es brauchte eine Migrationspolitik ohne doppelten Boden. Und statt Milliarden für den Schutz vor Migranten auszugeben, müssten die Ursachen der Migration bekämpft werden. Kofi Annan, Generalsekretär der Vereinten Nationen, verlangt eine »Politik der gesteuerten Einwanderung«. »Einwanderer brauchen Europa, aber Europa braucht auch Einwanderer«, meint Annan, und über die vielen Toten im Atlantik und im Mittelmeer sagt er: »Diese stille Krise der Menschenrechte beschämt unsere Welt.«

Afrika gilt Politologen heute als Kontinent der acht Ks: Kriege, Krisen, Korruption, Kriminalität, Konflikte, Krankheiten, Kapitalflucht, Katastrophen. Der Schweizer Soziologe Jean Ziegler spricht von einem »Floß in der Nacht«, einem Kontinent, der langsam hinter dem Horizont unserer Wahrnehmung verschwindet. Afrika werde als »Sozialfall der Weltgesellschaft« wahrgenommen, schreiben Rainer Tetzlaff und Cord Jakobeit.

Aber kann Europa einen zerfallenden Kontinent in unmittelbarer Nähe wirklich weiter zerfallen lassen? Liegt es nicht längst im Wesen der Globalisierung, dass Terror und Kriege, Umweltkatastrophen und Krankheiten automatisch alle angehen?

Kann man die vielen Afrikaner, die auf dem Weg nach Norden sind, wirklich aussperren? Ertrinken lassen? Kriminalisieren? Ignorieren?

Auch der Tübinger Ethnologe Thomas Hauschild plädiert für eine »kontrollierte Einwanderungspolitik«, und er schreibt: »Versuchen wir, die Migranten auch als Gesandte und Pioniere zu sehen, denen wir, wenn es sich ergibt, unter kontrollierten und eindeutigen Bedingungen, eine Chance schuldig sind. Warum müssen Asylbewerberheime immer zu einer Dämmerexistenz verdammen? … Es wirkt manchmal, als sei hier schon vor lauter Angst jedes menschliche Maß des nachbarschaftlichen Lebens verloren gegangen, als imaginierten wir den Zaun von Melilla schon in unseren Vorgärten.« Bundespräsident Horst Köhler, der den Kontinent von seiner früheren Arbeit für den Internationalen Währungsfonds kennt, spricht von »Scheinheiligkeit und Heuchelei in den Industrieländern« und sagt: »Wenn wir es ehrlich meinen mit ethischen Kategorien der Menschlichkeit auf diesem Globus, können wir diesen Kontinent nicht vergessen oder fallen lassen.« Die Realität aber ist, dass Amerika und Europa nicht wirklich hinsehen und noch immer Männer wie Äthiopiens Premier Meles Zenawi oder Ruandas Präsidenten Paul Kagame zu »Hoffnungsträgern« erklären und mit Millionen päppeln, obwohl eben diese noch immer jede Opposition unterdrücken und Mord- und Armuts-Gesellschaften schaffen, die natürlich wieder neue Flüchtlinge produzieren.

Es braucht, so nannte es der kanadische Philosoph und Politiker Michael Ignatieff, »a revolution of moral concern«, »eine Revolution moralischen Interesses«. Aber selbst das genügte noch nicht, denn »kein Jahrhundert hatte bessere Normen und schlimmere Wirklichkeiten« als das zwanzigste, das schreibt der Amerikaner David Rieff; es brauchte wirkliches Verstehen der Ursachen von Migration und dann Handlungen, die mehr wären als der Freikauf von schlechtem Gewissen.

Warum aber werden vor allem Afrikaner so ungern aufgenommen in Europa? Warum so gehässig, so aggressiv? Der Historiker Wolfgang Benz, Jahrgang 1941, ist Leiter des Zentrums für Antisemitismusforschung in Berlin. Er saß in seinem Büro im neunten Stock am Ernst-Reuter-Platz, als ich ihn besuchte, ein weißhaariger Mann im gestreiften Hemd zwischen Büchern und Stapeln von Papieren. Benz hat ein Buch über den Umgang mit Flüchtlingen herausgegeben, und er sagte: »Man braucht Bildung und Wohlstand, um tolerant sein zu können. Je weniger Bildung, je mehr soziale Schwierigkeiten, desto anfälliger sind die Menschen für schlichte Erklärungen. In einer Bevölkerung, die Erklärungen sucht für ihre Schwierigkeiten und keine rationalen Erklärungen bekommt, setzt sich sehr schnell die Überzeugung fest, es werde den Fremden, also Unberechtigten, etwas geschenkt, was uns gehört.«

Uns. Den Weißen. Die sich wappnen gegen: *sie.* Die Schwarzen.

Und so werden Vorurteile zu Feindbildern, wird der Zigeuner zum Vergewaltiger, der Jude zum Abzocker, der Pole zum Dieb, und der Afrikaner kann nicht lesen, ist ja sowieso eine Art Affe und will nur unsere Sozialleistungen. Wolfgang Benz sagte, in Deutschland gebe es zwei Varianten der Wahrnehmung afrikanischer Einwanderer: »Sie sind heimtückisch und verschlagen oder sie sind treu und ein bisschen doof – jedenfalls sind sie Menschen zweiter Klasse, denen man erst einmal Werte wie Arbeit vermitteln muss. Dass man nicht mehr *Neger* sagen darf, ist inzwischen akzeptiert, aber irgendwie sind Afrikaner ja doch primitive Kerle mit geringeren Lebensrechten.«

Vladimir Nabokov schrieb, dass der Blick des Exilanten »für alle Zeiten rückwärts gerichtet« sei. Mandla Langa schrieb, dass Exilanten gebrandmarkte Kreaturen seien, »verkrüppelt, ihre Gedanken blockiert an diesem einen schicksalhaften Moment des Bruchs«.

Flüchtlinge sind nicht immer Helden. Manchmal, immer wieder, sind Flüchtlinge von heute die Täter von gestern, Hutu zum Beispiel, nun von Tutsi gejagt.

Flüchtlinge sind aber immer Menschen, die die Träume ihrer Jugend hinter sich lassen müssen und sehr viel mehr: ihr Haus, ihre Freunde, ihre Familie, ihre Stadt, ihre Sprache, ihre Arbeit, ihren Besitz, ihre Sicherheit, ihr ganzes bisheriges Leben.

Wer diese Menschen stigmatisiert, macht sie zu Menschen, die uns etwas nehmen wollen. Das ist der Sinn der Stigmatisierung. Als Großbritannien die Migration zu fürchten begann, schrieb zunächst die »Daily Mail« von der »Invasion der Zigeuner«, und bald machten alle mit, sogar der »Economist«, der von »kommenden Horden« sprach.

Der Fremde, der so beschrieben wird, weckt kein Mitgefühl, den darf man abweisen. Denn der macht Angst.

»Angst vor Besitzverlust, Angst vor dem Absturz, Angst vor dem Verlust von Sicherheit«, sagte Wolfgang Benz, »und darum stempelt die Mehrheit eine Minderheit als Fremde ab: damit sie sie ablehnen kann. Wer also hat Angst vorm schwarzen Mann? Alle.«

Es gab wenig zu essen im Flüchtlingslager im Niemandsland. Regen fiel, kalt war es, der Dezember brach an.

Aber es gab auch freundliche Menschen in Europa. Menschen vom Roten Kreuz brachten Nahrung und Decken. Ein Reporter tauchte auf, schrieb über die Verlorenen der Wüste, und zwei Tage nach dem Reporter kamen die Menschenrechtsorganisation, die Anwälte, andere Reporter.

John war einer der Sprecher des Camps, reden konnte er, und als die Soldaten kamen, die spanischen und die marokkanischen, um zu verhandeln, da sagte er zuerst: »Legt die Waffen nieder, sonst reden wir nicht.« Dafür liebten ihn die anderen im Camp, und weil John sonntags die Messe für sie las, nannten sie ihn »Hallelujah«.

Zweieinhalb Monate vergingen. 300 Flüchtlinge hockten dort, saßen fest und froren, weil Politiker sich nicht darüber einigen konnten, was mit ihnen geschehen sollte. Und dann kam eine Nacht, in der niemand aufzupassen schien. Das alles dauerte ihm zu lange, es war so verdammt hoffnungslos, und diese Nacht wählte John, um zu fliehen. Er rannte hinaus aus dem Niemandsland, hinein nach Europa, hinein nach Ceuta.

Ceuta, Kilometer 5790

Ceuta ist schick wie Nizza. Weiß sind die Wände, Marmor überall, Bäume stehen, wo immer Bäume hinpassen. Es gibt phantastische Fischrestaurants in Ceuta, es gibt Steuererleichterungen, die Luftkissenboote sind schnell und billig (29,90 Euro für eine Überfahrt), und es gibt eine elegante Uferpromenade. Sechs Statuen stehen dort, sehr symbolträchtig, »El Trabajo«, die Arbeit, ist ein Mann mit mächtigen Muskeln und Amboss, Hammer und gesprengten Ketten; »La Paz«, der Frieden, ist eine junge Frau mit großen Brüsten und wallendem Haar; und »Afrika« ist ein seltsames Wesen mit Turban, und das Gesicht dieser Figur hat irgendjemand schwarz angesprüht.

Ceuta ist eine zynische Stadt, weil es nicht Nizza ist; Ceuta, 18,5 Quadratkilometer Europa, 76 000 Einwohner, liegt in Afrika. Und die Regierung in Madrid tut alles, um diese anachronistische Exklave, die 1580 erstmals unter spanische Herrschaft kam und seit 1668 zu Spanien gehört, attraktiv für die Spanier zu halten. Hier protzt Europa, in dieser künstlich, mit enormen Anstrengungen erhaltenen Stadt lockt es, zeigt Europa alles, was es hat – weil die Spanier zu stolz sind, den Flecken an der marokkanischen Küste wieder herzugeben. Darum muss sich Europa natürlich schon hier verteidigen: Die Festungsmauern einstiger Kriege gegen die Mauren stehen noch, aber heute haben die Spanier vor allem Tränengas und scharfe Munition und sehr hohe Zäune, vor denen in der Nacht die Schmuggler stehen und auf einen Pfiff von der anderen Seite warten. Kommt der Pfiff, werfen sie Bündel mit Decken und Kleidung hinüber nach Afrika. In Ceuta, auf der spanischen Seite, 100 oder 200 Meter vor dem offiziellen Grenzübergang, steht Laden neben Laden: Im Angebot sind Textilien und Elektro-Geräte und Lebensmittel. Jene Nordmarokkaner, die die Grenze legal überqueren dürfen, kommen Tag für Tag her, kaufen, schmuggeln, die Frauen tragen dann drei bis fünf Schichten Kleidung, und alle hier wissen das, nehmen es hin, lässig, was soll's, wenn's das Leben in Afrika erleichtert.

Nur wenn ein Schwarzer über diese Grenze gehen will, dann gilt diese Leichtigkeit nicht mehr, dann sind das Gesetz und der europäische Kontinent in Gefahr.

Die Zäune, welche die Kontinente trennen und damit Reich von Arm und Weiß von Schwarz, sind acht Kilometer lang und schlängeln sich die Berge hinauf und hinab; sie beginnen im Mittelmeer, ziehen sich um die Stadt herum und enden im Mittelmeer. Das ist die Front. Ein grauer Streifen auf grünen Hügeln, Soldaten patrouillieren, es ist ein wenig wie im Berlin der 70er-Jahre. Hier allerdings fehlen die Selbstschussanlagen, hier laufen Schafe auf beiden Seiten des Walls über Wiesen, Abwasserbäche fließen unter den Zäunen hindurch, und auch die Rohre sind vergittert.

Im Moment ist der Wall zwischen den Welten dreigeteilt: Es gibt auf der marokkanischen Seite einen drei Meter hohen

Zaun, aber an dem wird schon wieder gebaut, bald wird er sechs Meter hoch sein; dann kommen fünf Meter Niemandsland, von Soldaten bewacht und von vierzig 360-Grad-Kameras beobachtet; dann folgt, auf der spanischen Seite, ein zweiter Zaun, so engmaschig, dass niemand Halt findet, sechs Meter hoch und oben mit Stacheldrahtrollen verstärkt.

Und bald wird hier noch diese neue Erfindung installiert werden: »sirga tridimensional«, eine Art Irrgarten aus Stahlbändern, kreuz und quer und diagonal gespannt und vor dem marokkanischen Zaun aufgebaut, damit die Flüchtlinge diesen erst gar nicht erreichen; schön bunt sollen die Stahlbänder sein, eine schicke Menschenfalle, moderne Kunst der Abwehr von Afrikanern.

Vor 1995 gab es so etwas wie Massenflucht aus Afrika nicht, jedenfalls fiel sie den Europäern und den Beamten von Ceuta nicht auf. Der Zaun war einen Meter hoch, damals. 1995 aber kamen plötzlich 520 Afrikaner in die Stadt. Und damit begann es. 1996 waren es 761 Flüchtlinge. 1997: 416. 1998: 1992. 1999: 7872. Das war der Höhepunkt, 1999, darum wurde der Schutzwall verstärkt, danach schafften es Jahr für Jahr zwischen 1000 und 3000 Menschen, den Wall zu überwinden, zuletzt waren es 1003 (2003), 2763 (2004) und rund 2000 (2005).

Der Herr der Zahlen, der Erfasser der Flüchtlinge, ist Roberto Franco Sola, und der sitzt hinter einem schwächelnden Topfpflänzchen und dem eigenen Namensschild in der ersten Etage eines vierstöckigen Baus, vor dem die Fahnen Ceutas, Spaniens und der Europäischen Union wehen. Roberto Franco Sola, kurzhaarig, grüner Pullover und Bluejeans, spricht für die Regierung der Stadt, und er sagt, dass diese Stadt das Problem langsam, aber unaufhaltsam in den Griff bekomme. »Marokko ist sehr viel kooperativer geworden, und weil wir unsere Maßnahmen nach dem Sturm des 29. September intensiviert haben, hat sich die Lage stabilisiert. Es ist vorbei«, das sagt der Herr der Zahlen, »jetzt kommen sie nicht mehr durch, und das spricht sich drüben natürlich herum – sie versuchen es schon gar nicht mehr.«

Aber das ist eine dieser Einschätzungen, bei denen man nicht weiß, ob sie wirklich auf Statistik gründen oder wenigstens auf Erfahrung oder vielleicht nur auf Hoffnung. Balleriano Hoyos jedenfalls, ein Mann mit schulterlangem Haar, randloser Brille und weit offenem Hemd, mit Ring am Daumen und Uhren an beiden Handgelenken, sagt das exakte Gegenteil. »Sie kamen gestern, kommen heute, werden morgen kommen«, sagt er, »was immer man ihnen in den Weg stellt, es wird sie nicht stoppen. Wie sie jetzt kommen, ob sie schwimmen oder springen, ich weiß es nicht, aber sie kommen. Und das einzig Neue ist, dass die Flüchtlinge inzwischen Bewegungsmasse in einem politischen Spiel sind, das sie selbst nicht durchschauen können. Die eine Regierung schickt sie nach Europa, um Druck auf die EU auszuüben, die andere deportiert sie in die Wüste, weil sie Geld von der EU bekommt. Europa behandelt das Problem nicht an der Ursache, Europa geht es nur darum, sich selbst zu schützen. Die Flüchtlinge durchschauen das Spiel nicht, wie sollten sie auch? Die Flüchtlinge, die es nicht schaffen, sterben.«

Balleriano Hoyos sitzt auf einem braunen Ledersessel in einem kleinen Büro am Ende eines langen Ganges, er leitet das »Centro de Estancia Temporal de Inmigrantes«, kurz Ceti; rotweiß ist die Schranke am Eingang des Flüchtlingslagers, und neben dem Eingang wacht oder schläft ein deutscher Schäferhund.

Das Ceti liegt in den Bergen über Ceuta, ein paar Kilometer außerhalb der Stadt. Grün sind die Türen, weiß die Wände, rot ist der Boden; Spielplätze haben sie hier und ein Basketballfeld. 630 Flüchtlinge werden im Ceti betreut, es gibt eine Mensa mit langen, festgeschraubten Tischen, an denen hungrige Menschen in Trikots von Zidane und Ronaldo vor ihrem Tablett mit Nudeln, Pommes frites, einem Sandwich, einem Apfel, einem

Joghurt und einem Becher Orangensaft hocken. Und Schlafräume gibt es für jeweils zehn Flüchtlinge, es gibt Spanischunterricht und zwei Psychologen, Computerklassen und Rechtsanwälte für den schwierigen Gang durch die Instanzen europäischen Ausländerrechts.

Menschen wie Peter Kusti sind hier, Jahrgang 1978, der sagt, er komme aus Juba im Sudan. 60 Leute, alle Christen, seien sie gewesen am Anfang der Flucht aus dem Krieg, zu Fuß und auf Lastwagen hätten sie sich durch Tschad, Libyen, Algerien und Marokko gekämpft, aber er sei der Einzige, der es bis nach Ceuta geschafft habe; er sei geschwommen, weit ins Meer hinaus und um den Zaun herum und wieder zurück.

Und in Dormitorio 5, Modulo D, sitzt Jaffna, eine schmale, zarte Frau aus Sri Lanka, die sich am 10. Mai 2005 auf den Weg gemacht hat, allein mit ihren zwei kleinen Kindern, weil ihr Mann in politischer Haft verschwunden und nicht zurückgekommen sei. Jaffna floh nach Dubai, dann nach Kenia und über Tunesien und Algerien nach Marokko. Ein Taxi (wie sie sagt), ein Menschenschmuggler (wie Wolfgang Schäuble sagen würde), brachte Jaffna und ihre zwei Kinder in der Nacht nach Ceuta.

Menschen wie diese beiden behandelt Christian Bohorquez, der Psychologe, der sagt: »Es gibt vor allem zwei Arten Probleme hier – erstens die Folgen von Folter und Krieg und Flucht, also das post-traumatische Stress-Syndrom, und zweitens die Anpassung an das Lager hier. Es ist ein kultureller Schock, nach zwei, drei, vier Jahren hier anzukommen. Die Menschen müssen lernen, dass ihr Traum zerbrochen ist, dass sie nicht arbeiten dürfen, dass sie möglicherweise sehr bald abgeschoben werden. Sie werden nervös und schlaflos, weil sie lernen, dass sie das Paradies, das sie suchen, nicht gefunden haben und niemals finden werden.«

Weil dieses Paradies nicht existiert.

John Ampan wanderte durch Ceuta und fand eine Kirche, Santa María de África. Der Pfarrer nahm ihn auf, Padre Bigar-Sánchez hieß er, und John durfte im Flüchtlingslager wohnen und beim Padre essen, wenn er dafür die Kirche reinigte und Spanisch lernte. Der Padre rief einen Glaubensbruder drüben in Spanien an, Padre Andrés, denn wer erst in Ceuta ist und eine Einladung aus Spanien hat, darf weiterreisen nach Spanien, das ist legal.

Im März 1996 kam die Einladung.

Am 10. April stieg John Ampan auf die Fähre, die ihn aufs europäische Festland bringen sollte.

Wenn man von Ceuta aus hinüberfährt, kontrolliert niemand die Pässe, dann fährt man von Spanien nach Spanien.

Dann hat man Glück.

6. HEIMAT II

Ich kam von einem Ort, zu dem ich nicht zurück kann und den ich nie gesehen habe. Ich sprach eine Sprache, die ich nicht mehr beherrsche. Ich hatte Ahnen, die ich nicht wiederfinden kann, sie verehrten Götter, deren Namen ich nicht kenne.

Nicholas Shakespeare, In Tasmanien

Algeciras, Spanien, Kilometer 5846

John Ampan erreichte Algeciras im April 1996 und blieb für vier Monate bei Pater Andrés. Er lernte Spanisch bei Algeciras Acoge, einer Nichtregierungs-Oranisation, die Flüchtlingen hilft.

Pater Andrés hatte einen Freund in Lérida, das ist etwa 120 Kilometer westlich von Barcelona. John fuhr hin, fand Arbeit, zunächst auf den Obstplantagen für 5 Euro die Stunde, dann bei einer Baufirma. Selten schrieb er nach Hause, er hatte die Verbindung zur Heimat verloren, was sollte er erzählen?

Es gab eine Diskothek in Lérida, das »Wonderful«, 3000 Gäste passten hinein, und hier traf John eine junge Frau namens Lolly. Es gab auch einen Nachtclub dort, wo John europäischen Rassismus kennen lernte: Die Türsteher der »Factory« ließen ihn nicht hinein, Skinheads standen daneben und riefen: »Seht euch den Affen an.« Und als Lolly ihn wenig später ihren Eltern vorstellen wollte, weigerte sich ihr Vater, die Tür zu öffnen, so lange »dieser Neger« da draußen stand. Die Liebenden trennten sich.

Dreieinhalb Jahre arbeitete John in Lérida, er schickte Geld nach Hause, zu Vida, und das Geld, das er für sich behielt, sparte er. Im Februar 2000 kaufte er sich ein Haus in Lérida. Dann kam der Moment, da er sich zu schlapp fühlte zum Arbeiten, seltsam schwindlig.

Im März 2000 sagten ihm Ärzte, er sei HIV-positiv.

Es kann schwierig sein, zwei Welten zusammenzuführen. Wir sind zurück nach fast zwei Monaten, aber Isabel fragt nicht, wie es war. Und John erzählt nicht.

Wir sind zurück in Europa, bei John in Algeciras, in seinem orangefarbenen Reihenhaus mit dem grünen Briefkasten und den vergitterten Fenstern, die Nummer 25 ist neben der Haustür auf eine Kachel gemalt; und diese traurige, rauschende, schillernde Reise ist so gut wie vorbei. Gerade waren wir einkaufen, John kocht ghanaisch, nachher kommen Jane und Peter Aimufua zum Essen.

Jene Jane, die ihre drei Kinder in Benin City in Nigeria zurückließ, bevor sie sich auf den Weg machte: Gleich werden wir der Mutter von ihren Kindern berichten, Fotos übergeben, Briefe, all das, was ein bisschen Verbindung schaffen soll.

Und ich bin ganz wirr im Kopf. So viele Bilder, so viele Geschichten, so viel Trauer, so viel Mut, so viele Menschen, die aufgegeben haben, so viele, die es weiterhin und immer wieder versuchen.

Stimmen. Gesichter. Gerüche.

So viele Länder. Das Licht der Sahara morgens um fünf, abends um sechs. »Das Hotel der Milliarden Sterne«. Fünf Notizbücher sind randvoll, 500 Seiten, eng beschrieben, weil ich schnell gemerkt habe, dass das Papier sonst nicht reichen würde. Markus hat 5000 Fotos gemacht. Wir haben 16 Filmkassetten à 40 Minuten. Adressen. Visitenkarten. Ein Tuareg-Schwert, gekauft auf dem Markt in Agadez. Eine bronzene Statue aus Benin City, hingeworfen von Bob Izoua, der einer der vielen Gründe dafür ist, dass Nigeria niemals funktionieren kann.

Wir sitzen in Johns Wohnzimmer, weiß der Steinboden und gelb die Wände, die Schrankwand voller Fotos: Glenn, Alice, Eva und Vida, Johns Mutter wie eine Königin in weiten gelben und weißen Tüchern. Ein Aquarium steht hier, ein Laufstall fürs Kind, ein Vogelkäfig.

Ich beginne damit, Isabel zu berichten, aber dann gibt es eine Pause im Gespräch, und die beiden schalten sofort den Fernseher ein, ein Kinderprogramm, sehr laut, für Andrés, ihren Sohn.

Aber es kann auch ganz einfach sein, zwei Welten zu überbrücken, denn nun kommen Peter und Jane Aimufua zu Besuch, und sie lachen und klatschen sich gegenseitig ab, sie weinen und springen auf und setzen sich wieder.

»Wie war es, wie geht es unseren Kindern?«

John gibt ihnen Geschenke von Ken, Osas und Izoduwa, Bilder und Briefe, Fotos und ein Video, und sie sehen sich alles mit verklärten, weinenden, lachenden Augen an. Sie fragen, wir berichten, dann fragen wir, und sie berichten, dass Peter gerade noch rechtzeitig frei kam nach drei Wochen Abschiebehaft, dass er noch immer keine Arbeit hat, weil ihm noch immer Papiere fehlen, aber er ist frei, er darf erst einmal bleiben.

»Wenn du deine eigenen Kinder nicht ernähren kannst, wenn du dann ein Land siehst, das besser für dich ist als dein eigenes, dann hast du als Vater die Pflicht, dorthin zu gehen«, sagt Peter.

*

Peter Aimufua, 45, Benin City, Nigeria: *Die europäische Reise begann 1992. Jane und ich hatten zwei Kinder, sie war wieder schwanger, und ich fand keine Arbeit. Weil es keine gab. Ich hätte alles getan, egal was, aber es gab nichts zu tun, denn unser Land hatte sich ruiniert, war zerstört, Nigeria war kein Land mehr, in dem Menschen leben konnten – das Leben in Nigeria war wie ein leiser Krieg, alles konnte dir passieren, aber nichts Gutes. Was*

macht ein Mann, der seine Familie nicht ernähren kann? Viele
trinken in Nigeria. Beten die Götter an. Und viele gehen.

Ich sprach mit meinem Freund Gaius über Europa, er war in
England gewesen. Wie ist Europa? »Sicher und schön.« Gibt es
dort Arbeit? »Ja, wenn du Kraft und den Willen hast.« Dann
sprach ich mit Jane, das hat sie euch ja schon erzählt: Sie wollte
mitgehen, und ich sagte, nein, das gehe nicht, aber ich liebte sie
und würde sie niemals vergessen, und da stimmte sie zu.

Ich habe mir für 250 Dollar ein Visum für Deutschland gekauft.
Es war ein riesiges Flugzeug, in dem ich saß, und dann war ich 18
Tage lang in Deutschland. Aber das Visum war falsch, ich kenne
deshalb nur den Frankfurter Flughafen und das Abschiebelager,
nach 18 Tagen war es vorbei. Da war ich zurück in Lagos. Ich rief
Jane in Benin City an, sie sagte: »Komm nach Hause«, aber ich
wollte es ein zweites Mal versuchen und es diesmal besser machen.

Von Lagos nach Accra, dann nach Mali, nach Senegal, nach
Mauretanien, in Bussen und auf Lastwagen. Manchmal hatte ich
sieben Tage lang nichts zu essen, manchmal musste ich sechs Wo-
chen lang betteln, bis ich wieder Geld hatte, um weiterzufahren.
Man vergisst die Erniedrigungen, hinterher, aber während der Rei-
se vergisst man seinen Stolz. Man verliert den Stolz, die Ehre, man
verliert, was man war.

Das Schiff, das von Mauretanien nach Spanien fahren sollte,
hieß »Maria Justine«. Aber sie entdeckten mich und verhafteten
mich, durch ein Fenster konnte ich fliehen. Drei Jahre saß ich fest
in Mauretanien, Jane sagte am Telefon: »Komm nach Hause«,
und ich sagte: »Nein.« In Mauretanien haben selbst die Einhei-
mischen keine Arbeit, für Ausländer gibt es dort nichts.

Ich arbeitete auf Baustellen, wenn mal etwas gebaut wurde, oft
war das nicht. Ich kochte Suppe und erzählte den Menschen, die
Suppe würde Pickel verschwinden lassen. Ich erzählte ihnen Lü-
gen, um weiterreisen zu können. Ich versuchte es ein zweites Mal
per Schiff nach Las Palmas, ein Mann nahm Geld dafür, dass er

mich versteckte. Aber sie fanden mich, und ich kam für ein Jahr ins Gefängnis. In Nouadhibou. Ich kann nicht viel erzählen davon, aber es ist nicht lustig in mauretanischen Gefängnissen, so viel kann ich euch sagen. Nach einem Jahr brachten sie uns mit dem Lastwagen in die Wüste und setzten uns aus. Und dann schlug ich mich durch, zu Fuß durch die Westsahara. Wir waren zu fünft, gingen immer ein Stück weit, machten Pausen, irgendwie gingen wir immer weiter. Vier von uns kamen durch, einer starb. Einmal sah ich einen toten Mann in der Wüste, er hatte noch Wasser neben sich. Ich trank es und überlebte. So ist diese Reise, was willst du noch wissen?

Ich kam nach Tanger, wartete, das Boot legte nachts ab, kam in Algeciras an, und niemand entdeckte uns. Freunde zeigten mir den Weg nach Madrid, dort putzte ich, und auf dem Land pflückte ich Obst. Acht Jahre lang, und immer schickte ich das Geld nach Hause.

Bis mein kleiner Bruder anrief. Er sagte, mein Vater sei tot. Da hielt ich es nicht mehr aus in Europa, es war zu viel, ich wollte zu meiner Familie, zu meinen Kindern, zu Jane, und ich wusste, dass ich hinterher noch einmal von vorne anfangen müsste, aber es war mir egal. Das war kein Leben in Europa, so nicht.

Jane hat euch ja berichtet, wie wir dann unseren drei Kindern erklärten, dass wir gemeinsam aufbrechen würden, Jane und ich, ohne sie. Kenneth vor allem, dem Großen. Und wie wir dann fuhren, auf der anderen Route, der Route über Agadez und Tamanrasset und Algier, wie wir unsere drei kleinen Kinder bekamen in Marokko, wie Jane mit den Kindern ins Boot stieg und ich sie fahren sah. Wie ich warten musste, bis ich wieder Geld hatte. Wie ich an Bord ging, wie wir fortgetrieben wurden von unserer Route, nach Almeria, wie wir dort verhaftet wurden, in die Abschiebehaft kamen. Wie sie mich freiließen. Arbeiten darf ich noch nicht, aber es wird bald klappen, mit Gottes Hilfe, ich glaube daran.

Ich bedaure nur eines in meinem Leben: dass ich in Nigeria geboren wurde.

Ich danke Europa, dass Europa fair war zu mir und meiner Familie. Wenn ich zurückgeschickt worden wäre, wäre es das Ende meines Lebens gewesen.

Ich werde hier nichts Dummes tun. Ich bin jetzt alt, älter werden Nigerianer oft nicht. Ich hoffe nur, dass Gott uns ein langes Leben schenkt, damit wir es schaffen, für unsere Kinder eine Zukunft zu bauen.

*

Wir fahren die Küste entlang. Wir treffen Francisco Ewodo, 25, aus Kamerun, in einer Strandbar; Francisco begrub in der Wüste seinen Bruder Ernest. Wir fahren 20 Kilometer nach Westen, nach Tarifa. Cool, sexy, lässig, sportlich ist das Europa der Surfer, doch karg ist die Küste und hügelig, und auf den Kuppen der Berge stehen Windräder wie Ritter, bereit zur Schlacht – wer hier aus dem Meer steigt, muss über Klippen oder Strand laufen, dann über die Dünen, durch einen Pinienwald, dann über Park- oder Campingplätze, und dann kommt die Straße von Ost nach West, die N340. Wenn du Glück hast, erwischst du einen, der dich hineinfährt nach Europa, wenn du Pech hast, kommt die Polizei vorbei.

Auf dem Friedhof von Tarifa ein abgegrenztes Feld, vielleicht vier mal zwölf Meter groß, in der Mitte ein Stein: »En Memoria de los Inmigrantes caidos en aguas del Estrecho.«

Nachrichten aus Afrika:

Johns Tochter Eva schreibt. »Wo seid ihr, wir vermissen euch, ich vermisse euch.«

N. Adam Progress ruft an, stotternd, atemlos, verzweifelt. Der Präsident des besseren Afrika, der Chef des Dorfes namens The Valley, ist deportiert worden, er bittet um Rückruf. Dann erzählt er:

»Wir hocken alle hier in der Wüste von Mali. Die Polizisten kamen und die Soldaten, früh am Morgen, und sie walzten alle Hütten nieder, nahmen uns gefangen, brachten uns in einen Knast. Sie sammelten die Mobiltelefone ein, zum Glück hatte ich zwei. Sie brachten uns auf Lastwagen, fuhren uns in die Wüste, und dort setzten sie uns aus. Helft uns, bitte.«

Wir rufen UNHCR und Ärzte ohne Grenzen an, und beide Organisationen versprechen, dass sie sich um die Deportierten kümmern werden. Sie finden sie wirklich, versorgen sie mit Wasser, helfen ihnen beim Rückweg in die Heimatländer. Am nächsten Tag steht eine Kurzmeldung in einigen deutschen Tageszeitungen.

Als das Wiener Burgtheater den 50. Jahrestag seiner Wiedereröffnung feierte, hielt der deutsch-iranische Schriftsteller Navid Kermani eine bewegende Rede über Europa. Kermani sagte: »Ich begreife nicht, wie leichtfertig in Frankreich und Holland die europäische Verfassung verspielt worden ist. Wir reisen ohne Pass zwischen Ländern, die sich vor einigen Jahrzehnten noch bis aufs Blut bekämpft haben.« Und dann sagte Kermani: »Ein Flüchtling, der ertrinkt, ist ein Flüchtling, der ertrinkt. Er muss nicht wegen seiner Rasse oder seiner politischen Gesinnung wegen verfolgt worden sein, um Gründe gehabt zu haben, sein Leben zu riskieren, nur um nach Europa zu entkommen. Wer ein Stück Brot will, ist kein Schmarotzer und schon gar nicht kriminell. Er klagt nur sein Menschenrecht auf Leben ein. Er gibt dem unmittelbarsten Impuls eines jeden Menschen nach. Wir verhindern jeden Tag, dass Menschen leben.« Und schließlich, damit endete die Rede: »Europa ist ein wunderbares Land für Europäer. So schwer seine sozialen und politischen Probleme wiegen – niemals in der Geschichte des Kontinentes ging es friedlicher und toleranter zu. Das ist viel, und wir vergessen das zu oft. Aber es ist nicht genug. Erst wenn Europa menschlich ist zu denen, die nicht zu Europa gehören, ist es *das übernationale Reich des Humanismus*, an das Stefan Zweig glaubte wie an ein Evangelium.«

Wir fahren dann zu Andrés, dem Pater, der John vor zehn Jahren eine Einladung nach Ceuta schickte und ihn mit dieser Einladung nach Spanien holte, der ihn betreute und pflegte, ihm Arbeit vermittelte, der sein Freund wurde und eine Art Vater; Pater Andrés ist der Mann, nach dem Johns Sohn auf den Namen Andrés getauft wurde.

Damals, Mitte der neunziger Jahre, wusste John nicht, wo er sich infiziert haben konnte, es war eine unwirkliche Diagnose nach dieser Reise. Nach fünf Jahren war er am Ziel – und dort HIV-positiv?

Zweimal, sagt John, habe er versucht sich umzubringen nach der Diagnose. Einmal habe er auf Eisenbahnschienen gesessen und sei dann doch heruntergekrochen, als der Zug kam; einmal habe er auf einer Autobahnbrücke gestanden und sich doch nicht getraut zu springen.

Er hörte auf zu arbeiten, bekam eine Art Rente, nicht viel, aber genug, um davon zu leben in Europa, genug sogar, um ein wenig Geld heimzuschicken. »Jeder kleine Betrag, den man in Europa bekommt, kann in Afrika sehr viele Probleme lösen«, sagt John. Er ging zurück nach Algeciras, lernte Isabel kennen, sie betreute ihn, besuchte ihn im Krankenhaus, »sie und Pater Andrés sind der Grund, warum ich noch lebe«, sagt John.

John Ampan ist jetzt 46 Jahre alt und lebt heute mit Isabel im gemeinsamen Haus, hat einen gesunden Sohn mit ihr, und so recht kann keiner sagen, was geschehen ist: John nimmt eine Menge Tabletten, sicher ist er sich noch nicht, dass es wirklich vorbei ist, aber die letzten HIV-Tests waren negativ; nichts mehr festzustellen. Vielleicht war es ein Fehler bei der ersten Untersuchung, vielleicht war der Arzt ein wenig konfus, weil John andere Krankheiten tatsächlich hat: Hepatitis quälte ihn, die

Bauchspeicheldrüse plagt ihn, er hat eine lange, senkrechte Narbe auf dem Bauch, mehrmals musste er operiert werden; gut geht es ihm nicht.

Aber er lebt. In Europa. Wo er leben wollte.

Er sagt: »Ich bedauere das alles nicht. Ich habe viel gelernt. Es war hart und traurig, aber wer weiß, vielleicht wäre ich in Afrika längst gestorben. Ich bin nicht im Paradies angekommen, aber ich bin auch nicht gescheitert.«

Die zweite Reise, unsere afrikanische Reise habe ihn verändert, sagt John. Verwirrt. Er sagt: »Ich glaube, ich werde jetzt öfter nach Hause fahren. Ich habe gemerkt, dass ich dort noch viel erledigen muss. Zu Hause.« Und dann schweigt er, und er schweigt oft in diesen Tagen. Er denke über Heimat nach, sagt er schließlich. »Ich habe so viele Dinge gesehen. Ich habe das Gefühl, dass ich nicht nach Europa gehöre. Ich muss versuchen, nach Hause zu kommen und dort meine Hausaufgaben machen. Ich werde versuchen zu organisieren, dass ich wieder dort leben kann. Denn dort gehöre ich hin.« Das alles sagt John Ekow Ampan, Afrikaner in Andalusien.

In dem Raum, in dem John Ampan sein erstes Quartier fand in Algeciras, schlafen jetzt 15 Männer in hölzernen Stockbetten, für sie fängt das Leben im Paradies gerade an. Und Pater Andrés führt uns durch die Räume seiner Kirche, San Pedro y San Francisco Javier, direkt neben jenem Bau, in dem die Guardia Civil mit ihren Abschiebungen beginnt. Pater Andrés ist ein Mann mit Vollbart, Brille, roter Strickjacke und Locken, ein zauseliger Mann mit warmem Blick.

Es braucht Menschen wie Andrés Avelino Gonzáles Pérez, 65. Denn es braucht Menschen, die helfen, die den Flüchtlingen, die gerade angespült wurden und sofort in Abschiebehaft gebracht werden sollen, sagen: »Ihr müsst nach einem Anwalt fragen. Sagt das eine Wort: Asyl. Damit gewinnt ihr Zeit, dann können sie euch nicht einfach wegbringen.« Es braucht Leute wie ihn, die nassen Flüchtlingen Decken geben, Müttern Windeln für ihre Kinder, Familien ein erstes Haus in einer neuen Welt. Seit 30 Jahren macht Andrés das, damals sahen Touristen ein Holzboot kieloben treiben, und alle liefen zum Strand, so begann es.

Viele Jungs kommen in diesen Tagen, 9, 10, 11 Jahre alt, und sobald sie den spanischen Strand erreichen, verstecken sie sich, und dann kommen Mittelsmänner und holen die Jungs ab, und dann verschwinden sie in Madrid oder Barcelona in der organisierten Kriminalität.

»Die Bewegung ändert sich«, sagt Pater Andrés, in den vergangenen Monaten seien weniger Afrikaner auf dem spanischen Festland angekommen als zuvor; in diesen Monaten sind vor allem die Kanarischen Inseln populär.

Aber Andrés glaubt nicht, dass das so bleiben wird. Migration ist etwas, das von Stimmungen, von Gerüchten abhängt, weshalb sich Migration immer in Wellenbewegungen vollzieht. Er sagt: »Wenn sie erst feststellen, dass nun auf den Kanaren eine Festung entsteht, werden sie wieder in Andalusien landen, keine Frage.«

Keine Frage?

Nein.

Dann sagt Andrés: »Solange die Großen und Reichen die Kleinen und Armen aussaugen, werden wir mit diesem Problem leben müssen – solange nur die Flüchtlinge bekämpft werden, ohne dass ernsthaft nach multinationalen Lösungen gesucht wird, werden sich die Flüchtlinge auf den Weg machen, um das Paradies zu finden. Migration wird es immer geben, weil sie niemals zu stoppen sein wird. Es ist ein fundamentales Recht des Menschen, dass er frei ist, und es liegt in seiner Natur, zu wandern, wenn er in Not geraten ist. «

Es ist ein paar Wochen her, dass das letzte Boot sank, das letzte, das bemerkt wurde, ein Schlauchboot mit 22 Menschen.

22 Leichen lagen auf dem Strand der Costa del Sol.

Niemand wusste, woher sie gekommen waren.

DANK

Ohne John Ampan, ohne seine Bereitschaft, seine Neugierde, seine Klugheit würde es dieses Buch nicht geben. Ohne Markus Matzel, ohne sein Wissen, seinen Humor, seine Gelassenheit wäre es ein anderes und kein besseres Buch geworden.

Dank an Jörg Bong, Florian Glässing, Matthias Landwehr, Peter Sillem, Martin Spieles, Eckart Teichert.

Ich danke dem »Spiegel« für Arbeitsbedingungen, die außergewöhnlich sind; ohne die logistische und finanzielle Unterstützung, ohne den Drang zu verstehen, ohne die Zeit, die ich zur Verfügung hatte, wären Projekte wie dieses nicht möglich.

Ich danke Jane, Peter und Kenneth Aimufua und allen, die uns ihre afrikanische Welt gezeigt und erklärt haben, allen, die uns auf Teilstrecken ihrer Reise mitfahren und mitgehen ließen, allen, die uns vertrauten.

Dank an Soul of Africa Museum Essen, Paul Akakpo, Axel Harneit-Sievers, Esogban Chief Odeh, Ernest Edebiri und Prince Churchill, Olaye, Hed Tamat, Kariman Mohamed, Seddik Mehiri, Aghali Maliya, Touareg Voyages, Svea Kutschke und Andrea Lutz. Dank an die Deutsche Botschaft in Algier für eine rettende Tat, an Ryszard Kapuściński für zwei Tage in Warschau, an Roger Willemsen für einen guten Rat und an Cora Czermak für die 1000 Fragen.

Und besonderen Dank an Ulrike von Bülow und an meine Freunde und Freundinnen, die meine Briefe aus Afrika gewünscht und beantwortet haben, denn dieser Austausch war ein Stück Heimat an langen Abenden in Afrika.

EDITORISCHE NOTIZ

Über John Ampan, Kofi Annans Besuch in Burkina Faso, die WTO, Joy Ofoni und Ryszard Kapuściński habe ich Reportagen im »Spiegel« geschrieben; die entsprechenden Passagen in diesem Buch sind stark verändert und aktualisiert. Die E-Mail aus Lagos, dort in Eile geschrieben, habe ich für das Buch leicht redigiert.

LITERATUR

Abani, Chris: »GraceLand«, Roman, C. H. Beck, München 2004

Ackermann, Lea und Engelmann, Reiner (Hg.): »Solidarität mit Frauen in Not«, Horlemann, Bad Honnef 2005

Altmann, Andreas: »Weit weg vom Rest der Welt – In 90 Tagen von Tanger nach Johannesburg«, Rowohlt, Reinbek bei Hamburg 1996

Barnett, Michael: »Eyewitness to a Genocide – The United Nations and Rwanda«, Cornell University Press, Ithaca 2001

Barth, Heinrich: »Im Sattel durch Nord- und Zentral-Afrika – 1849 – 1855«, Edition Erdmann, Stuttgart 2000

Benz, Wolfgang: »Umgang mit Flüchtlingen – Ein humanitäres Problem«, Deutscher Taschenbuch Verlag, München 2006

Bergman, Carol (Hg.): »Another Day in Paradise – International Humanitarian Workers Tell Their Stories«, Orbis, Maryknoll, N. Y. 2005

Birnbaum, Michael: »Die schwarze Sonne Afrikas«, Piper, München 2001

Bitala, Michael: »Der Löwe im Keller des Palastes – Ostafrikanische Erfahrungen«, Picus, Wien 2003

ders.: »Hundert Jahre Finsternis – Afrikanische Schlaglichter«, Picus, Wien 2005

Chatwin, Bruce: »What am I doing here?«, Vintage, London 1989

Christoph, Henning u.a.: »Soul of Africa – Magie eines Kontinents«, Könemann, Köln 2002

Courtemanche, Gil: »Ein Sonntag am Pool in Kigali«, Roman, Kiepenheuer & Witsch, Köln 2004

Currle, Edda: »Migration in Europa – Daten und Hintergründe«, Lucius & Lucius, Stuttgart 2005

Därr, Klaus; Därr, Erika; Därr, Astrid: »Durch Afrika – Band 1: Marokko bis Benin«, Reise Know How, Bielefeld 2003

Diamond, Jared: »Kollaps – Warum Gesellschaften überleben oder untergehen«, S. Fischer, Frankfurt am Main 2005

Dugard, Martin: »Auf nach Afrika – Stanley, Livingstone und die Suche nach den Quellen des Nils«, Piper, München 2005

Elias, Norbert: »Über den Prozess der Zivilisation«, 2 Bände, Suhrkamp, Frankfurt am Main 1978 und 1979

Fanon, Frantz: »Die Verdammten dieser Erde«, Suhrkamp, Frankfurt am Main 1966

Fuller, Alexandra: »Scribbling the Cat«, Penguin Press, New York 2004

Greene, Graham: »Journey without Maps«, Penguin Books, London 1971

Grill, Bartholomäus: »Ach, Afrika – Berichte aus dem Inneren eines Kontinents«, Goldmann, München 2005

Ignatieff, Michael: »The Warrior's Honor: Ethnic War and the Modern Conscience«, Metropolitan Books, New York 1998

Kapuściński, Ryszard: »Der Fußballkrieg – Berichte aus der Dritten Welt«, Eichborn, Frankfurt am Main 1991

ders.: »König der Könige – Eine Parabel der Macht«, Eichborn, Frankfurt am Main 1995

ders.: »Die Erde ist ein gewalttätiges Paradies – Reportagen, Essays, Interviews aus 40 Jahren«, Eichborn, Frankfurt am Main 2000

ders.: »Afrikanisches Fieber – Erfahrungen aus vierzig Jahren«, Piper, München 2001

ders.: »Meine Reisen mit Herodot«, Eichborn, Frankfurt am Main 2005

Klein, Stefan: »Die Tränen des Löwen – Leben in Afrika«, Schweizer Verlagshaus, Zürich 1992

Leuthardt, Bert: »An den Rändern Europas – Berichte von den Grenzen«, Rotpunktverlag, Zürich 1999

Lindquist, Sven: »Durch das Herz der Finsternis«, Campus, Frankfurt am Main 1999

Loescher, Gil: »UNHCR and World Politics: A Perilous Path«, Oxford University Press, Oxford 2001

Mair, Stefan: »Staatszerfall und Interventionismus – Determinanten grenzüberschreitender politischer Neuordnung in Afrika«, Stiftung Wissenschaft und Politik, Ebenhausen 1999

Mankell, Henning: »Die rote Antilope«, Roman, dtv, München 2003

ders.: »Tea-Bag«, Roman, dtv, München 2005

Marr, David und Wilkinson, Mary: »Dark Victory«, Allen & Unwin, Sydney 2003

Moorehead, Caroline: »Human Cargo – A Journey Among Refugees«, Henry Holt and Company, New York 2005

Neudeck, Rupert: »Reise ans Ende der legalen Welt«, Lit, Münster 2001

279

Nkrumah, Kwame: »Africa Must Unite«, Panaf, London 1963

Nome, Frida: »Entlang der Schmugglerroute – Unterwegs mit Flüchtlingen, Seelenverkäufern und Schleuserbanden«, Heyne, München 2006

Park, Mungo: »Reisen ins Innerste Afrikas«, Edition Erdmann, Tübingen 1976

Rieff, David: »A Bed for the Night – Humanitarianism in Crisis«, Simon and Schuster, New York 2002

Ruf, Werner: »Die algerische Tragödie«, Agenda Verlag, Münster 1997

Said, Edward: »Reflexions on Exile«, Granta Books, London 2001

Saro-Wiwa, Ken: »Flammen der Hölle – Nigeria und Shell«, Rowohlt, Reinbek 1996

Schwelien, Michael: »Das Boot ist voll – Europa zwischen Nächstenliebe und Selbstschutz«, Mare-Buchverlag, Hamburg 2004

Signer, David: »Die Ökonomie der Hexerei oder Warum es in Afrika keine Wolkenkratzer gibt«, Peter Hammer Verlag, Wuppertal 2004

Sontag, Susan: »Regarding the pain of others«, Farrar, Straus and Giroux, New York 2003

Soyinka, Wole: »Aké – Jahre der Kindheit«, Ammann, Zürich 1986

ders.: »Der Mann ist tot – Aufzeichnungen aus dem Gefängnis«, Roman, Ammann, Zürich 1987

ders.: »The open sore of the continent«, Oxford University Press, Oxford 1996

ders.: »Ibadan«, Roman, Ammann, Zürich 1998

ders.: »Die Last des Erinnerns – Was Europa Afrika schuldet und was Afrika sich selbst schuldet«, Patmos, Regensburg 2001

ders.: »Die Ausleger«, Roman, Ammann, Zürich 2002

Spencer, Sara (Hg.): »The Politics of Migration«, Blackwell Publishing, Oxford 2003

Tabori, Paul: »The Anatomy of Exile«, Harrap, London 1972

Tetzlaff, Rainer und Jakobeit, Cord: »Das nachkoloniale Afrika. Politik – Wirtschaft – Gesellschaft«, Verlag für Sozialwissenschaften, Wiesbaden 2005

Theroux, Paul: »Dschungelliebe«, Roman, Fischer Taschenbuch Verlag, Frankfurt am Main, 1990

ders.: »Dark Star Safari – Overland from Cairo to Cape Town«, Penguin Books, London 2003

Timm, Uwe: »Morenga«, Roman, dtv, München 1985

Willemsen, Roger: »Afghanische Reise«, S. Fischer, Frankfurt am Main 2006

Diese Zeitungen und Zeitschriften berichten kontinuierlich über Afrika und über Flüchtlinge und Migration und waren bei der Recherche eine Hilfe: »Afrika-Jahrbuch«, »Der Spiegel«, »Die Zeit«, »El País«, »Foreign Affairs«, »Frankfurter Allgemeine Zeitung«, »Internationale Politik«, »La Stampa«, »Los Angeles Times Magazine«, »National Geographic«, »Newsweek«, »Süddeutsche Zeitung«, »The Economist«, »The Guardian«, »The New Yorker«, »The New York Times«, »The Times«.

Die Websites dieser Organisationen oder Institute sind hervorragende Quellen: amnesty international, Ärzte ohne Grenzen, Eden Foundation, Global Commission on International Migration, Human Rights Watch, International Organization for Migration, Pro Asyl, Oxfam, Refugee Council of Australia, Refugees International, Refugee Studies Centre, Solwodi, UNHCR, World Refugee Survey.

Spenden:
Eden Foundation: IBAN: NL95PSTB0006206513, SWIFT/BIC: PSTBNL21
Solwodi: Landesbank Saar – Girozentrale Saarbrücken, Konto-Nr.: 17898008, BLZ 59050000

REGISTER